Aspekte

Mittelstufe Deutsch

Lehrerhandreichungen 3

von
Birgitta Fröhlich

Klett-Langenscheidt

München

Lehrerhandreichungen von
Birgitta Fröhlich

Lehr- und Arbeitsbuch von
Ute Koithan, Helen Schmitz, Tanja Sieber, Ralf Sonntag
Filmseiten von Ralf-Peter Lösche

Redaktion: Carola Jeschke
Gestaltungskonzept und Layout: Andrea Pfeifer
Umschlaggestaltung: Andrea Pfeifer; Umschlagfotos: Getty
Satz und Litho: kaltnermedia GmbH, Bobingen

Verlag und Autoren danken allen Kolleginnen und Kollegen, die „Aspekte" erprobt und mit wertvollen Anregungen zur Entwicklung des Lehrwerks beigetragen haben.

Aspekte Band 3 – Materialien

Lehrbuch 3	606017	Lehrerhandreichungen 3	606019
Lehrbuch 3 mit DVD	606020	Audio CDs 3	606022
Arbeitsbuch 3	606018	DVD 3	606021

Symbole und Abkürzungen in Aspekte Lehrerhandreichungen

LB = Lehrbuch
AB = Arbeitsbuch
LHR = Lehrerhandreichungen
A = Aufgabe im Lehrbuch
Ü = Übung im Arbeitsbuch
L = Lernende
PL = Plenum
EA = Einzelarbeit
GA = Gruppenarbeit
KG = Kleingruppe

PA = Partnerarbeit
HA = Hausaufgabe
KV = Kopiervorlage
(B) = Angebot zur Binnendifferenzierung
(V) = Variante alternativ zum beschriebenen Vorgehen
(E) = Erweiterung des beschriebenen Vorgehens
(i) = landeskundliche und weitere Informationen
🔑 = Lösungen für Aufgaben im Lehrbuch
P = Diese Aufgabe macht Sie mit den Aufgabenformaten der C1-Prüfung des Goethe-Instituts P GI oder von TELC P TELC vertraut.

Lernfortschrittstests zu jedem Kapitel finden Sie unter
www.klett-sprachen.de/aspekte

Übungstest Österreichisches Sprachdiplom Deutsch (ÖSD) auf der Aspekte-Homepage:
www.klett-sprachen.de/aspekte

1. Auflage 1 6 5 4 | 2018 17 16 15

Druck und Bindung: Digitaldruck Tebben, Biessenhofen

ISBN 978-3-12-606019-6
9783126060196

Inhalt

Inhalt

Einleitung

Willkommen bei „Aspekte"
An dieser Stelle möchten wir Sie mit „Aspekte" bekannt machen. Wir informieren Sie über die Konzeption des Lehrwerks und seiner Komponenten. Sie erhalten einen Überblick über den modularen Aufbau, die Gestaltung des Lehr- und Lernprozesses innerhalb der Kapitel und die Bearbeitung der sprachlichen und thematischen Inhalte.

1 Zur Konzeption

„Aspekte" ist ein Lehrwerk, das sich mit seinem handlungsorientierten Ansatz am Gemeinsamen Europäischen Referenzrahmen orientiert. „Aspekte" C1 richtet sich an Erwachsene und junge Erwachsene,

- die im In- oder Ausland Deutsch als Fremdsprache lernen,
- die Sprachkenntnisse auf dem Niveau C1 erwerben und ausbauen wollen,
- die eine gute Vorbereitung auf die Prüfungen auf dem C1-Niveau suchen.

1.1 Die Komponenten

Das Lehrbuch ...

bietet zehn Kapitel, bestehend aus: Auftakt, vier Modulen mit unterschiedlichem Fokus, Porträt, Grammatik-Rückschau, Film-Seiten, Redemittel- und Grammatikübersicht und integrierter Prüfungsvorbereitung.

Das Arbeitsbuch ...

bietet zu den zehn Kapiteln des Lehrbuchs ergänzende und vertiefende Übungen inkl. Lösungen, Lerntipps, Angebote zur Selbsteinschätzung, Wortschatzseiten und integrierter Prüfungsvorbereitung. Eine CD-ROM enthält zwei komplette Übungstests (Goethe-Zertifikat C1, TELC Deutsch C1-Prüfung).

Die Homepage (www.klett-sprachen.de/aspekte) ...

bietet weiteres Übungsmaterial, eine Liste mit Links zu den Projekten aus dem Lehrbuch, Testmaterial und einen Download-Bereich, z.B. mit den Transkripten zu den Filmen der DVD.

Die CDs ...

bieten umfangreiches Hörmaterial als Basis für Aufgaben und Übungen im Lehr- und Arbeitsbuch.

Die Lehrerhandreichungen ...

bieten methodisch-didaktische Hinweise zur Arbeit mit dem Material und den Prüfungen, Lösungen zum Lehrbuch, Kopiervorlagen.

Die DVD ...

bietet zu den zehn Kapitelthemen Filmsequenzen als fakultatives Lernangebot mit Fokus auf dem Hör-Seh-Verstehen.

„Aspekte" bietet Material für ca. 120 bis 200 Unterrichtsstunden, je nach Voraussetzungen der Lernenden und des Kurstyps (Intensiv- oder Extensivkurse) sowie der zur Verfügung stehenden individuellen Arbeitszeit.

1.2 Die Niveaustufen

„Aspekte" ist ein Lehrwerk in drei Bänden:

- Band 1 (Niveau B1+) ermöglicht Lernenden, die das Niveau B1 erreicht haben, einen erfolgreichen Übergang auf das viel komplexere Niveau B2. Es aktiviert und ergänzt ihr Wissen und fördert ihr Können.
- Band 2 vermittelt das Niveau B2 und bereitet auf die B2-Prüfungen vor.
- Band 3 vermittelt das Niveau C1 und bereitet auf die C1-Prüfungen vor.

1.3 Die Themen

In „Aspekte" finden sich zehn übergeordnete Themen, die aus unterschiedlichen und ungewöhnlichen Perspektiven betrachtet werden, wodurch viele Varianten zur Bearbeitung und Diskussion angeboten werden.
Ein Beispiel:

1.4 Das Lernen lernen

„Aspekte" greift verschiedene Lerntechniken auf, z.B. für das Lernen von Wortschatz oder das Abrufen von grammatischen Strukturen, ebenso Strategien z.B. für das Erschließen von Lesetexten usw. Im Arbeitsbuch werden Techniken und Strategien vorgestellt und in den Lehrerhandreichungen Anregungen für deren Umsetzung im Unterricht gegeben.
Neben der expliziten Präsentation im Arbeitsbuch findet ein implizites Strategietraining im Lehrbuch statt, das Strategien in die Aufgabenstellung integriert, z.B. wenn die Lernenden aufgefordert werden, Wortschatz zu systematisieren oder Leitfragen zu einem Text zu formulieren.

1.5 Die Grammatik

„Aspekte" behandelt in den Modulen 1 und 3 Grammatikthemen. Dabei werden die grammatischen Regeln von den Lernenden erschlossen, d.h., die Erarbeitung der Grammatik findet induktiv statt. Dabei wird Grammatik immer situativ aus dem Kontext erarbeitet und dient dem Bewältigen bestimmter Sprachhandlungen. Im Arbeitsbuch finden Sie vertiefende Übungen zu den entsprechenden Grammatikthemen.
Im Lehrbuch gibt es am Ende jedes Kapitels eine Grammatik-Rückschau, die die behandelten Grammatikphänomene übersichtlich darstellt. Zudem findet sich im Anhang des Lehrbuchs eine Grammatikübersicht mit Rückverweisen ins Lehrbuch. Dies ermöglicht den Lernenden ein Nachschlagen zu Hause zur Vorbereitung, zur Wiederholung oder wenn sie den Unterricht versäumt haben.

1.6 Der Wortschatz

Im Lehr- und im Arbeitsbuch regen Aufgaben und Übungen die Lernenden fortlaufend dazu an, sich strategisch Wörter zu erschließen, einzuprägen und zu (re)produzieren. Darüber hinaus beginnt jedes Arbeitsbuchkapitel mit einer Doppelseite Wortschatz, auf der für das Kapitelthema wichtige Wörter und Wendungen wiederholt und neu erarbeitet werden. Die Wortschatzlisten zu den Kapiteln im Anhang des Arbeitsbuchs stellen ein Angebot dar, das erweitert werden kann. In den Lehrerhandreichungen finden Sie nach Modul 4 in Kapitel 1 (Seite 24f.) einige Ideen, wie Sie diese Seiten nutzen können.
Als weitere Hilfe zu Wortschatz und Strukturen bietet der Anhang des Arbeitsbuchs eine Übersicht über Nomen-Verb-Verbindungen, Verben, Adjektive und Substantive mit Präpositionen und über die unregelmäßigen Verben.

1.7 Landeskunde / Interkulturelles Lernen

„Aspekte" verfolgt ein implizites und integratives Landeskundekonzept. Das Wissen über die Zielsprachenländer, ihre Kultur, die Verhaltensweisen, Routinen und Rituale ihrer Bewohner ist in das Sprachlernmaterial integriert. Die Lernenden erhalten die meisten landeskundlichen Informationen durch die aktive Beschäftigung mit und das gemeinsame Gespräch über Fotos, Grafiken, Hör- oder Lesetexte sowie über die Filme auf der DVD. Daneben gibt es auch Teile, in denen Faktenwissen präsentiert wird, wie z.B. zu den Personen in den Porträts. Darüber hinaus nimmt die Diskussion über die Inhalte immer Bezug auf die Lernenden selbst. Interkulturelles Lernen wird angeregt, indem die Lernenden Informationen aus den deutschsprachigen Ländern aufnehmen und sie in Beziehung zu sich selbst, zu ihrer Kultur und zu ihren persönlichen Erfahrungen setzen.

1.8 Prüfungsvorbereitung auf die C1-Prüfung

GI TELC

„Aspekte C1" bereitet gezielt sowohl auf das Goethe-Zertifikat C1 als auch auf die TELC-Deutsch C1-Prüfung vor. Die einzelnen Aufgaben der Prüfungen sind in die Lehrbuch- als auch in die Arbeitsbuch-Kapitel integriert und durch ein Symbol als Prüfungen des Goethe- bzw. TELC-Zertifikats gekennzeichnet. Die Aufgabenstellungen entsprechen den Aufgabenstellungen in den Prüfungen. Im Anhang des Lehrbuchs finden Sie eine Übersicht, welche Prüfungsteile in welchem Kapitel geübt werden, außerdem finden Sie hier in den Lehrerhandreichungen ab Seite 136 eine ausführliche Beschreibung der Prüfungen und entsprechende Tipps zum Umgang mit den Prüfungen.
Im Arbeitsbuch eingelegt ist eine CD-ROM, die zwei komplette Übungstests mit Hörtexten enthält, die jeweils den Prüfungsformaten entsprechen.
Material zum Österreichischen Sprachdiplom Deutsch (ÖSD) gibt es in Form eines Übungstests auf der Homepage zu Aspekte.

2 Das Lehrbuch

Jedes der zehn Kapitel des Lehrbuchs umfasst 16 Seiten, die in vier Module und weitere Lernangebote (Porträt, Grammatik-Rückschau, DVD-Seiten) aufgeteilt sind.
Die Kapitel in „Aspekte" können linear eingesetzt werden, ihre modulare Struktur ermöglicht aber auch einen flexiblen Einsatz im Unterricht. Da sie in sich geschlossen sind und unterschiedliche Schwerpunkte haben, kann das Material je nach Lernergruppe und Zielsetzung des Kurses kombiniert oder hinsichtlich der ausgewählten Ziele reduziert werden. So kann eher nach thematischen Gesichtspunkten ausgewählt werden oder es können Schwerpunkte auf die Grammatik oder die Fertigkeiten gelegt werden.

2.1 Die Auftaktseiten

Die erste Doppelseite bietet einen motivierenden Einstieg in das Kapitelthema. Die Lernenden beginnen mit kommunikativen und kreativen Aufgaben und werden dabei von visuellen Impulsen gelenkt. So bieten die Auftaktseiten z.B. Kürzestgeschichten, die Illustrationen zugeordnet werden und über die gesprochen wird, Texte und Fotos zu Berufen, für die besondere Qualifikationen notwendig sind, Cartoons und ein Comedy-Programm, ein Spiel, einen Gesundheitscheck u.a.m. Zur Orientierung im Kapitel finden Sie auf jeder Auftaktseite die Lernziele und die Grammatikthemen mit Verweis auf die Module.

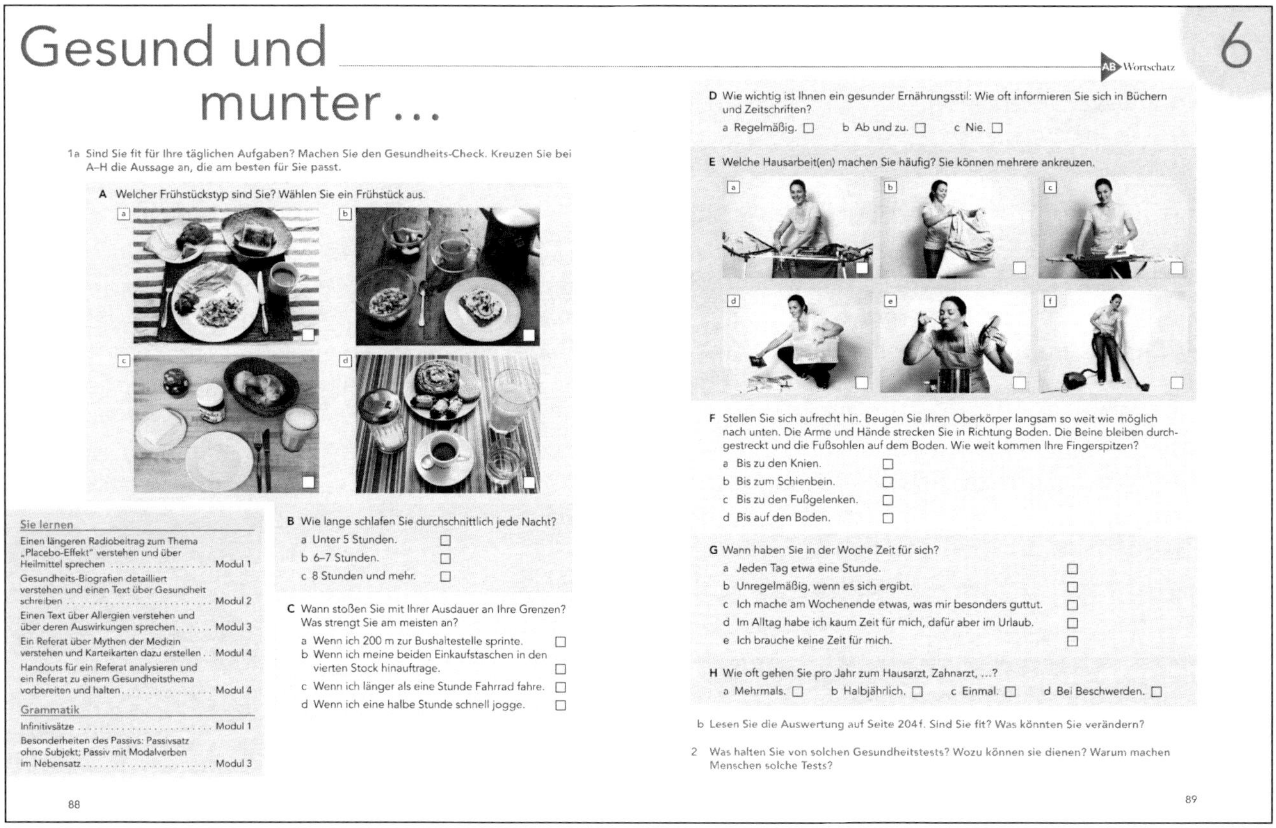

Gesund und munter …

6

AB Wortschatz

1a Sind Sie fit für Ihre täglichen Aufgaben? Machen Sie den Gesundheits-Check. Kreuzen Sie bei A–H die Aussage an, die am besten für Sie passt.

A Welcher Frühstückstyp sind Sie? Wählen Sie ein Frühstück aus.
a ☐ b ☐ c ☐ d ☐

B Wie lange schlafen Sie durchschnittlich jede Nacht?
a Unter 5 Stunden. ☐
b 6–7 Stunden. ☐
c 8 Stunden und mehr. ☐

C Wann stoßen Sie mit Ihrer Ausdauer an Ihre Grenzen? Was strengt Sie am meisten an?
a Wenn ich 200 m zur Bushaltestelle sprinte. ☐
b Wenn ich meine beiden Einkaufstaschen in den vierten Stock hinauftrage. ☐
c Wenn ich länger als eine Stunde Fahrrad fahre. ☐
d Wenn ich eine halbe Stunde schnell jogge. ☐

D Wie wichtig ist Ihnen ein gesunder Ernährungsstil: Wie oft informieren Sie sich in Büchern und Zeitschriften?
a Regelmäßig. ☐ b Ab und zu. ☐ c Nie. ☐

E Welche Hausarbeit(en) machen Sie häufig? Sie können mehrere ankreuzen.
a ☐ b ☐ c ☐ d ☐ e ☐ f ☐

F Stellen Sie sich aufrecht hin. Beugen Sie Ihren Oberkörper langsam so weit wie möglich nach unten. Die Arme und Hände strecken Sie in Richtung Boden. Die Beine bleiben durchgestreckt und die Fußsohlen auf dem Boden. Wie weit kommen Ihre Fingerspitzen?
a Bis zu den Knien. ☐
b Bis zum Schienbein. ☐
c Bis zu den Fußgelenken. ☐
d Bis auf den Boden. ☐

G Wann haben Sie in der Woche Zeit für sich?
a Jeden Tag etwa eine Stunde. ☐
b Unregelmäßig, wenn es sich ergibt. ☐
c Ich mache am Wochenende etwas, was mir besonders guttut. ☐
d Im Alltag habe ich kaum Zeit für mich, dafür aber im Urlaub. ☐
e Ich brauche keine Zeit für mich. ☐

H Wie oft gehen Sie pro Jahr zum Hausarzt, Zahnarzt, …?
a Mehrmals. ☐ b Halbjährlich. ☐ c Einmal. ☐ d Bei Beschwerden. ☐

b Lesen Sie die Auswertung auf Seite 204f. Sind Sie fit? Was könnten Sie verändern?

2 Was halten Sie von solchen Gesundheitstests? Wozu können sie dienen? Warum machen Menschen solche Tests?

Sie lernen
Einen längeren Radiobeitrag zum Thema „Placebo-Effekt" verstehen und über Heilmittel sprechen .... Modul 1
Gesundheits-Biografien detailliert verstehen und einen Text über Gesundheit schreiben .... Modul 2
Einen Text über Allergien verstehen und über deren Auswirkungen sprechen .... Modul 3
Ein Referat über Mythen der Medizin verstehen und Karteikarten dazu erstellen .... Modul 4
Handouts für ein Referat analysieren und ein Referat zu einem Gesundheitsthema vorbereiten und halten .... Modul 4

Grammatik
Infinitivsätze .... Modul 1
Besonderheiten des Passivs: Passivsatz ohne Subjekt; Passiv mit Modalverben im Nebensatz .... Modul 3

88 89

2.2 Die Module

Modul 1 und **Modul 3** umfassen je eine Doppelseite, die eine **Fertigkeit** mit entsprechenden Aufgaben und Texten fokussiert und diese mit einer weiteren Fertigkeit verknüpft, so, wie es im authentischen Sprachgebrauch normalerweise auch vorkommt. In diesen Modulen wird jeweils ein **Grammatikthema** behandelt, das sich aus den Texten oder Sprachhandlungen ergibt.

lesen
sprechen | Grammatik

Modul 2 umfasst eine Doppelseite und stellt die intensive Beschäftigung mit einer **Fertigkeit** in den Mittelpunkt der Spracharbeit. Dabei werden auch hier die Fertigkeiten nicht künstlich voneinander getrennt, sondern immer in ihrem natürlichen Zusammenspiel bearbeitet. Die Konzentration auf das Lesen – wie im Beispiel rechts – entsteht durch die Intensität der Aufgaben in diesem Bereich. Ergänzt wird das Lesen in diesem Modul durch eine Schreibaufgabe.

lesen
schreiben

Modul 4 umfasst zwei Doppelseiten und integriert alle **vier Fertigkeiten**. So kann der Einstieg ein Hörtext sein, an den sich Lesetexte anschließen. Im weiteren Verlauf kann das Themenspektrum mit Diskussionen, Rollenspielen vertieft werden. Hieran können sich Schreibaufgaben anschließen. So werden die Fertigkeiten integrativ ausgeübt, d.h., sie werden so behandelt, wie sie in einer realen Kommunikationssituation gebraucht werden.

Fertigkeitstraining
hören | lesen | schreiben | sprechen

2.3 Das Porträt

Das Porträt ist ein optionales landeskundliches Angebot zur weiteren Beschäftigung mit zeitgenössischen und historischen Persönlichkeiten aus dem deutschsprachigen Raum. Diese Personen haben z.B. durch ihre Berufe, ihre Handlungen, ihre Werke oder ihre Äußerungen einen Bezug zum Kapitelthema. Außerdem wird angeregt, weitere Personen (auch aus dem Heimatland der Lernenden) zu entdecken und Informationen zu ihnen zu recherchieren, wozu die Vorlage „Porträt" im Anhang des Lehrbuchs eine Hilfestellung bietet.

Porträt

Eckart von Hirschhausen
(* 1967 in Frankfurt/Main)

Eckart von Hirschhausen, Arzt, Kabarettist und Autor

„Das Gesundheitssystem braucht einen Hofnarren und den gebe ich gern"

Wohin er auch kommt – Dr. med. Eckart von Hirschhausen bringt das Lachen mit.
Seit mehr als 15 Jahren ist der promovierte Neurologe, Kabarettist und Buchautor mit seinen Bühnenprogrammen auf Tournee.

Forum: Herr von Hirschhausen oder Herr Doktor – wie hätten Sie es denn gern?
Eckart von Hirschhausen: ... Doktor, bitte, so viel Zeit muss sein (lacht). Das ist keine Eitelkeit, sondern damit beuge ich der Frage „Sind Sie wirklich Arzt?" vor. Das ist nicht nur der akademische Titel, den ich mir mühsam erworben habe, sondern auch Teil meiner Marke. Was mich von anderen Kabarett-Kollegen unterscheidet, ist nun mal mein medizinischer Hintergrund. [...]

dass wir alle vier Jahre doppelt so schlau sind oder doppelt so gesund? Der menschliche Körper ist ein schöner Lehrmeister für den Unterschied zwischen Qualität und Quantität. Wer vier Grad über der normalen Körpertemperatur liegt, ist nicht halb so krank wie jemand, der acht Grad darüber liegt, sondern doppelt so lebendig! Zwischen 41 und 45 Grad Celsius gibt es also einen Qualitätssprung – nämlich den über die Klinge. Die zentralen Themen der Medizin sind: Wie gehe ich mit mir um, den Menschen um mich herum um, wie halte ich es mit Bewegung und Essen? Wie verarbeite ich das, was die Biologie als Verfall und Krankheit und Sterblichkeit mitgegeben hat, damit ich nicht die Lebensfreude verliere? Gesundheit ist am schönsten, wenn man so viel Freude am Leben hat, dass sie nicht nur für

2.4 Die Grammatik-Rückschau

Die Grammatik-Rückschau fasst auf einer Seite noch einmal die Regeln zu den beiden Grammatikthemen aus Modul 1 und Modul 3 übersichtlich und mit Beispielsätzen zusammen.

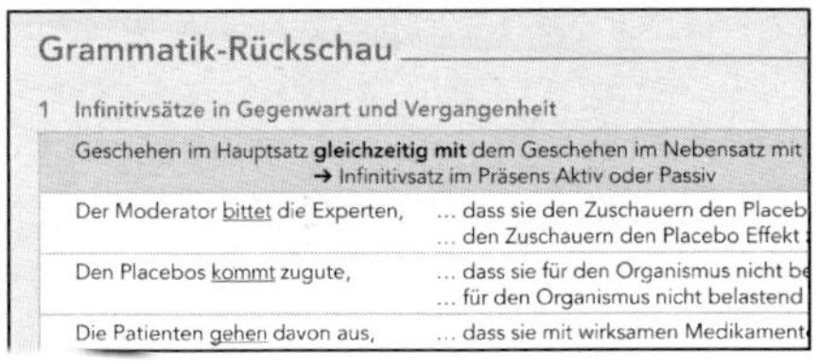

Grammatik-Rückschau

1 Infinitivsätze in Gegenwart und Vergangenheit

Geschehen im Hauptsatz **gleichzeitig mit** dem Geschehen im Nebensatz mit → Infinitivsatz im Präsens Aktiv oder Passiv	
Der Moderator bittet die Experten,	... dass sie den Zuschauern den Placeb ... den Zuschauern den Placebo Effekt
Den Placebos kommt zugute,	... dass sie für den Organismus nicht be ... für den Organismus nicht belastend
Die Patienten gehen davon aus,	... dass sie mit wirksamen Medikament

2.5 Die Filmseiten

Die Filmseiten bilden den Abschluss eines Kapitels. Hier werden Aufgaben sowie Standbilder aus dem Film angeboten, die den Lernenden das systematische und schrittweise Verstehen der Filmsequenzen ermöglichen. Darüber hinaus gibt es Aufgaben, die zu weiteren Diskussionen oder einer kreativen Weiterarbeit führen.

2.6 Der Anhang

Der Anhang enthält zwei Angebote zum Nachschlagen: Eine nach Sprechabsichten geordnete Übersicht der **Redemittel** und eine systematische Übersicht über die **grammatischen Inhalte**. In den Übersichten finden Sie und die Lernenden den Verweis, in welchem Kapitel die jeweilige Struktur bearbeitet wurde.
Darüber hinaus finden Sie eine Übersicht, wo Sie im Lehrbuch und im Arbeitsbuch Aufgaben des Goethe-Zertifikats C1 und der TELC Deutsch C1-Prüfung finden, sowie einzelne Lösungen und Ergänzungen für Aufgaben in den Kapiteln 6, 8 und 9, die im Unterricht benötigt werden, und die Porträt-Seite.

3 Das Arbeitsbuch

Das Arbeitsbuch ergänzt und vertieft Inhalte des Lehrbuchs. Es bietet vielfältiges Übungsmaterial als selbstständiges Sprachtraining für die Lernenden an sowie weitere Prüfungsvorbereitung. Für zahlreiche Übungen sind Lösungen im Anhang abgedruckt, die die Lernenden nachschlagen und damit ihren Lernfortschritt überprüfen können. Einzelne Übungen sind, da sie Sprechen als Ziel haben, auch speziell für den Einsatz im Unterricht konzipiert. Im Lehrbuch finden Sie Verweise, an welcher Stelle sich einzelne Übungen des Arbeitsbuchs besonders gut einsetzen lassen.

3.1 Die Wortschatzdoppelseiten

Die erste Doppelseite des Arbeitsbuchs wiederholt und erarbeitet relevanten Wortschatz für Themenbereiche des Kapitels. Die Übungen können vor dem Start in das Lehrbuchkapitel bearbeitet werden oder nachdem die Auftaktseiten bearbeitet worden sind. Manchmal ordnen sie sich auch einzelnen Modulen zu.

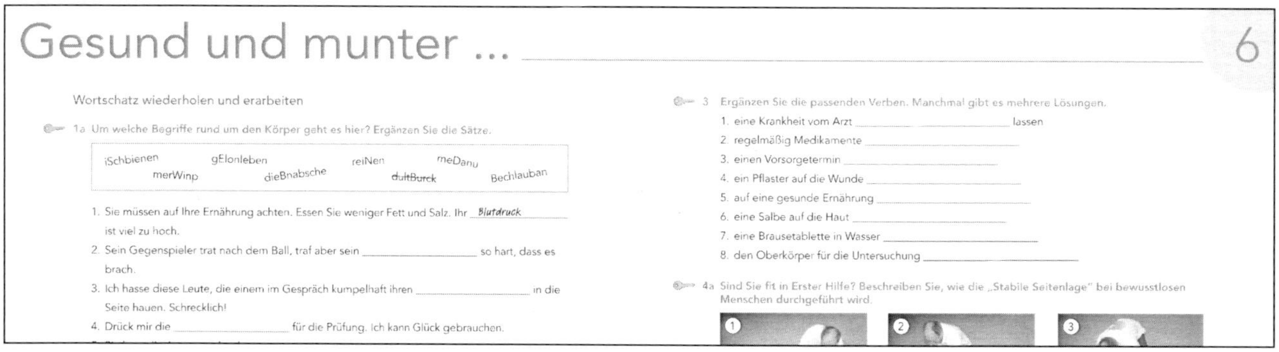
Gesund und munter ... 6

Wortschatz wiederholen und erarbeiten

1a Um welche Begriffe rund um den Körper geht es hier? Ergänzen Sie die Sätze.

iSchbienen gElonleben reiNen meDanu merWinp dieBnabsche ~~dultBurck~~ Bechlauban

1. Sie müssen auf Ihre Ernährung achten. Essen Sie weniger Fett und Salz. Ihr *Blutdruck* ist viel zu hoch.
2. Sein Gegenspieler trat nach dem Ball, traf aber sein ______ so hart, dass es brach.
3. Ich hasse diese Leute, die einem im Gespräch kumpelhaft ihren ______ in die Seite hauen. Schrecklich!
4. Drück mir die ______ für die Prüfung. Ich kann Glück gebrauchen.

3 Ergänzen Sie die passenden Verben. Manchmal gibt es mehrere Lösungen.

1. eine Krankheit vom Arzt ______ lassen
2. regelmäßig Medikamente ______
3. einen Vorsorgetermin ______
4. ein Pflaster auf die Wunde ______
5. auf eine gesunde Ernährung ______
6. eine Salbe auf die Haut ______
7. eine Brausetablette in Wasser ______
8. den Oberkörper für die Untersuchung ______

4a Sind Sie fit in Erster Hilfe? Beschreiben Sie, wie die „Stabile Seitenlage" bei bewusstlosen Menschen durchgeführt wird.

3.2 Die Übungen zu den Modulen

Zu den Modulen 1 bis 4 stehen im Arbeitsbuch zwischen einer bis vier Übungsseiten zur Verfügung. Die Übungen beziehen sich auf alle sprachlichen Bereiche und ergänzen die Themen des Lehrbuchs. Die Übungstypen reichen von geschlossenen, reproduktiven bis hin zu offenen, produktiven Sprachaktivitäten. Vor allem im Bereich Grammatik findet eine Vertiefung und Festigung der im Lehrbuch erarbeiteten Strukturen statt, die dort in einer pragmatisch ausgerichteten Aufgabe angewendet werden. Ebenfalls werden weitere Übungsaufgaben für die Prüfungen hier integriert.
Je nach individuellem Leistungsstand können Sie oder die Lernenden aus zahlreichen Übungen des Arbeitsbuchs auswählen.

3.3 Die Lerntipps

„Aspekte" integriert Tipps zur Unterstützung und Gestaltung des eigenen Lernprozesses. In den Lehrerhandreichungen werden Anregungen gegeben, wie mit ihnen umgegangen werden kann.

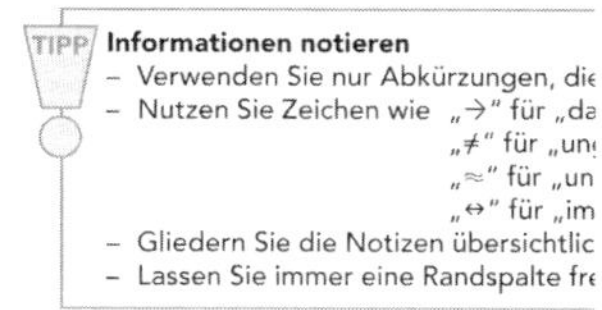
TIPP Informationen notieren
- Verwenden Sie nur Abkürzungen, di
- Nutzen Sie Zeichen wie „→" für „da
„≠" für „un
„≈" für „un
„↔" für „im
- Gliedern Sie die Notizen übersichtlic
- Lassen Sie immer eine Randspalte fr

3.4 Die Selbsteinschätzung

Am Ende eines Kapitels erhalten die Lernenden die Möglichkeit, ihren eigenen Lernstand einzuschätzen. In einer Übersicht wird das sprachliche Können beschrieben, das in den Kapiteln erreicht werden sollte. Diese Aussagen spiegeln die Kannbeschreibungen des Gemeinsamen Europäischen Referenzrahmens wider.
Die Beschreibungen beziehen sich auf die rezeptiven, produktiven und interaktiven Sprachhandlungen des Kapitels und korrespondieren mit den Lernzielen auf den Auftaktseiten im Lehrbuch. Die Aufgabe, in der die Kannbeschreibung erarbeitet wird, wird in der rechten Spalte der Tabelle genannt: „M2, A4" bedeutet, dass sich die Beschreibung auf Modul 2, Aufgabe 4 bezieht.

Die Lernenden lesen die Aussagen und bewerten individuell ihr Können:
+: Ja, das kann ich. Ich bin zufrieden mit meiner Leistung.
0: Im Prinzip kann ich das, aber ich mache noch Fehler.
–: Nein, das kann ich noch nicht. Ich mache noch zu viele Fehler.
Die Lernenden füllen die Selbsteinschätzungsseite alleine aus. Bei der Eintragung „0" oder „–" sollten sie die entsprechenden Aufgaben im Lehrbuch und Übungen im Arbeitsbuch noch einmal wiederholen. Sie sollten für Fragen zur Verfügung stehen, Tipps geben, wo weitere Erklärungen zu finden sind, und ggf. Hinweise zu weiterem Übungsmaterial geben.
Entscheidend ist hier, dass die Lernenden Eigeninitiative zeigen, dass sie zu einer möglichst realistischen Einschätzung befähigt werden und bei Lernschwierigkeiten Lösungsansätze entwickeln. Ein großer Vorteil der Selbsteinschätzung liegt in der Motivation. Auf einem Sprachniveau wie C1 fällt es den Lernenden nicht immer leicht, den eigenen Fortschritt zu erkennen. Durch das konsequente Bearbeiten der Selbsteinschätzung (z.B. auch bevor man ein Kapitel bearbeitet und danach noch einmal zum Vergleich) wird der Lernfortschritt bewusst gemacht, was motivierende Erfolgserlebnisse mit sich bringen kann.

Selbsteinschätzung 6

So schätze ich mich nach Kapitel 6 ein: Ich kann ...	**+**	**0**	**–**	**Modul/ Aufgabe**
... einen längeren Redebeitrag zum Thema „Placebo-Effekt" verstehen.				M1, A2
... ein Referat über Mythen der Medizin verstehen, in dem unterschiedliche Aspekte auch mit Fachbegriffen erläutert werden.				M4, A1
... einen komplexen Text über männliche und weibliche Gesundheits-Biografien detailliert verstehen und schnell Einzelinformationen finden.				M2, A2
... einen komplexen Text über Allergien verstehen.				M3, A1b
... Handouts für ein Referat bezüglich Inhalt und Umfang				M4, A3

Die Selbsteinschätzung folgt dem Portfolio-Gedanken und bietet neben der Einschätzung der eigenen Leistung auch Raum für die Dokumentation der individuellen Lernaktivitäten, die über das Lehrwerk und den Unterricht hinausgehen, z.B. ob und wann jemand einen Film auf Deutsch gesehen, eine E-Mail geschrieben, einen Zeitungsartikel gelesen oder deutsche Musik gehört hat. Alle Aktivitäten sollten dokumentiert werden, wobei Stichwörter genügen.

Das habe ich zusätzlich zum Buch auf Deutsch gemacht: (Projekte, Internet, Filme, Texte, ...)	
Datum:	Aktivität:

Neben dem gesteuerten Lernprozess im Unterricht ist die Anregung zu eigenen Aktivitäten außerhalb des Unterrichts in Eigeninitiative äußerst wichtig für den Lernfortschritt, aber auch für die Vorbereitung auf das Weiterlernen, wenn der Kurs zu Ende ist. Alle Aktivitäten sind dabei relevant und sollten in diesem kleinen Lerntagebuch notiert werden. Im Rückblick erhalten die Lernenden eine Sammlung, was sie selbst geleistet haben, was hilfreich und effektiv war und auch weiter sein wird.

3.5 Der Anhang

- Lösungsschlüssel für alle geschlossenen Übungstypen
- Transkript der Hörtexte der CDs zum Lehrbuch
- Wortschatzseiten: Zu jedem Kapitel bietet „Aspekte" eine Seite mit relevantem Wortschatz an. Hierbei handelt es sich nicht um einen festgelegten Lernwortschatz, sondern um Ausdrücke und Begriffe, die für diesen, aber auch weitere Kontexte frequent und relevant sind. Die Lernenden können diesen Wortschatz in ihre Sprachen übersetzen und somit ein kleines Glossar zu den Kapiteln anlegen. Für Begriffe, die die Lernenden persönlich interessant oder wichtig finden, ist unter der Überschrift „Wörter, die für mich wichtig sind" Platz für eigene Einträge.

Wortschatz

Kapitel 6: Gesund und munter

Modul 1 Zu Risiken und Nebenwirkungen

die Einbildung	______	das Placebo, -s	______
das Hausmittel, -	______	das Scheinmedikament, -e	______
die Heilkraft, -"e	______	spüren	______
das Phänomen, -e	______	die Therapie, -n	______
pharmazeutisch		die Wirksamkeit	

- Übersicht: Nomen-Verb-Verbindungen
- Übersicht: Verben, Adjektive und Substantive mit Präpositionen
- Übersicht: Unregelmäßige Verben

3.6 Die CD-ROM

Dem Arbeitsbuch beigelegt ist eine CD-ROM mit Übungstests (Übungsblätter und Hörtexte) zum Goethe-Zertifikat C1 und zur TELC Deutsch C1-Prüfung. Hier können die Lerner, zusätzlich zu den integrierten Testangeboten in Lehr- und Arbeitsbuch, zwei vollständige Testsequenzen durchlaufen oder auch einzelne Testteile gezielt herausgreifen, um sich so noch besser auf die Realsituation vorzubereiten.

4 Die CDs

„Aspekte" bietet auf drei CDs Hörmaterialien für das Lehrbuch. Hier werden verschiedene Textsorten wie z.B. Vortrag, Diskussion, Interview, Radiofeature und Lied präsentiert und mit entsprechenden Aufgaben im Lehrbuch bearbeitet. Zu einigen Hörtexten gibt es vertiefende Übungen im Arbeitsbuch. Die Verweise auf die Tracks finden sich beim CD-Symbol.

5 Die DVD

Film bietet im Fremdsprachenunterricht eine Reihe von Vorteilen, die „Aspekte" Ihnen und Ihren Lernenden mit der DVD und den entsprechenden Aufgaben im Lehrbuch zur Verfügung stellt:

Filmmaterial im Fremdsprachenunterricht	
authentische Sprache und Sprecher	wirklichkeitsnahe Verbindung von Bild und Ton
Facetten gesprochener Sprache (Dialekte, Umgangssprache, elliptische Sätze, ...)	Unterstützung von interkulturellem Lernen (Kultur als sichtbares Phänomen)
parasprachliche Signale (Mimik, Gestik, ...)	Anwendung von Hör-Seh-Verstehen

Die Filmsequenzen auf der DVD und die Aufgaben im Lehrbuch vertiefen und erweitern die thematische Arbeit und eröffnen den Lernenden weitere Lernwege durch die filmspezifischen Aufgabentypen. Die Aufgaben beziehen sich einerseits auf das Verstehen der Filminhalte. Dazu werden, wie bei anderen Textsorten auch, Aufgaben vor dem Sehen (Vorentlastung, Hypothesenbildung), Aufgaben beim Sehen und Aufgaben nach dem Sehen (Auswertung, Überprüfung des Verstehens) bereitgestellt. Sie können das globale, selektive, aber auch detaillierte Verstehen zum Ziel haben, wobei das filmimmanente Hör-Seh-Verstehen einen besonderen Stellenwert einnimmt.
Über die Inhalte der Filmsequenzen hinaus sind weiterführende Aufgaben angelegt, die z.B. Diskussionen oder Rollenspiele anbieten, die zur Stellungnahme auffordern oder kreatives Schreiben anregen. Es werden unterschiedliche Sendeformate angeboten. Die Sequenzen sind zwischen ca. drei und zehn Minuten lang und meist in weitere Teilsequenzen unterteilt. Die einzelnen Filme und ihre Teilsequenzen können direkt auf der DVD angesteuert werden.
Natürlich besteht auch die Möglichkeit, dass die Lernenden die Filme zu Hause ansehen und einzelne Aufgaben nach ihren Interessen bearbeiten.

7 Die Lehrerhandreichungen

Zu Beginn eines jeden Kapitels beschreibt ein kurzer Text die wesentlichen Inhalte des Kapitels. Daran schließen sich die Lernziele an, bevor der eigentliche Kommentar zur Auftaktseite, den vier Modulen und den Filmseiten beginnt.
Aufgaben/Übungen: Die Lehrerhandreichungen bieten zu jedem Kapitel einen didaktischen Kommentar zu den Aufgaben im Lehrbuch und schlagen Verknüpfungen mit den Übungen des Arbeitsbuchs vor. Jede Aufgabe des Lehrbuchs (A) und jede Übung des Arbeitsbuchs (Ü) ist in der Abfolge eines Kapitels berücksichtigt.
Lösungen: Sie finden die Lösungen zu den Aufgaben im Lehrbuch bei der jeweiligen Aufgabe nach dem didaktischen Kommentar.
Binnendifferenzierung: Die Lehrerhandreichungen machen Vorschläge zur Binnendifferenzierung, die sich vor allem auf den Leistungsstand innerhalb eines Kurses beziehen. So enthalten die Vorschläge alternative Vorgehensweisen für stärkere und schwächere Gruppen eines Kurses.
Kopiervorlagen: Zu einzelnen Kapiteln werden Kopiervorlagen im Anhang angeboten, die direkt im Unterricht eingesetzt werden können.
Erweiterungen/Varianten: In der Regel wird ein vorgesehener Ablauf der Aufgaben und Übungen vorgestellt. An manchen Stellen werden Vorschläge gemacht, die die Aktivitäten um einen zusätzlichen Schritt ausweiten oder eine Alternative im Ablauf darstellen.
Lerntipps: Wo Lernstrategien und Lerntechniken angesprochen werden, sind diese ausgewiesen. Weitere didaktisch-methodische Tipps sind mit dem Vermerk „Hinweis" gegeben.
Info: Die Info-Kästen enthalten detailliertere Informationen zu einem landeskundlichen Thema oder einer Person bzw. Fakten zu einem thematischen Sachverhalt.

8 Die Homepage

„Aspekte" bietet Ihnen unter www.klett-sprachen.de/aspekte weiteres Material, eine Liste mit Links zu den Projekten aus dem Lehrbuch und einen Download-Bereich, z.B. mit den Transkripten zu den Filmen. Die Inhalte der Materialien sind mit dem Lehrbuch verschränkt. Die Homepage wird laufend erweitert und aktualisiert, sodass sich ein Besuch immer wieder lohnt.

Insbesondere hervorzuheben ist ein Übungstest für das Österreichische Sprachdiplom Deutsch (ÖSD). Ein gesonderter Bereich steht speziell Lehrenden zur Verfügung. Hier gibt es Zugriff auf Trainings- und Testmaterial sowie auf Modelltests mit Lösungen.

Alltägliches

Ein neues Niveau: Willkommen auf C1. Ein neuer Kurs fängt an und viele Teilnehmer und Teilnehmerinnen kennen sich vielleicht noch nicht, deshalb finden Sie eine Möglichkeit für ein Kennenlernspiel (KV1, LHR, S. 123), das Sie durchführen können, bevor sie dann in das Thema einsteigen.
„Aspekte 3" beginnt mit dem Thema „Alltägliches". Als Einstieg lesen die L Kürzestgeschichten und tauschen sich darüber aus, was für sie bzgl. des Erzählten alltäglich und was besonders ist. Im Modul 1 beschäftigen sie sich mit dem Thema „Zeit" und dem persönlichen Zeitempfinden. Modul 2 gibt einen Einblick in die Welt der Vereine in Deutschland und die L erfahren, dass oft mit Vereinen verbundene Klischees vielleicht gar nicht zutreffen. In Modul 3 lesen die L einen Text über den alltäglichen Kampf mit technischen Geräten. Den Abschluss bildet das Modul 4, in dem sich die L mit dem Alltags-Thema des Zusammenlebens von Alt und Jung beschäftigen. Insbesondere setzen sie sich mit der Wohnform des Mehrgenerationenhauses auseinander.

Lernziele

Sie lernen	
Einen Text über das Thema „Zeit im Alltag" verstehen	Modul 1
Aussagen von Menschen, die sich in Vereinen engagieren, verstehen und jemanden von der Mitgliedschaft in einem Verein überzeugen	Modul 2
Ein Interview über die Benutzerfreundlichkeit von technischen Geräten zusammenfassen	Modul 3
Über Probleme in der Hausgemeinschaft diskutieren, die eigene Meinung vertreten und gemeinsame Lösungen finden	Modul 4
Einen Kommentar zum Thema „Wohnen im Mehrgenerationenhaus" schreiben	Modul 4
Grammatik	
Adjektivdeklination nach Artikelwörtern	Modul 1
Wortbildung bei Substantiven	Modul 3

Kennenlernspiel

Vorschlag für ein Kennenlernspiel (KV1, LHR, S. 123):
In PA fragen sich die L gegenseitig.
Geben Sie ca. zehn Minuten Zeit und weisen Sie die L darauf hin, dass sie die Fragen auswählen können und dass es um die eigene Interpretation geht.
Im Anschluss präsentieren die L im PL ihren Partner.

Auftakt Alltägliches

Ü1

Als Einstieg ins Kapitel geeignet. Die L wiederholen und erweitern so den Wortschatz, der für das Kapitel hilfreich ist. In PA oder in KG ordnen die L gemeinsam die Ausdrücke den Bereichen zu.

Ⓥ Die L arbeiten in KG.
Kopieren Sie die Themenbereiche (Haushalt/Familie etc.) auf DIN-A3-Plakate und notieren Sie die Ausdrücke auf Kärtchen. Die Gruppen bekommen alle Plakate und einen Satz Kärtchen und sortieren den Wortschatz. Danach können die L bei den anderen Gruppen sehen, wo ihre Lösung mit der Lösung der anderen Gruppen übereinstimmt.

A1a–b

Die L lesen die Geschichten und ordnen sie im PL den Illustrationen zu. Anschließend tauschen sie sich über A1b aus.

A3; B4; C2; D1

Genereller Hinweis zu C1-Gruppen
Normalerweise nimmt die Anzahl der L ab, je höher die Niveaustufe ist. Deshalb empfiehlt es sich bei Gruppen bis acht Personen, dass die L überwiegend Sprechanlässe im PL bearbeiten. Die Aufgaben, die in den LHR als für KG geeignet angegeben sind, können Sie dann auch im PL bearbeiten lassen. Bei größeren Gruppen ist es ratsam, es so zu machen, wie in den LHR angegeben.

A2a–b

In PA vorgehen, wie beschrieben.
Die L schreiben einen Dialog oder einen Tagebucheintrag aus der Perspektive einer Person / eines Objekts und präsentieren beides anschließend im PL.
Achten Sie beim Dialog darauf, dass die L nicht ablesen, sondern frei vortragen.

Ü2–3
Ⓔ

Als HA geeignet.
Den Text aus Ü2b können die L, wenn sie es möchten, zur Korrektur abgeben. Um den wiederholten und erarbeiteten Wortschatz zu sichern, bietet es sich an, in der kommenden Stunde noch einmal darauf einzugehen.
Die L schreiben nach der HA-Korrektur drei bis fünf Ausdrücke, die neu für sie waren oder ihnen schwerfielen, aus den Ü1–3 auf Zettel und notieren einige Stichwörter für die Definition darunter.
Die Zettel werden gemischt und verteilt. In KG zieht eine Person einen Zettel, definiert den Ausdruck, ohne ihn zu nennen, und die anderen raten, um welchen Ausdruck es sich handelt.
Beispiel:

die Eintönigkeit

die Routine
langweilig
grau

Modul 1 Die Zeit läuft ...

Ü1

Im PL sammeln die L Redewendungen und Sprichwörter zum Thema „Zeit", die sie kennen. Dann lösen sie in PA Ü1 und klären gemeinsam die Fragen in KG.

A1a

In PA lesen die L die Wörter, wählen mindestens ein Wort aus und haben kurz Zeit, dieses zu definieren.
In GA werden die Wörter erklärt und in einen Beispielsatz integriert.
Um zu verhindern, dass alle L dasselbe Wort auswählen, notieren Sie die Wörter auf Kärtchen und jedes Paar nimmt sich mindestens ein Wort, das es dann erklärt.

A1b

Die L lesen den Text und sprechen über die Aufgabe in KG.

Vergleich im PL, mögliches Tafelbild:

Zeit für Familie (Z. 41–50)	**Zeit bei der Arbeit (Z. 8–18, Z. 93–101)**	**Entschleunigung (Z. 58–66)**	**Zeit und Kreativität (Z. 76–85, Z. 93–101)**	**Zeitempfinden (Z. 18–21, Z. 86–90)**
• feste Zeiten verschwinden • nicht alles lässt sich organisieren • kleine Kinder und kranke Menschen: eigener Zeitrhythmus • Freundschaft und Liebe funktionieren nicht nach Terminplan	• Theorie: 15 Std. Arbeit würden ausreichen (2030) • Arbeit auf alle verteilen: 4,5 Std./Tag • bei Arbeit kreativ, in Freizeit passiv • mit Arbeit: in Zeitnot • ohne Arbeit: Langeweile, ohne Perspektive	• Erscheinen vieler Ratgeber • viele suchen Ausweg aus der Hektik • wollen innere Ruhe und Balance • wichtig für Ideen, weil Gehirn dann freien Lauf hat	• Kind und Langeweile: erst wenn es sie überwunden hat, kommt es zu Kreativität • Menschen sind bei Arbeit kreativ und zufrieden, in Freizeit passiv	• Arbeiter klagen über „Zeitnot“ • Zeit ist relativ/ Blick in Vergangenheit: kurzes Gespräch mit nettem Menschen erscheint länger, negative Situation im Rückblick kürzer

A1c Austausch in KG.

Ü2 Die L notieren in EA ihre Tätigkeiten und die Zeit, die sie damit verbringen, danach tauschen sie sich in PA über die Gemeinsamkeiten und Unterschiede aus.

A2a In PA. Die L ergänzen die Tabelle und vergleichen sie autonom mit der Grammatik-Rückschau.

Beispiel	**Artikelwort (Singular)**	**Deklination wie**
	… *jed-* … *irgendein-*	
Beispiel	**Artikelwort (Plural)**	**Deklination wie**
	… *all-* … *viel-*	

A2b In EA suchen die L weitere Beispiele im Text und vergleichen mit der Tabelle.

aller deutschen Erwerbstätigen (Z. 20f.); mehrere handfeste Fakten (Z. 24); manchen privaten Bereichen (Z. 25); irgendein modischer Trend (Z. 31f.); wenige erwerbstätige Menschen (Z. 39f.); alle festen Zeiten (Z. 41f.); irgendwelchen gefundenen Sachen (Z. 80); irgendein kurzes Gespräch (Z. 88); manche negative Situation (Z. 89f.)

A2c Die L bilden in PA weitere Sätze mit den Artikelwörtern aus der Tabelle.

Ⓔ In PA schreiben die L in max. 15 Minuten einen kleinen Text mit den Artikelwörtern. Um die Motivation zu steigern, können Sie die A als kleinen Wettbewerb gestalten. Das Paar, das die meisten Wörter benutzt hat, bekommt einen kleinen Preis.

Ü3a–c Als HA geeignet. Oder: Ü3a gemeinsam im Kurs bearbeiten. In EA lösen die L die Übung, danach vergleichen sie in KG und besprechen Schwierigkeiten und die Unterschiede in der Bedeutung der einzelnen Wörter.

Ü3d In GA erweitern die L die Sätze. Sie können die A auch als Wettbewerb gestalten, indem die beiden Gruppen gegeneinander antreten, die Gruppe, die zuerst keine Erweiterung mehr weiß, hat verloren.

Modul 2 Vereine heute

A1a Als Einstieg in das Thema sammeln die L im PL alle Vereine und Clubs, die sie kennen, und notieren sie in der Tabelle. Danach erzählen sie, wer in einem dieser Vereine in der Freizeit tätig ist und auch das wird an der Tafel festgehalten.

Lösungsbeispiele: Turnverein, Fußballverein, Kegelclub, Musikverein (Blaskapelle, Chor, Orchester), Umweltschutzorganisation, Literaturverein, Pfadfinder, Kaninchenzüchterverein, Freiwillige Feuerwehr, Trachtenverein, …

Ü1 In PA. Wenn viele L in einem Verein/Club sind, bietet sich dies als Sprechanlass an, Die L erzählen in KG über ihren Verein: Was wird dort gemacht? Wie oft treffen sich die Mitglieder? Wie ist die Struktur? etc.

A1b Im PL vergleichen die L ihre eigene Statistik mit der Grafik im LB. Zur Beschreibung der Grafik finden die L hilfreiche Redemittel im Anhang des LB. Weisen Sie die L darauf hin, dass die Beschreibung von Statistiken/Grafiken Teil des Goethe-Zertifikats C1 ist.

Informationen zu Vereinen in Deutschland und „Vereinsmeierei"
Von Deutschland wird oft angenommen, dass es das Land mit den meisten Vereinen sei. Aber in der Realität liegt Deutschland gemeinsam mit Großbritannien im Mittelfeld in Europa. Die Länder Skandinaviens und die Niederlande haben eine höhere Vereinsdichte. Vereine haben oft ein negatives Image (s.u. „Vereinsmeierei"), aber in den letzten Jahren sind sie immer mehr zu Orten von ehrenamtlichem Engagement geworden oder sie bieten Dienstleistungen an, für die man zahlen muss, wie z.B. die Sportvereine. Es wird auch darüber geklagt, dass die Vereine überaltert seien, und darüber, dass sich junge Menschen kaum mehr engagieren. Auch das stimmt nur bedingt. Es gibt zwar Vereine, wie z.B. der Männergesangverein oder der Schützenverein, denen der Nachwuchs fehlt. Aber immer mehr junge Menschen engagieren sich in Naturschutz- oder Menschenrechtsvereinen, oder in Vereinen, die sich kritisch mit der Informationsgesellschaft auseinandersetzen. Es gibt immer mehr Vereine, die Konkurrenz um die Mitglieder ist also groß.
„Vereinsmeierei" ist ein umgangssprachlicher, negativ konnotierter Ausdruck und bezeichnet negative Begleiterscheinungen, die das ausgeprägte Vereinsleben mit sich bringen kann. Er bezieht sich auf unterschiedliche Aspekte des Vereinslebens, z.B. bürokratische Strukturen in Vereinen: Bereits in kleinen Vereinen gibt es eine Vielzahl an verschiedenen Posten, z.B. Vorsitzender, stellvertretender Vorsitzender, Pressewart, Kassenwart, Protokollführer, Ehrenvorsitzende und diverse weitere Positionen. Mit der Hierarchisierung des Vereinslebens über verschiedene Posten verkompliziert sich die Vereinsstruktur, was im Zuge allgemeiner Bürokratiemüdigkeit als spießbürgerlich-preußisches Relikt empfunden wird. Ein anderer Aspekt der „Vereinsmeierei" sind die Intrigen, die sich in der Regel aus dem Verteilungskampf um die Posten und Pöstchen im Verein ableiten lassen. Zwei weitere Aspekte tragen zum negativen Image bei:

1. Vorteilsnahme und Vetternwirtschaft: Dies bezeichnet den Umstand, dass sich einzelne Personen oder Personengruppen, sogenannte Seilschaften, durch ihre Vereinsposten Vorteile verschaffen, die ihnen nicht zustehen. Dies können im Extremfall materielle Vorteile, beispielsweise durch die Veruntreuung von Vereinskapital, sein.
2. Die zunehmende zeitliche Vereinnahmung der Vereinsmitglieder, die dazu führen kann, dass sich die Betroffenen irgendwann zwischen Verein und Freizeit entscheiden müssen.

Weitere Informationen: http://www.planet-wissen.de/politik_geschichte/organisationen/rotes_kreuz/vereine_in_deutschland.jsp und
http://www.artikelpark.de/allgemein/was-ist-eigentlich-vereinsmeierei/
Wenn Sie juristische Informationen zum Thema Verein haben möchten, bietet sich folgende Seite an: http://www.rechtswoerterbuch.de/recht/v/verein/

A1c Die L sammeln in KG Gründe für und gegen eine Mitgliedschaft in einem Verein. Mögliche Ideen:

Gründe für eine Mitgliedschaft	Gründe gegen eine Mitgliedschaft
• neue Leute kennenlernen • etwas Gutes tun • sich sinnvoll beschäftigen • Spaß haben • anderen etwas erklären • Neues lernen	• kein interessantes Thema • nur auf ein Thema reduziert • zu strukturiert • zu verpflichtend (einmal pro Woche o.Ä.) • mögliche Kosten • Gruppenzwang

A2 TELC Vorbereitung auf die C1-Prüfung: TELC Deutsch C1, Hörverstehen, Teil 1. Nähere Informationen zu den einzelnen Prüfungsteilen finden Sie im Anhang, LHR, S. 148.
Die L lesen die Aufgabe und die Aussagen zu A2a. Dann hören Sie die Texte einmal und notieren sich zu jeder der acht Personen a, b oder c.

1c; 2a; 3b; 4b; 5c; 6b; 7c; 8b

A2b Dann lesen sie die Aussagen zu A2b und hören die Texte noch einmal. Sie entscheiden, welche Aussage zu welchem Text passt und notieren den passenden Buchstaben. Zwei Aussagen bleiben übrig (diese sind in der Lösung mit 0 bezeichnet).

a2; b4; c7; d8; e0; f6; g3; h0; 1i; j5

A2c In KG formulieren die L eine Zusammenfassung der Vereine, die vorgestellt wurden. Sie sprechen über die Ziele und erzählen, welcher Verein sie interessieren würde.

A3 Wirbelgruppenaktivität: Bereiten Sie Farbkärtchen vor (je nach Gruppengröße drei bis vier verschiedene Farben). Jeder L zieht eine Farbkarte und alle L mit derselben Farbe bilden eine KG. Dort überlegen sich die L einen Verein: Namen, Aktivitäten, Konditionen, Ziele.
Wenn die Ideen für alle Vereine gesammelt sind, begibt sich von jeder Farbe eine Person in eine neue Gruppe. Die einzelnen L stellen nun ihren Verein vor und versuchen, die anderen L der Gruppe von einer Mitgliedschaft zu überzeugen. Dazu benutzen die L die Redemittel im Modul oder im Redemittelanhang.
Alle L müssen sich für einen bis zwei Vereine entscheiden. Im Anschluss gehen die L wieder in ihre Ausgangsfarbgruppen und präsentieren ihre Ergebnisse. Im PL wird festgehalten, welcher Verein die meisten Mitglieder gewonnen hat.

Ü2 Als HA geeignet. Regen Sie die L an, die Texte zu schreiben und Ihnen zur Korrektur abzugeben. Wenn genug Zeit zur Verfügung steht, können die L sich auch gegenseitig die Texte korrigieren.
Bei schwächeren Gruppen empfiehlt es sich, dass die L den Text in PA im Kurs verfassen. Vorher wird im PL über die wichtigsten Informationen gesprochen, die sie im Text erwähnen sollten.

Ü3 P GI Vorbereitung auf die C1-Prüfung: Goethe-Zertifikat, Leseverstehen, Teil 3. Nähere Informationen zu den einzelnen Prüfungsteilen finden Sie im Anhang, LHR, S. 139.
Die L überlegen vor der Übung Strategien, um falsche Wörter auszuschließen. Strategien:
- Welche Wortart wird in der Lücke gefordert?
- Welches Genus wird gefordert?
- Welcher Kasus wird gefordert?
- Unterschiedliche Bedeutung der Präfixe etc.

Dann kann die Ü im Kurs oder als HA gemacht werden.

Modul 3 Chaos im Wohnzimmer

A1a Bevor mit der Aufgabe begonnen wird, werden im PL Funktionen von technischen Geräten im Assoziogramm gesammelt. Welche Funktionen haben technische Geräte? Anschließend wird über die Fragen aus A1a gesprochen und wichtiger Wortschatz an der Tafel festgehalten.

Ⓥ Visueller Einstieg (KV2, LHR, S. 123): Die L ordnen in PA die Symbole der Geräte den Definitionen zu. Dann überlegen sie sich weitere Symbole und notieren Definitionen jeweils auf unterschiedliche Kärtchen. Diese werden ausgetauscht und andere PA sortieren. Lösung: 1.c; 2.d; 3.b; 4.e; 5.a

A1b Ⓑ Die L lesen den Text in EA und notieren die Antworten zu den einzelnen Fragen.
Bei schwächeren Gruppen bietet sich ein Vergleich im PL an, möglicher Tafelanschrieb:

Welche Geräte?	*Erfahrungen der Benutzer?*	*Gründe dafür?*
DVD-Spieler, Handy, Fernbedienung → neue technische Produkte	• *Z. 37–40: bekommen das Handy nicht aktiviert* • *Z. 42–49: rätselhafte Funktionen der Fernbedienung, Symbole nicht deutlich → negatives Ergebnis, weil die Geräte zu komplex sind* • *Z. 75: Alltagstauglichkeit spielt eine große Rolle für den Verbraucher*	*Z. 51–56: Hersteller überfrachten die Geräte, denn sie glauben, dass das Produkt besser verkauft wird; haben keinen Mut zur Reduktion*

Bei stärkeren Gruppen machen die L direkt mit A1c weiter.

A1c + Ü1a In EA oder PA fassen die L den Text zusammen, dann gehen sie ins AB und lesen die beiden Zusammenfassungen. Sie vergleichen und analysieren alle drei Zusammenfassungen und entscheiden begründet, welche am besten den Inhalt des Textes trifft.

Ü1b Als HA geeignet oder im Kurs: Die L suchen sich aus den vorgegebenen Artikeln einen aus, zu dem sie eine Zusammenfassung schreiben. Wichtig ist, dass mehrere L zum gleichen Thema schreiben. Am nächsten Kurstag setzen sich alle L mit demselben Thema in einer KG zusammen, lesen die Zusammenfassungen, analysieren sie und geben einander konstruktives Feedback.

A2a Die L ergänzen in PA die Tabelle (als Hilfe können sie ein einsprachiges Wörterbuch benutzen). Danach lesen sie den Text noch einmal mit dem Fokus auf die Wortbildung und markieren alle Substantivierungen, die sie finden und ergänzen so mit weiteren Beispielen die Tabellen.

Vom Verb zum Substantiv

Endung/Veränderung	Beispiel	häufige Bedeutung
das + Infinitiv	verstehen → *das Verstehen*	Handlungen
Verb ohne Endung auch mit Vokaländerung	durchblicken → *der Durchblick* wählen → *die Wahl*	Handlungen oder Gefühle
Endung *-e*	glauben → *der Glaube*	Handlungen/Gefühle
Endung *-ung*	anleiten → *die Anleitung*	Abstrakta (feminin)
Endung *-nis*	erleben → *das Erlebnis*	Zustände, Erfahrungen und Einstellungen
Endung *-schaft*	wissen → *die Wissenschaft*	(feminin)
Partizip II + *-e*	schreiben → *das Geschriebene*	vergangene Ereignisse/ Handlungen oder Haltungen
Partizip I + *-e*	lesen → *der Lesende*	Personen, die etwas tun
Endung *-er* auch mit Vokaländerung	schalten → *der Schalter* kaufen → *der Käufer*	Gebrauchsgegenstände oder Personen

Vom Adjektiv zum Substantiv

Endung/Veränderung	Beispiel	häufige Bedeutung
Artikelwort und Endung *-e*	neu → *der/das/die Neue*	Personen oder Dinge
Endung *-(ig)keit*	alltagstauglich → *die Alltagstauglichkeit*	Abstrakta (feminin)
Endung *-heit* auch mit Vokaländerung	frei → *die Freiheit*	Abstrakta (feminin)
Endung *-schaft*	bereit → *die Bereitschaft*	(feminin)

Tipp: Die Substantivierungen haben keine festen Artikel, außer bei „*das* + Infinitiv", bei der Endung *-ung* (immer feminin) und der Endung *-er* (immer maskulin). Ansonsten gibt es keine einheitlichen Regeln (es gibt z.B. *das Erlebnis*, aber auch *die Erlaubnis*).

A3 Die L notieren Verben und Adjektive und alle Substantive, die ihnen dazu einfallen. Geben Sie ihnen dazu fünf bis zehn Minuten Zeit. Dann finden sich die L in PA zusammen und fragen sich gegenseitig. Der Gefragte hat ca. zwei Minuten Zeit, um alle Substantive zu nennen, die ihm einfallen, dann wird gewechselt.

Ⓥ Geben Sie den L eine Anzahl Verben bzw. Adjektive vor, zu denen sie sich Gedanken machen sollen, z.B. zwei Verben und zwei Adjektive.

Ⓑ Bei schwächeren Gruppen werden Ü2–3 vor A3 im Kurs bearbeitet und danach notieren die L in PA viele Verben/Adjektive und alle Substantive, die ihnen einfallen. Im Anschluss suchen sie sich ein weiteres Paar und fragen sich so zu viert.

Ü2–4 Als HA geeignet.

Modul 4 Alle zusammen

A1a Als Einstimmung ins Thema sammeln die L ihre Ideen zu dem Thema.
Mögliches Tafelbild:

Weitere Lösungen: Oldtimer, Schallplatten, Wein/Cognac

Ü1 Die L werden in Gruppen aufgeteilt, mindestens zwei Gruppen. Der Wortschatz wird aufgeteilt: Gruppe 1 sucht und klärt die Bedeutung der Wörter 1–10 und Gruppe 2 die der Wörter 11–21. Die Gruppen sortieren sie den Kategorien „Jugend" oder „Alter" zu. Anschließend setzt sich eine Person aus Gruppe 1 mit einer Person aus Gruppe 2 zusammen. Sie erklären die Wörter, die der anderen Person unbekannt sind.

A1b Bereiten Sie sechs DIN-A3-Plakate vor, auf jedes Plakat schreiben Sie einen Zeitraum / eine Lebensphase und legen die Plakate auf einen Tisch:
In KG rotieren die L nun von Tisch zu Tisch und notieren in drei Minuten, was ihnen zur jeweiligen Lebensphase einfällt. Am Ende, wenn alle L die sechs Plakate ergänzt haben, werden die Plakate aufgehängt und von allen gelesen. Die L können Fragen nach Gründen an die anderen Gruppen stellen, wenn sie etwas nicht verstehen.

A2a Die L hören den Text einmal und notieren die Erlebnisse und Vorstellungen der Personen.

	Vorstellungen	**Erlebnisse**
Konstanze	Abitur und Studium, Reisen	Familie und Kinder, Ausbildung als Goldschmiedin → Karriere und Erfolg
Moritz	kein Studium, Sachen ausprobieren, Praktika, reisen und andere Länder sehen, nicht jeden Tag ins Büro; mit 70: viele Erfahrungen haben, Rat geben, Familie haben, so aktiv sein wie Konstanze	

	Vorstellungen	Erlebnisse
Michael	mit 20: Traum: Spitzensportler bei Olympia	Sport: es gab nichts anderes für ihn, Sportstudium, war nicht entspannt genug und deshalb Mittelmaß
Katarina	mit 55: Position im Beruf, Kinder groß, was für sich selbst machen können; hat Studium und Familie noch vor sich	
Erwin	mit 14: Wunsch, dass Mutter gute Arbeit bekommt und sie normale Familie ohne Geldsorgen sind, wollte Journalist werden; man sollte das Schöne genießen, sich überraschen lassen	Geld verdienen für Familie, keine Lust, nach Arbeit noch Journalismus zu studieren; immer Gefühl zu wenig Zeit zu haben
Fritz	nach 30 passiert nichts Spannendes mehr, das Leben ist vorbei	
Lena	im Alter: keine Schule mehr mit 64 noch fit: Faulenzen, Reisen, Freunde treffen, Senioren-Partys	

Ü2 Ⓑ — Bei stärkeren Gruppen kann beim zweiten Hören direkt die Ü2 gemacht werden.
Bei schwächeren Gruppen kann Ü2 vor A2a gemacht werden.

A2b — Die L sprechen in KG über die Dinge, die sie überrascht haben.

A2c — In KG sprechen die L über die Aufgabe und notieren „ihr Wunschalter" mit einer kurzen Begründung auf einem Zettel.
Die Zettel werden ausgetauscht und die anderen informieren sich über die Ergebnisse der anderen Gruppen.

Ü3 TELC — Vorbereitung auf die C1-Prüfung: TELC Deutsch C1, Leseverstehen, Teil 5. Nähere Informationen zu den einzelnen Prüfungsteilen finden Sie im Anhang, LHR, S. 147f.
Da die L oft Schwierigkeiten haben, Fehler zu entdecken, bietet es sich an, die Ü in PA im Kurs machen zu lassen und dann direkt zu besprechen.

A3a — In PA sammeln die L Ideen zum Begriff „Mehrgenerationenhaus" und tauschen sich dann mit einem weiteren Paar aus.

A3b — Die L lesen den Artikel und überprüfen, ob ihre Ideen zum Mehrgenerationenhaus mit denen im Text übereinstimmen (Z. 1–11).
Dann markieren die L die Vorteile im Text und ergänzen im PL folgende Tabelle.
Möglicher Tafelanschrieb, der von den L ausgefüllt wird:

Kinder/Jugendliche	Erwachsene/Eltern	ältere Generation/ Großeltern
• Betreuung von Kleinkindern • Kontakte zu anderen Generationen knüpfen • Essensservice, Garten- und Haushaltshilfe anbieten • Rücksicht, Respekt, Toleranz und Verantwortung lernen • von der älteren Generation, ihrem Wissen und Können lernen	• bekommen Hilfe von der älteren Generation • Erfahrungen austauschen • Berufstätige können Alltag leichter organisieren • Kontakte zu anderen Generationen knüpfen • Hilfe bei Kindererziehung • Essensservice, Garten- und Haushaltshilfe	• Kontakte zu anderen Generationen knüpfen • gute und qualifizierte Betreuung bei Behördengängen • Essensservice, Garten- und Haushaltshilfe • können aktiv am Leben teilnehmen und ihr Können und Wissen einbringen • können im gewohnten Umfeld leben, werden mehr in die Gesellschaft eingebunden
Alle: Netzwerk, in das sich jeder nach seinen Fähigkeiten einbringen kann		

A3c Im PL überlegen die L, welche Schwierigkeiten entstehen könnten und wie sie sie lösen würden. Lösungsbeispiel:

- andere Vorstellung zu Sauberkeit/Ruhe etc., keine Geduld bei der jüngeren Generation, Engstirnigkeit bei der älteren Generation → kann zu Streit führen
- man fühlt sich von anderen immer beobachtet
- manche halten sich nicht an die Hausordnung
- keiner fühlt sich richtig verantwortlich

A4a–b Die L bilden KG mit vier Personen, alle übernehmen eine Rolle und bereiten sich in ca. fünf Minuten in EA auf die Rolle vor, sammeln Argumente, überlegen sich mögliche Gegenargumente und Reaktionen darauf. Als Hilfe und um den Diskussionswortschatz zu erweitern, sollen die L die hier vorgegebenen Redemittel benutzen oder die Redemittel im Redemittelanhang im LB (eine Diskussion führen).

Ⓥ Schritt 1: Die L bilden KG zu vier Personen (am besten wieder mit Farbkarten arbeiten, um deutlich zu machen, wer in welcher Gruppe ist).
Schritt 2: Alle L, die eine Person darstellen werden (z.B. alle, die die Rolle von Monika Bracht übernehmen), setzen sich zusammen und überlegen gemeinsam, welche Argumente sie in der Diskussion nennen wollen bzw. wie sie Argumente entkräften werden. Als Hilfe und um den Diskussionswortschatz zu erweitern, sollen die L die hier vorgegebenen Redemittel benutzen oder die Redemittel im Redemittelanhang im LB.
Schritt 3: Die L gehen in ihre Ausgangs-KG zurück.

Die L spielen Hausversammlung. Sie diskutieren über die strittigen Punkte und sollen versuchen, die Probleme zu lösen.

A4c Nach der Diskussion berichten die L im PL aus ihren Gruppen: Haben Sie Probleme gelöst? Wenn ja, wie? Welche Vereinbarungen sind getroffen worden?

A5a Nach der mündlichen Diskussion sollen die L nun auch schriftlich einen Kommentar zu dem Thema schreiben. In EA oder PA sammeln sie stichpunktartig Argumente für oder gegen das Wohnen in einem Mehrfamilienhaus.

A5b Die L sortieren die Überschriften den Redemitteln zu. Vergleich im PL.

B; D; E; C; A

A5c Es empfiehlt sich, diese Aufgabe im Kurs machen zu lassen, damit die L mindestens einen schriftlichen Text im Unterricht verfassen. Die L schreiben in EA einen Kommentar zu dem Lesetext im LB und haben dafür 20–30 Minuten Zeit. Weisen Sie die L darauf hin, dass sie sich den Text mindestens noch einmal durchlesen, um Flüchtigkeitsfehler zu vermeiden.

Ⓑ Bei schwächeren Gruppen wiederholen Sie im PL noch einmal die Strategien zum Thema Schreiben.

A6 GI Vorbereitung auf die C1-Prüfung: Goethe-Zertifikat C1, Mündlicher Ausdruck, Teil 1: Nähere Informationen zu den einzelnen Prüfungsteilen finden Sie im Anhang, LHR, S. 142. Die L werden hier Schritt für Schritt mit diesem Teil der Prüfung vertraut gemacht. Sie entscheiden sich in PA für Karte A oder B und lesen das Thema.

Ü4a Dann gehen sie ins AB und bereiten in EA das Thema vor: Die L haben 15 Minuten Zeit, um Stichpunkte zu den einzelnen Inhaltspunkten zu notieren. Weisen Sie die L darauf hin, dass es wichtig ist, zu allen Punkten etwas zu sagen.

Ü4b–c In EA ergänzen die L weitere Redemittel für ihren Vortrag, strukturieren ihn und sprechen in sich einmal leise vor.

Ü4d–e Nun tragen die L ihren Vortrag ihrem Partner vor, der Zuhörer macht sich zu den Fragen im AB Notizen und gibt nach dem Vortrag konstruktives Feedback. Dann tauschen die Partner. Als Abschluss verbessern die L ihren Vortrag und tragen ihn noch einmal vor. Die Zuhörer geben nun Feedback, ob die Kritikpunkte von vorher besser gelöst wurden. Damit sich die L sicherer fühlen, wie ein guter Vortrag aussieht, bietet es sich an, die L im PL vortragen zu lassen. Fragen Sie, ob es L gibt, die ihren Vortrag vor dem PL halten, damit er von allen besprochen werden kann. Dies sollte auf freiwilliger Basis geschehen. Wenn sich niemand meldet, werden die Vorträge nur in PA gehalten.

Lerntipp **Eine Redemittelkartei erstellen**

Zum Abschluss der Einheit lesen die L den Lerntipp. Es kann helfen, wenn sie zwei Farben benutzen: eine Farbe für die Redemittel für die mündliche Prüfung und eine Farbe für die Redemittel für die schriftliche Prüfung. Ebenso kann es helfen, wenn sie diese Karten in ihrer Wohnung aufhängen, wo sie sie immer wieder sehen (an den Badezimmer-Spiegel, an die Küchenschränke, den Kleiderschrank, über den Herd, über den Fernseher etc.). Achtung hierbei: Nach einiger Zeit muss man die Zettel umhängen, sonst ist man zu sehr an die einzelnen Stellen gewöhnt und nimmt die Kärtchen nicht mehr wahr.

Hinweis: Wortschatzseiten im AB

Im AB finden Sie im Anhang zu jedem Kapitel eine Liste mit den wichtigsten Wörtern. Die L übersetzen diese Wörter selbstständig und erweitern sie um Wörter, die für sie wichtig sind. Aus diesen chronologischen Listen können die L dann Wortschatz für thematische Wortgruppen entnehmen. Später wird Wortschatz nie chronologisch, sondern immer thematisch abgerufen. Wörter in thematischen Wortlisten zu lernen ist daher ein praktikables Verfahren, das den L ermöglicht, Wortschatz in seinem Kontext zu belassen, mit bekanntem Wortschatz aus dem Thema zu verknüpfen und für den Kontext wieder abzurufen. Daher werden nicht nur neue Wörter aufgenommen, sondern es können bekannte Vokabeln integriert werden.

Da nur selten die neuen Wörter im Langzeitgedächtnis gespeichert werden und auch wieder abrufbar sind, muss man Wortschatz auf jedem Niveau üben. Und je strukturierter und vielfältiger ein Wort vernetzt ist, desto sicherer bleibt es im Gedächtnis und umso leichter ist es abrufbar. Ideen, wie Sie mit den Wortschatzseiten arbeiten können:

- Die L setzen sich in KG zusammen, jede KG bekommt ein Modulthema. Sie schreiben die Begriffe auf Kärtchen und malen auf die andere Seite ein Bild dazu. Dann werden die Kärtchen getauscht und die anderen KG raten, um welchen Begriff / um welche Begriffsgruppe es sich handelt. Das Thema können Sie immer wieder erweitern und am Ende der einzelnen Kapitel wiederholen.
- Ebenso können die L daraus ein Wortschatz-Gedächtnisspiel gestalten: Auf eine Karte kommt der Text und auf die andere das Bild. Das Gedächtnisspiel wird pro Kapitel erweitert und ab und zu gespielt.
- In KG üben die L den Wortschatz eines bestimmten Moduls. Dazu kopieren Sie den passenden Wortschatz (z.B. die Wörter zu Kapitel 1, Modul 1) und machen daraus kleine Zettel. Jeder L zieht einen Zettel und überlegt nun mit einem anderen L einen Dialog, in dem jeder sein Wort dreimal verwenden muss. Die anderen raten, welche Wörter auf den Zetteln standen.
- Um Wortschatz zu reaktivieren, eignet sich die Methode, dass die L ein Wort des Moduls auswählen und mit dem Anfangsbuchstaben viele andere Wörter bilden, die auch zum Thema passen. Teilen Sie die L in KG auf und gestalten Sie die Übung als Wettbewerb: Wer hat nach fünf Minuten mehr Wörter gefunden? Beispiel: *die Zeit:* Z: zeitig, zeitweilig, zeitgemäß; E: Eile, eifrig, Entspannung, Empfinden; I: immer, intuitiv; T: Tempo, traurig, teuer etc.
- Die L nehmen die Wörter eines Moduls und machen in KG ein Gedicht oder eine absurde Geschichte daraus und verwenden die Wörter, die ihnen wichtig sind.

Film — Ein bisschen Chaos ist in Ordnung

Einstieg: Die L schreiben in KG Definitionen, was für sie ordentlich/unordentlich ist. Definitionen werden aufgehängt und die L kommentieren die Definitionen: Welchen stimmen Sie zu/welchen nicht? Weiterführende Fragen: Wo brauchen Sie (Un-)Ordnung? Sind Sie ein ordentlicher/unordentlicher Mensch? Nennen Sie Beispiele.

A1 Die L sehen den ganzen Film und notieren die Prozentzahlen nach ihrer eigenen Meinung. Lassen Sie die L wirklich ganz frei in ihren Prozentangaben sein, je unterschiedlicher die L den Film empfunden haben, desto mehr Austausch gibt es in den KG.

Information zum Film: Die Grundhaltung des Films ist eher komisch, witzig, humorvoll, ironisch usw. Der Film ist daher eher unterhaltend. Trotzdem gibt es auch „ernsthafte" Teile, insbesondere die Aussagen der Psychologin.

A2 Die L bilden zwei Gruppen (A und B), die sich ihre Aufgabe durchlesen. Dann sehen sie den Film noch einmal ganz. Danach tauschen sich die Gruppen aus.

Gruppe A
Mittel, durch die im Film Komik hergestellt wird:

- ungewöhnliche Bewegungen des Reporters, z.B. Schwimmen
- Musik, die veraltet und damit auch komisch wirkt
- das T-Shirt des Reporters (Che Guevara)
- Reporter sucht sein Mikrofon in der Tasche
- Reporter bittet um einen Blick in die Taschen der Passanten (indiskret)

- Mimik des Reporters, besonders beim Interview mit der Psychologin
- gespielte Unsicherheit des Reporters
- Witz mit der Trennung von Bunt- und Weißwäsche (dies sei rassistisch)
- Reporter rückt die Kamera gerade (damit alles ordentlich werde)

Gruppe B
Teil 1: Unordnung im Alltag (z.B. ein unaufgeräumter Schreibtisch) hemmt die Kreativität eher; wenn man dort zu wenig strukturiert (= Ordnung hält), dann kann einem die Sache sehr schnell über den Kopf wachsen (= die Kontrolle verlieren).
Teil 2: Manchmal ist Unordnung nur scheinbar Chaos; in Wirklichkeit ist es ein eigenes Ordnungssystem, das sehr sinnvoll ist, aber das sich einem Betrachter nicht immer gleich erschließt.
Teil 3: Um kreativ zu sein, gibt es folgende Methoden: Man lässt erst mal alles zu, was an Gedanken und Ideen kommt, auch weniger Sinnvolles oder nicht Realisierbares. Aus diesem Pool sortiert man dann in einem zweiten Schritt heraus, was in Betracht kommen könnte.

A3 Die L lesen in GA die Sätze, wählen einen aus und sagen ihre Meinung dazu. Danach wird im PL gefragt, welchen Satz die meisten aus dem Kurs ausgewählt haben.
Information und weitere Zitate zum Thema: Die Zitate sind häufig verwendete Redewendungen. Man kann für die Diskussion noch weitere Zitate zum Thema anbieten:
- „Die Basis einer gesunden Ordnung ist ein großer Papierkorb." (Kurt Tucholsky)
- „Nur kleine Geister halten Ordnung, Genies überblicken das Chaos." (allgemein)
- „Die Ordnung ist die Lust der Vernunft, aber die Unordnung ist die Wonne der Phantasie." (Paul Claudel)
- „Vom höchsten Ordnungssinn ist es nur ein Schritt zur Pedanterie." (Christian Morgenstern)

A4a–b Im PL werden die Fragen diskutiert und die L berichten über ihre eigenen Erfahrungen.

A4c In GA lesen die L die Aufgabe und diskutieren über die Fragen. Anschließend erstellen sie einen Ratgeber zu einer der beiden Fragen (hier sind die L frei in der Wahl der Form: Sie können ein Plakat machen, eine Powerpoint-Präsentation, lose Zettel etc.). Anschließend werden die Ergebnisse präsentiert und kommentiert.

A5 In KG Vorgehen, wie beschrieben. Die L sammeln Lerntipps und notieren sie auf Plakate, die aufgehängt werden und so für die ganze Kurszeit die L begleiten. Darauf kann auch immer wieder bei Problemen zurückgegriffen werden.

An die Arbeit! 2

Kapitel 2 beschäftigt sich mit verschiedenen Aspekten zum Thema „Arbeit". Als Einstieg finden die L auf den Auftaktseiten Beschreibungen und Fotos von nicht ganz üblichen Berufen und sollen einen Beruf definieren, in dem man spezielle Kenntnisse und Fähigkeiten braucht. Modul 1 beleuchtet den Lebenslauf einmal anders: Was passiert, wenn er nicht so stringent ist, wie i.d.R. gefordert? Wie kann man mit möglichen Lücken und Umwegen in einem Vorstellungsgespräch umgehen? In Modul 2 erfahren die L etwas über die verschiedenen Ausbildungswege in Deutschland, vergleichen mit ihrem Land und hören ein Telefongespräch mit einer Studienberatungsstelle. In den Modulen 3 und 4 beschäftigen sie sich mit wichtigen Begriffen des heutigen Berufslebens und erfahren, welche Auswirkungen Multitasking hat und welche Soft Skills wann besonders wichtig sind.

Lernziele

Sie lernen	
Einem Text über Bewerbungen mit „buntem" Lebenslauf Ratschläge entnehmen und ein Stellengesuch schreiben	Modul 1
Über Vor- und Nachteile von Studium und Berufsausbildung sprechen und Stichworte zu einem Studienberatungsgespräch notieren	Modul 2
Einen Text zum Thema „Multitasking" verstehen	Modul 3
Notizen zu einem Radiointerview über „Soft Skills" machen	Modul 4
Bewerbungstrainings vergleichen und eine Entscheidung aushandeln	Modul 4
Grammatik	
Attribute	Modul 1
Weiterführender Nebensatz	Modul 3

Auftakt An die Arbeit!

Ü1–2 Zur Vorbereitung als HA geeignet. Die L wiederholen und erweitern Wortschatz, der für dieses Kapitel wichtig ist.

A1a Die L sehen sich die Fotos an und stellen Vermutungen an, um welche Berufe es sich handelt und welche speziellen Kenntnisse man für diese Berufe braucht.

A1b Die L lesen die Texte und ordnen sie den Fotos zu. In KG sprechen sie darüber, ob sich ihre Vermutungen bestätigt haben und was sie überrascht hat.

1C; 2A; 3E; 4D; 5B

Ü3 In KG sortieren die L den Wortschatz in die Abteilungen und klären das Vokabular.

A2 In PA beschreiben die L einen weiteren Beruf, für den man spezielle Fähigkeiten braucht. Die Beschreibungen werden im Kursraum aufgehängt und von allen gelesen. Gibt es Fragen oder Ergänzungen von den anderen L?

(E) Berufe raten: Die L schreiben ungewöhnliche Berufe / Berufe, für die man ein spezielles Talent braucht, auf Kärtchen. Die Kärtchen werden eingesammelt. Jeder L zieht ein Kärtchen mit einem Beruf. Die L stellen Satzfragen und müssen erraten, um welchen Beruf es sich handelt. Diese Übung eignet sich dazu, schon auf das fragengeleitete Lesen in Modul 2, Ü2a–b vorzubereiten.

An die Arbeit

Modul 1 Ein bunter Lebenslauf

A1a — Die Bücher sind geschlossen. Die L sammeln Ideen an der Tafel zu der Frage: Was könnte ein „bunter" Lebenslauf sein?

A1b Ⓥ — Die L lesen den ersten Abschnitt im LB und überprüfen ihre Ideen mit dem Text. Kopieren Sie den ersten Abschnitt auf Folie, sodass die L die Bücher noch nicht öffnen müssen und Sie sicher sein können, dass alle auch wirklich nur den ersten Abschnitt lesen.

- abgebrochener Studiengang
- verschiedene Jobs, die nichts mit dem angestrebten Beruf zu tun haben
- Lücken im Lebenslauf, d.h. z.B. ein paar Monate nichts getan haben, lange Reisen gemacht haben etc.

A1c — Die L sammeln Ideen, wie man so einen „bunten" Lebenslauf erklären könnte.

A2 — Die L lesen den gesamten Text und markieren die Ratschläge des Experten. Gibt es Übereinstimmungen mit den Ideen, die die L gesammelt haben?

- Richtungswechsel sind nichts Außergewöhnliches, der Bewerber sollte sie nur schlüssig erklären können
- Ehrlichkeit: erklären, warum man gewechselt hat / welche Gedanken man sich gemacht hat / welche Erkenntnisse man dadurch gewonnen hat
- Eine „falsche" Entscheidung, die revidiert wurde, kann positiv gewertet werden, weil der Bewerber sich dann nicht für den „falschen" Beruf entschieden hat.
- Nebenjobs mit dem gewünschten Job in Verbindung bringen, aber nicht auf Biegen und Brechen
- alle Jobs angeben, aber nicht bei allen versuchen, sie mit dem gewünschten Job in Verbindung zu bringen

Ü1 — Als HA geeignet.

A3 — Die L diskutieren, wie wichtig ein lückenloser Lebenslauf in ihrem Land ist. Ergänzende Frage: Wie geht man in Ihrem Land mit einem „bunten" Lebenslauf um?

Ⓔ — Rollenspiel: In KG überlegen sich die L einen bunten Lebenslauf. Dann setzen sich je zwei L zusammen, einer übernimmt den Part des Personalers und ein anderer den des Bewerbers. Wie waren die Erfahrungen?

A4a — Fokus auf Satzstruktur: Die L ergänzen in EA die Wörter.

Das bewusst absolvierte Grundstudium meines abgebrochenen Studiengangs brachte mir wichtige Erfahrungen, die mein späteres Studium ergänzten.

A4b — Die L sprechen über die Funktion der Attribute im Satz.

Attribute bestimmen ein Substantiv näher und geben ihm zusätzliche Merkmale, mehr Informationen.

A4c–d — In PA ergänzen die L die Tabelle.

🔑

Artikelwort	Linksattribut	Substantiv	Rechtsattribut
ein	bunter 1	Lebenslauf	–
ein	abgebrochenes 4	Studium	–
eine	–	Frage	des Alters 3
die	–	Begründung	von Richtungswechseln 5
eine	wichtige 1	Erfahrung,	die mein späteres Studium ergänzte 2

Dann ergänzen sie die Regel.

🔑 Attribute bestimmen ein **Substantiv** näher und geben ihm **zusätzliche** Merkmale. Attribute, die **links** von einem Substantiv stehen, sind: Adjektive und Partizipien. Attribute, die **rechts** von einem Substantiv stehen, sind: Substantive im Genitiv oder eine Präposition mit Substantiv. Auch **Relativsätze** können Attribute sein, wenn sie ein Substantiv näher bestimmen.

Ü2a–b Die L machen die Übung in EA oder PA und schreiben dann eine mögliche Antwort. Die Antworten werden im Kursraum aufgehängt, damit alle L sie lesen können und sich so besser darüber austauschen können. Welche Antwort ist am überzeugendsten? Warum ist diese Antwort am überzeugendsten?

Ü3a Als HA geeignet.

Ü3b–c Die L notieren in EA auf Kärtchen fünf eigene Sätze und mögliche Lösungen auf der Rückseite.
Die Karten werden getauscht und die L üben in PA mit den Kärtchen von den anderen L.

A5 Weiterführende Aufgabe: Die L suchen als HA im Internet nach Stellengesuchen und notieren typische Attribute. Im Kurs werden die gefundenen Attribute gesammelt und die L schreiben in PA ein eigenes Stellengesuch.
Wenn die L keine Möglichkeit haben, das Internet zu benutzen und selbst zu recherchieren, lesen sie die Stellengesuche von KV3, LHR, S. 124 und markieren dort die Attribute, bevor sie in PA ein eigenes Stellengesuch schreiben. Vergleich der Stellengesuche im PL.
Stellengesuche im Internet: http://www.meinestadt.de/deutschland/stellengesuche

Modul 2 Probieren geht über Studieren?

A1 Vorgehen, wie beschrieben, bei heterogenen Gruppen in KG mit unterschiedlichen Nationalitäten, bei homogenen Gruppen im PL.

A2a Die L sammeln im PL Vor- und Nachteile zum Studium bzw. zur Berufsausbildung. Ein L hält die Ergebnisse an der Tafel in Stichpunkten fest.

Ⓑ Bei schwächeren Gruppen sammeln die L erst in PA Vor- und Nachteile. Das Ereignis wird im PL festgehalten.

A2b Die L lesen die Aussagen, nehmen in KG Stellung dazu und begründen ihre Meinung. Hinweis auf Redemittel im LB.

A3 GI

Vorbereitung auf die C1-Prüfung: Goethe-Zertifikat, Hörverstehen, Teil 1: Nähere Informationen zu den einzelnen Prüfungsteilen finden Sie im Anhang, LHR, S. 139f.
Die L lesen die Aufgabe und die Unterpunkte. Sie hören das HV einmal und machen sich Notizen. Vergleich im PL.

1. bilinguale Sektion Deutsch – slowakisch/deutsches und slowakisches Abitur
2. Abitur, abgeschlossenes kaufmännisches Praktikum, Englischkenntnisse
3. Reiseveranstalter, Reisebüros, Hotels, Kurwesen, Messe- und Kongresswesen
4. mindestens 12 Wochen (ein Vierteljahr)
5. Englisch
6. B1-Zertifikat
7. 15.07.
8. 80 Prozent Notendurchschnitt und 20 Prozent Warteliste
9. Warteliste
10. schriftlichen Bescheid

Hinweis zum Hörverstehen für die Prüfung
Bei den Hörverstehen zu den Prüfungen besteht immer die Gefahr, dass die L ihr eigenes Wissen und ihre Vorkenntnisse einfließen lassen. Leider ist das bei den Prüfungsaufgaben nicht gewünscht, die L sollen nur das notieren, was auch wirklich im Hörverstehen gesagt wird.

Ü1 Die L hören den Text noch einmal und notieren sich wichtigen Wortschatz zum Thema. Vergleich in KG.

Ü2a–b Als HA geeignet.

Lerntipp **Fragengeleitetes Lesen**
Die L lesen den Lerntipp. Bieten Sie den L an, andere komplexe Texte mit in den Kurs zu bringen, um das fragengeleitete Lesen weiter zu üben. Kopieren Sie die Texte und in KG sammeln die L Fragen und lesen die Texte in Hinblick auf diese Fragen. Austausch im PL: Welche Fragen fanden Sie wichtig? Welche Unterschiede gibt es in den Gruppen? Haben sich alle Fragen klären lassen?

Ü2c (B) In KG fassen die L die wesentlichen Inhalte zusammen.
Bei stärkeren Gruppen diesen Teil als HA bearbeiten lassen.

Ü3 Im Kurs bearbeiten. Vorschläge untereinander austauschen.
Weiterführende Frage: Welcher Vorschlag gefällt Ihnen am besten und warum?

A4 Vorgehen, wie beschrieben. Geben Sie den L eine Woche Zeit, um Informationen zu recherchieren. Die Informationen werden in KG ausgetauscht. Weiterführende Fragen: War es schwierig, diese Informationen zu finden? Was war neu? Was wussten Sie schon? Was hat Sie überrascht?

Modul 3 Multitasking

A1a In KG schreiben die L Definitionen des Begriffs „Multitasking", dann werden diese aufgehängt und der Kurs entscheidet, welche die genaueste Definition ist. Anschließend ergänzen Sie fehlende wichtige Informationen zur Definition. Die L sammeln Beispiele zu Multitasking. Mögliche Definition:

🔑 Der Begriff Multitasking setzt sich aus dem Lateinischen (multi = viele) und dem Englischen (task = Aufgabe) zusammen und bezeichnet die Fähigkeit einer Person, zwei oder mehrere Aufgaben/Tätigkeiten gleichzeitig zu erledigen. Ursprünglich kommt der Begriff aus der Informatik. Dort bezeichnet er die Fähigkeit eines Computer-Prozessors, der verschiedene „tasks" nebeneinander abarbeitet. Beispiele für Multitasking: telefonieren und E-Mails beantworten; E-Mails lesen und gleichzeitig mit der Kollegin einen Termin organisieren; mit dem Handy telefonieren und Auto fahren; eine SMS schreiben und die Treppe hinuntergehen; telefonieren, fernsehen und Einkaufszettel schreiben

A1b Die L lesen in EA den Text und ordnen die Überschriften zu. Vergleich im PL mit Begründung, warum eine Überschrift passt oder warum nicht.

🔑 1E; 2C; 3A; 4G; 5D

A1c Die L fassen in PA den Text in wenigen Sätzen mündlich zusammen.

Ü1a–b Als HA geeignet.

Ü2 Die L ergänzen die Zusammenfassung in Ü2 und vergleichen sie mit ihren eigenen mündlichen Ausführungen.

A1d Die L tauschen sich in KG über die Situationen aus.

A2a–c Die L lösen A2a und A2b in EA, Vergleich im PL. Dann ergänzen sie die Regel in PA. Vergleich im PL.

🔑 A2a: Der Nebensatz bezieht sich auf die Gesamtaussage des Hauptsatzes.
A2b: Durch Multitasking wird viel Zeit verschwendet, weshalb man es vermeiden sollte.
Während der Arbeit werde ich ständig unterbrochen, worüber ich mich oft ärgere.
Am Montag bekomme ich ein eigenes Büro, womit ich gar nicht gerechnet habe.
A2c: Weiterführende Nebensätze beziehen sich auf die Gesamtaussage des **Hauptsatzes**. Die Aussage des Hauptsatzes wird kommentiert oder weitergeführt. Weiterführende Nebensätze werden mit *was*, mit *wo(r)* + Präposition oder mit *weshalb/weswegen* eingeleitet und stehen immer **nach** dem Hauptsatz.

A2d Die L arbeiten in PA und formulieren mündlich passende weiterführende Nebensätze. Geben Sie den L zuerst ein wenig Zeit, damit sie für sich in EA Satzanfänge formulieren können, die sie dann dem Partner vorgeben.

Ü3–7 Als HA geeignet.
Ⓑ Bei schwächeren Kursen machen Sie die Ü3, Ü5, Ü6 vor A2d im Kurs.

Modul 4 Soft Skills

A1 Die L sehen sich die Zeichnung an und sammeln Ideen, welche Situation dargestellt wird. Mögliche Ideen: Es geht um ein etwas absurdes Bewerbungsgespräch, in dem die Firma viele Soft Skills (z.B. Kreativität, Belastbarkeit, Multitasking, Begeisterungsfähigkeit, Flexibilität etc.) vom Bewerber erwartet und dieser so tut, als sei das alles kein Problem.

A2 Die L wählen zwei Begriffe aus, definieren sie in EA und schreiben ihren Begriff plus Definition auf Kärtchen.

Kugellager (Ziel: Dialogisches Sprechen mit wechselnden Partnern): Bilden Sie zwei Kreise im Raum, einen inneren und einen äußeren, sodass sich immer zwei Personen gegenüberstehen, die sich gegenseitig ihre Begriffe erklären. Nach drei bis fünf Minuten gehen die L aus beiden Kreisen zu dem Partner nach rechts. Wiederholen Sie es drei- bis viermal. Danach kann eine kleine Reflexion im PL darüber stattfinden, ob die L viele verschiedene Begriffe gelernt haben oder ob sich die Begriffe oft wiederholt haben.

Ⓥ Um zu vermeiden, dass sich die Begriffe oft wiederholen, schreiben Sie die Begriffe auf Kärtchen (in zwei verschiedenen Farben, einmal für den Innenkreis und einmal für den Außenkreis) und lassen Sie die L zwei Karten ziehen, deren Begriffe sie dann definieren.

Ü1 Als HA geeignet.

A3a Die L wiederholen im Kurs, wie man am besten Notizen macht. Tafelanschrieb:

Notiztechniken:
- *nur Hauptinformationen/Schlüsselwörter notieren*
- *möglichst kurz und stichpunktartig formulieren, keine ganzen Sätze schreiben*
- *mit Gliederungsmerkmalen arbeiten (Unterstreichen, Absätze, Nummerierung, Striche etc.).*
- *mit Symbolen arbeiten (! ? + - : ☺ → ↗ ♫ ♥)*
- *am besten mit eigenen Worten arbeiten (Umformulierungen und Verkürzungen)*
- *verschiedene Farben verwenden*
- *Raum für spätere Ergänzungen lassen*

A3b Die L hören den Text in Abschnitten, machen Notizen und vergleichen nach jedem Abschnitt ihre Notizen in PA. Wo stimmen die Lösungen überein? Wo haben sie Unterschiedliches notiert? Warum?

Abschnitt 1	
In Stellenanzeigen häufig geforderte Soft Skills:	**Zahl der Unternehmen, die Soft Skills für wichtig halten:**
Flexibilität, Zielstrebigkeit, Kommunikations- und Teamstärke	fast jedes: 93 Prozent
Grund für große Bedeutung von Soft Skills heute:	**Für Teamarbeit wichtige Fähigkeiten:**
• Veränderung der Arbeitswelt: Industriegesellschaft → Dienstleistungsgesellschaft • Erfolg abhängig vom Umgang mit Kunden und Mitarbeitern	• keine Ellenbogentypen • Eigenmotivation, Einfühlungsvermögen und Konfliktfähigkeit
Abschnitt 2	
Grund für Forderung nach Veränderungsbereitschaft:	**Führungskraft heute:**
• Wissen veraltet schnell • technologischer Fortschritt → Veränderung und Weiterentwicklung	• Moderator und Motivator • kein Aufseher

Grund für Popularität von interkultureller Kompetenz:	Bedeutung von vernetztem Denken:
• zunehmende Globalisierung • Filialen im Ausland → Mitarbeiter mit Sprachen und Sensibilität für andere Kulturen	• Königskompetenz • komplexe Zusammenhänge überblicken • nicht nur im Ursache-Wirkung-Modus denken • Blick über Tellerrand • wichtig für Innovationen

Abschnitt 3
Problem beim Umgang mit Soft Skills:
• undifferenziertes/schwammiges Umgehen in Stellenanzeigen • unterschiedliche Interpretationsmöglichkeiten • Sind Soft Skills wirklich durchdacht? • Verständnis der Soft Skills kann bei Personalchef und Bewerber unterschiedlich sein

A3c Die L hören den Text noch einmal und ergänzen die fehlenden Informationen. Reflexion in KG zum Notizenmachen (Rückgriff auf A3a): Welche Notizen waren hilfreich für mich? Wo hatte ich zu viel notiert?

A3d–e Dann sprechen die L in KG über die angegeben Fragen. Bei heterogenen Gruppen achten Sie darauf, dass sich verschiedene Nationalitäten in einer KG befinden.

A4a–b Nach dem Filtern von wichtigen Informationen aus einem Hörtext lesen die L nun einen Text und wenden wieder die gesammelten Strategien zum Notizenmachen an.
In PA lesen die L entweder Text A oder Text B und notieren sich die wichtigsten Informationen. Anschließend tauschen sie sich mit ihrem Partner aus.
Mögliche Lösung:

Text A	Text B
• Christian Püttjer, Seminarleiter für Bewerbungsseminare etc • Soft Skills haben ähnlichen Stellenwert wie Fachwissen → Stellenanzeige analysieren für eine gute Bewerbungsmappe • fachliches Können stichpunktartig • Soft Skills beschreiben mit Beispiel-Situationen • auch im Lebenslauf Soft Skills → tätigkeitsbezogenen Lebenslauf (angeben, was man bei Jobs/Arbeiten gemacht hat)	• Assessment Center: Ziel: herausfinden, wie man sich verhält → Vergleich mit Anforderungen der Firma • gründliche Information über Unternehmen • aktuelles Wissen haben • Überblick zu typischen AC-Fragen aus Büchern • man lernt beim AC eigene Schwächen und Stärken kennen → wenn keine Stelle, Bitte um Feedback • verschiedene Abschnitte: Einzelinterviews, Rollenspiele, Präsentationen, Tests

Ⓑ Die L, die denselben Text lesen, setzen sich zusammen. Bevor der Austausch mit einem L aus der anderen Gruppe stattfindet, wird erst in der eigenen Gruppe über den Text gesprochen. Dann setzt sich ein L, der Text A gelesen hat, mit einem L, der Text B gelesen hat, zusammen und sie tauschen sich über die wichtigsten Informationen aus.

A5 Als Abschluss zum Thema „Soft Skills" wenden die L nun die Fertigkeit Schreiben an und verfassen einen Beitrag für eine Lokalzeitung. Weisen Sie die L darauf hin, dass sie zu allen Punkten etwas schreiben sollen.
Um Zeit zu sparen, können Sie diese Aufgabe als HA vorbereiten lassen. Im Kurs tauschen die L die Texte untereinander und vergleichen mit ihrem eigenen.

A6a In PA Vorgehen, wie beschrieben. Im PL vergleichen, welche weiteren Redemittel die L ergänzt haben.

erster Kasten: einen Vorschlag machen – einen Gegenvorschlag machen
zweiter Kasten: einem Vorschlag zustimmen – einen Vorschlag ablehnen – zu einer Entscheidung kommen

A6b
GI
Vorbereitung auf die C1-Prüfung: Goethe-Zertifikat, Mündlicher Ausdruck, Teil 2: Nähere Informationen zu den einzelnen Prüfungsteilen finden Sie im Anhang, LHR, S. 142f.
Die L lesen die Aufgabe und haben ein paar Minuten Zeit, um sich mit ihr vertraut zu machen und ihre Gedanken zu ordnen.
In PA lösen die L die Aufgabe unter Verwendung der oben genannten Redemittel. Weisen Sie die L darauf hin, dass sie aufeinander eingehen und zu einer Entscheidung kommen. Zum besseren Verständnis der Aufgabe bietet es sich an, wenn zwei Personen dieses Gespräch im PL simulieren und die anderen auf bestimmte Aspekte (z.B. Verwendung der Redemittel, Logik der Argumente, Eingehen auf die Vorschläge des anderen, Aussprache, Korrektheit) achten.

Ü2
GI
Vorbereitung auf die C1-Prüfung: Goethe-Zertifikat, Leseverstehen, Teil 1: Nähere Informationen zu den einzelnen Prüfungsteilen finden Sie im Anhang, LHR, S. 138.
Als HA geeignet. Besprechen Sie im Kurs, wo und was den L Probleme bereitet hat.

Film Ingenieure dringend gesucht

A1 Die L lesen die Aufgabe, dann sehen sie den Film und notieren sich Stichpunkte für eine Anmoderation. Weiteres Vorgehen, wie beschrieben. Im Anschluss sprechen die L darüber, warum die von ihnen ausgewählte Anmoderation die beste war.

A2 Die L teilen sich je nach Interesse in zwei Gruppen, lesen die Aufgabe und bearbeiten ihre Aufgabe beim Sehen des Films.
(B) Sie teilen die L in zwei Gruppen, für schwächere L eignet sich Gruppe B besser.

Gruppe A
a Firmen, Institutionen und Veranstaltungen (in chronologischer Reihenfolge der Nennung im Film): Firma Conergy (Frankfurt/Oder); Institut der Deutschen Wirtschaft; Kontaktmesse Bonding (Karlsruhe); Firma Loh Group (Haiger, Nordhessen); Institut für Migrationsforschung an der Universität Osnabrück; Technische Hochschule Aachen (RWTH – Rheinisch-Westfälische Technische Hochschule)
b Die Firma Conergy in Frankfurt/Oder produziert Solartechnik, die Loh Group in Haiger produziert unter anderem Schaltschränke für die Computerbranche.

Gruppe B
c Ziel der Bonding-Messe: Kontakte zwischen Industriebetrieben und Studenten bzw. Hochschulabsolventen herstellen
d 1. **170** Mitarbeiter; 2. **zwei** Bewerbungen, 3. **48.000** Ingenieurstellen, 4. mehr als **200** Firmen, 5. mehr als **60** Länder / rund **50** Ingenieure; 6. **15** Prozent weibliche Studenten an der TH Aachen, bundesweit **10** Prozent; 7. **85.500** Euro

A3 Bevor die L die erste Sequenz noch einmal sehen, sammeln sie jetzt schon Gründe für den Mangel an Ingenieuren. Was haben sie sich gemerkt? Was denken sie selbst?
Dann wird der Film gesehen, wichtige Stichpunkte zu den Gründen für den Ingenieursmangel werden notiert und anschließend in KG ausgetauscht und mit den Eingangsideen verglichen.

Gründe für den Mangel an Fachkräften:
- Zahl der Studienanfänger im Ingenieurbereich sinkt seit Jahren.
- Weniger Abiturienten sind den Anforderungen des Studiums gewachsen; Zahl der Abbrecher ist hoch: knapp 30 Prozent schaffen es nicht bis zum Vordiplom.
- Nur wenige Frauen studieren im Bereich Ingenieurswissenschaften.
- Ausländische Studenten müssen eine hohe Summe Geld nachweisen.

A4 Im Anschluss sehen die L die zweite Sequenz und notieren sich die Konsequenzen für die Wirtschaft. Im PL wird alles gesammelt.

Folgen für die deutsche Wirtschaft: weniger Wachstum; Aufträge müssen abgesagt werden; Aufträge werden ins Ausland verlagert; Verluste bei der Wertschöpfung *; weniger Geschwindigkeit im internationalen Wettbewerb; in Deutschland gehen Arbeitsplätze verloren

* Unter Wertschöpfung wird die Differenz zwischen den von einem Unternehmen abgegebenen Leistungen und den von dem Unternehmen übernommenen Leistungen (Vorleistungen) verstanden. In der Wertschöpfungsentstehungsrechnung wird die Wertschöpfung subtraktiv ermittelt: Gesamtleistung – Vorleistungen = Wertschöpfung

A5 Wenn die Möglichkeit besteht, diese Aufgabe im Kurs zu machen, lösen die L die Aufgabe in GA und präsentieren anschließend ihr Ergebnis.
Wenn im Kurs keine Computer zur Verfügung stehen, geben Sie diese Aufgabe als HA und die L recherchieren in KG und präsentieren an einem folgenden Kurstag.

Hast du Worte?

In Kapitel 3 geht es um Kommunikation in unterschiedlichen Kontexten und auf unterschiedliche Art und Weise: Den Auftakt bilden Cartoons, Witze und ein Auszug aus einem Comedy-Programm. Die L überlegen, welche Witze ihnen gefallen und warum und wie man Witze erzählen sollte. In Modul 1 geht es um das Thema der Erreichbarkeit mithilfe moderner Technik und Medien. Heutzutage haben fast alle Personen ein Handy und sind so immer zu erreichen. Welche positiven, welche negativen Aspekte können wir diesbezüglich feststellen? Welche Erfahrungen haben die L? Was sagen Experten? In Modul 2 dreht sich alles um Schlagfertigkeit. Wer kennt es nicht, dass man in einer Situation nichts sagen kann und sich nachher ärgert, weil einem erst dann alle schlagfertigen Antworten einfallen? Die L erfahren, dass da Abhilfe geschaffen werden kann. Modul 3 beschäftigt sich mit dem Sprachenlernen und dem Spracherwerb. In Modul 4 stehen Dialekte im Allgemeinen und speziell in der deutschen Sprache im Mittelpunkt, ebenso Aspekte der Umgangssprache.

Lernziele

Sie lernen	
Vor- und Nachteile moderner Medien aus einem Zeitungstext herausarbeiten und Meinungen aus dem Text wiedergeben	Modul 1
Ein Interview zum Thema „Schlagfertigkeitstraining" verstehen und die eigene Schlagfertigkeit üben	Modul 2
Einen Fachtext über „Sprachen lernen und erwerben" verstehen und zusammenfassen	Modul 3
Einen Magazinbeitrag über Dialekte verstehen und über die Verwendung von Dialekten sprechen	Modul 4
Eine E-Mail in Umgangssprache verstehen und darauf antworten	Modul 4
Grammatik	
Präpositionen zur Redewiedergabe, Sätze mit *wie*, Konjunktiv I	Modul 1
Nominal- und Verbalstil	Modul 3

Auftakt Hast du Worte?

Ü1 Als HA zur Einführung in das Kapitel geeignet, die L wiederholen und erweitern ihren Wortschatz.
Items 1+2: Fragen Sie die L, worin der Unterschied zwischen *Worte* und *Wörter* besteht und von welchem Wort es der Plural ist.

Hinweis: *Worte/Wörter*
Das Wort *Wort* hat zwei Pluralformen, die auch inhaltlich eine andere Bedeutung haben. Im Sinne von „Einzelwort" lautet der Plural *die Wörter*, in der Bedeutung „Äußerung, Ausspruch, Erklärung, Begriff" dagegen *die Worte*.
Beispiele: *Dieser Satz besteht aus sechs Wörtern.* Aber: *Mir fehlen die Worte! Sie sprach ein paar Worte zur Begrüßung.*

Ü2 In PA lösen die L die Übung und versuchen, den Wortschatz zu klären. Dazu teilen sie ihn untereinander auf und suchen alle für sie unbekannten Wörter im Wörterbuch. Anschließend tauschen sie sich über den Wortschatz aus und erklären sich gegenseitig die Wörter.

Ü3 Die L erstellen in GA eine Mindmap. Eine Gruppe löst die Aufgabe an der Tafel. Anschließend ergänzen die anderen Gruppen ihre Wörter. Weitere Unterkategorien können gebildet werden, z.B. laut/leise, freundlich/unfreundlich etc.

A1a–b Die L steigen in das LB ein: Sie hören die Ausschnitte aus dem Comedy-Programm und sehen sich dann die Cartoons auf der Auftaktseite an. In EA notieren sie drei Texte/Bilder, die ihnen am besten gefallen. Im PL wird die Hitliste erstellt. Welche Cartoons kommen am besten an? Was macht ein witziges Cartoon aus? Was ist (nicht) lustig an dem Comedy-Programm?

A1c In GA besprechen die L die Fragen.
Achten Sie bei heterogenen Gruppen darauf, dass Sie in einer GA mehrere Nationalitäten mischen.
Weiterführende Fragen, v.a. für homogene Gruppen: Welchen Komiker Ihrer Heimat mögen Sie? Warum? Wen mögen Sie nicht? Warum? Welche Comedy-Sendungen sehen Sie?

A2a Die L hören den Witz und sammeln Ideen, was die Person besser machen könnte. Vorschläge:

- weniger Pausen, stringenter erzählen, Stotterer vermeiden, nicht selbst über den Witz lachen, keine Kommentare
- direkte Rede, die Stimme der Situation anpassen, den Witz spielen, auf die Pointe hin erzählen

A2b Die L hören denselben Witz noch einmal, von einer anderen Person erzählt: Haben Sie den Witz verstanden? Im Zweifelsfall erklären lassen. Dann vergleichen die L, was diese Person besser gemacht hat und ob es mit ihren Ideen übereinstimmt.

Ü4a–b In PA unterstreichen die L alle umgangssprachlichen Ausdrücke.
Nach dem Vergleich im PL formulieren sie die Sätze um und vergleichen in KG. Wo gibt es Unterschiede?
Umgangssprache wird in Modul 4 behandelt, insofern würde es auch passen, diese Übung erst in Modul 4, direkt vor A5a zu bearbeiten.

Ü5a–b In EA markieren die L, welche Redewendungen positiv und welche negativ sind, und vergleichen in KG. Dann sprechen sie in KG über die Witze im LB.

A3a–b Geben Sie den L zu Hause Zeit zum Recherchieren: Sie bringen Witze mit, die ihnen gut gefallen.
Motivieren Sie L, ihren Lieblingswitz auf Deutsch zu erzählen. Erst üben die L in PA: Ein L erzählt einen Witz und der/die andere ist „Regisseur/-in“, d.h., er/sie achtet darauf, ob alle Punkte, wie man einen Witz gut erzählt, eingehalten wurden und wie die Intonation/Betonung sein sollte.
Anschließend wechseln die L die Rollen und nach der Übungsphase erzählen die L im PL. Welcher Witz hat den L gut gefallen?

Modul 1 Immer erreichbar

A1 Die L tauschen sich in KG über die angegebenen Fragen aus.
Ⓥ Kursinterview (KV4, LHR, S. 125): Die L fragen drei verschiedene Personen zu ihren Gewohnheiten und stellen anschließend eine Person im PL vor.

A2 Die L lesen die Texte und ergänzen die Tabelle. Möglicher Tafelanschrieb:

Pro	Contra
• Vorteile im Beruf • technische Möglichkeiten erlauben es, Beruf auch unter schwierigeren Bedingungen ausüben zu können: von zu Hause aus arbeiten, nicht gebunden an die klassischen Arbeitszeiten, einfachere Vereinbarkeit von Beruf und Familie • zu jeder Zeit Zugriff auf Daten und Informationen • große Projekte, ohne sich zu oft treffen zu müssen weniger Dienstreisen	• man muss auch abschalten dürfen • Sendepausen sind wichtig • man verliert leicht den Überblick • Pflicht zur permanenten Kommunikation bedeutet, dass man niemanden die volle Aufmerksamkeit schenkt • Mensch muss Infos verarbeiten können • Gehirn braucht Zeit und Platz zum Denken

(B) Teilen Sie die L in zwei Gruppen: A und B. Gruppe A macht sich Notizen zum linken Text, Gruppe B zum rechten. Anschließend setzen sich je ein L aus Gruppe A und B zusammen und ergänzen die fehlenden Informationen.

A3a + Ü1 Die L lesen die Aufgabe und die Tabelle zur Redewiedergabe. Dann lösen sie in PA Ü1. Vergleich im PL. Anschließend geben die L in PA die in den Texten enthaltenen Meinungen wieder und versuchen dabei, so viele der angegebenen Ausdrücke zu benutzen wie möglich.

(B) Hier geben die L in PA den Text wieder, den sie in A2 nicht gelesen haben (achten Sie darauf, dass bei den Paaren je ein L sitzt, der den linken bzw. rechten Text gelesen hat). Die andere Person achtet darauf, ob die Meinung richtig wiedergegeben wird.

Ü2–3 Als HA geeignet.

A3b–c Ü4 Die L formen in PA die Sätze um und ergänzen dann die Regel. Zur Übung machen sie direkt im Anschluss Ü4. Weisen Sie die L auf die Grammatik-Rückschau als Hilfe hin.

A3b:
Sie sagt, sie müsse nicht mehr so viele Dienstreisen machen.
Sie sagt, es bedürfe der gelegentlichen Sendepausen.
Sie sagt, es sei wichtig, Platz im Kopf zu schaffen.
A3c: Um die Aussagen einer anderen Person wiederzugeben, kann man folgende Präpositionen verwenden: ***laut***, ***nach***, ***gemäß*** und ***zufolge***. Als Alternative kann man einen Nebensatz mit ***wie*** bilden. Eine weitere Möglichkeit der Redewiedergabe ist die Verwendung des ***Konjunktiv I.***

Ü5 Als HA geeignet.

A4 In GA diskutieren die L, welcher Meinung sie zustimmen und warum. Gibt es verschiedene Meinungen im Kurs oder sind sich alle einig?

(V) Hier bietet sich die Methode des Aquariums an: Drei L kommen nach vorne und beginnen mit der Diskussion, die anderen sind Zuhörer und dürfen nichts sagen. Wenn jemand etwas sagen möchte, steht er auf und geht ins „Aquarium“: Er legt einem der drei L, die vorne sitzen, die Hand auf die Schulter und löst ihn ab, dieser wird zum Zuhörer und setzt sich auf seinen Platz und der andere nimmt den Platz im Aquarium ein. Jeder/Jede L sollte mindestens einmal im Aquarium gewesen sein. Die L können als Hilfe Redemittel mit nach vorne nehmen.

Wenn alle L dieselbe Meinung haben, bietet es sich an, dass Sie die Gruppe in Vertreter für Pro- und für Contra-Argumente einteilen, damit sich eine Diskussion ergibt.

A5 Die L bringen als HA einen interessanten Artikel auf Deutsch mit, bei dem sie schon die wichtigsten Informationen markiert haben.
Die L präsentieren ihren Text wie ein Nachrichtensprecher und die anderen L notieren das Thema und fünf Stichpunkte.
Internetseiten der Medien, aus denen sich die L einen Artikel heraussuchen können, z.B.: www.spiegel.de; www.stern.de; www.focus.de; www.tagesschau.de
Als HA: Die L schreiben eine Zusammenfassung eines Textes mit Redewiedergabe.

Modul 2 Gib Contra!

A1a In KG versuchen die L, die Bedeutungen zu erläutern, indem sie andere Beispiele nennen und Kontexte bilden.
Nachdem die Bedeutungen geklärt sind, lesen Sie die Aussprüche einmal gut intoniert vor, dann sprechen die L nach.

- nicht auf den Mund gefallen sein = zu allem etwas sagen können, spontan reagieren können
- das letzte Wort haben müssen = jemand will unbedingt den Schlusspunkt, den man sich besonders merkt, in einem Gespräch setzen
- sprachlos sein = man kann nichts sagen, weil man so überrascht ist
- schlagfertig sein = jemand kann sofort und spontan etwas Passendes erwidern
- jemandem Contra geben = seine Meinung gegen die Meinung einer anderen Person vertreten
- nie um eine Antwort verlegen sein = immer eine Antwort kennen und sagen

A1b Die L sehen sich die Zeichnung an und sprechen in GA über die Sprechblasen.
Die L definieren das Wort „Schlagfertigkeit" im PL und sammeln dann in GA, was für sie „Schlagfertigkeit" bedeutet.

A2
P
GI

Vorbereitung auf die C1-Prüfung: Goethe-Zertifikat, Hörverstehen, Teil 2: Nähere Informationen zu den einzelnen Prüfungsteilen finden Sie im Anhang, LHR, S. 140.
Die L lesen zuerst die Aufgabe und die Sätze 1–10, dann hören sie den Text einmal ganz und markieren ihre Antworten. Anschließend hören sie ihn in Abschnitten noch einmal (Abschnitt 1: Nr. 1–3, Abschnitt 2: Nr. 4–6, Abschnitt 3: 7–10) und markieren die restlichen Antworten.

1c; 2a; 3a; 4b; 5a; 6a; 7c; 8a; 9a; 10a

Hinweis
Geben Sie den L den Tipp, dass sie sich beim ersten Hören nicht mit Antworten aufhalten, bei denen sie zweifeln, sondern dem Text folgen und unklare Antworten erst einmal offenlassen.
Das zweite Hören dient zur Überprüfung und um die Zweifel zu klären.

Informationen zu Matthias Pöhm

Matthias Pöhm (*09.01.1960, in Lohr/M.) ist ein freiberuflicher Rhetorik- und Schlagfertigkeitstrainer. Zudem arbeitet er als freier Schriftsteller. Zur Rhetorik kam der frühere Software-Ingenieur in Genf, als er als Personalvertreter während einer Mitarbeiterversammlung von seinem Chef aufgefordert wurde, spontan etwas zum Thema „Personalvertretung" zu sagen, und er keine Antwort parat hatte. Aufgrund dieser „Blamage" nahm er an Rhetorikkursen teil und suchte Gelegenheiten, öffentlich zu reden. Schnell wusste er viel über Rhetorik und 1995 entschied er sich, seine Karriere als Software-Ingenieur abzubrechen und sich als Moderator, Sprecher und Trainer selbstständig zu machen. Seit 1997 ist er ausschließlich Trainer für Schlagfertigkeit und Rhetorik. Später kam noch das Seminar „Schlagfertigkeit und Honorarverhandlungen" hinzu.
Matthias Pöhm ist Autor des Bestsellers „Nicht auf den Mund gefallen!". Dieses Buch ist bereits in der zehnten Auflage und mit einer Gesamtauflage von ca. 170.000 Exemplaren das am meisten verkaufte Buch zum Thema Schlagfertigkeit im deutschsprachigen Raum. Weitere Informationen: http://www.poehm.com/ueber_uns/poehm.html

A3a — Die L hören den zweiten Abschnitt noch einmal und notieren sich die fünf Abwehrstrategien und was sie bedeuten.

1. Überraschen mit Übertreibung, d.h. Eingehen auf den Kommentar und ihn übertreiben
2. Ironisieren, d.h. sich gleichgültig und desinteressiert geben
3. Kontern, d.h. eine Antwort geben, die den Angreifer schlecht dastehen lässt
4. Verwirren, d.h. mit anderem Thema reagieren, wodurch der Angreifer den Eindruck erhält, etwas im Gespräch verpasst zu haben
5. ins Leere laufen lassen, d.h. auf Angriff eingehen und selber einen Nutzen daraus ziehen

Ü1a–b — Die L hören den dritten Teil des Interviews noch einmal und machen sich Notizen zu den Fragen. Im Anschluss fassen sie diesen Abschnitt in PA schriftlich zusammen. Lassen Sie einige L freiwillig vorlesen.

Ü2a — Als HA geeignet.

A3b — Die L lesen die Situationen und klären das Verständnis. In PA oder GA sprechen sie über die Strategien für Situation A–C und überlegen, was sie sagen könnten.

(B) Für stärkere Gruppen: Die L schreiben mögliche Dialoge in GA und spielen sie vor.
Für schwächere Gruppen: Die L ordnen in PA die Äußerungen von den Kärtchen (KV5, LHR, S. 126) den drei Bildern zu und schreiben dann mit einigen von diesen Äußerungen in KG einen Dialog. Zum Schluss werden die Dialoge aufgehängt und von allen gelesen.

Ü2b — Zum Abschluss wird auf die eigene Lebenswelt der L eingegangen und so auf die Frage aus A1b „Was ist für Sie Schlagfertigkeit?" zurückgegriffen. Die L berichten in KG über eigene Erlebnisse mit „Schlagfertigkeit" oder beschreiben mögliche Situationen.

Modul 3 Sprachen lernen

Ü1 — Als Einstieg in das Thema bietet es sich an, mit der Ü1 zu beginnen, damit sich die L mit wichtigem Wortschatz für das Modul vertraut machen.

A1 — In GA erstellen die L ein Assoziogramm, wie angegeben. Danach gehen sie herum und lesen die Ergebnisse der anderen und stellen Fragen.

A2 Die L lesen den Text, vergleichen mit ihren Assoziogrammen und ergänzen weitere Wörter.

A3 Die L notieren sich Stichpunkte, vergleichen sie mit dem Text und ergänzen, wenn nötig, ihre Stichpunkte. Anschließend fassen sie in EA den Text zusammen und erweitern ihn um ihren eigenen Kommentar, ihre Meinung und ihre Erfahrungen.

A4a Die L vergleichen die Sätze in den Sprechblasen mit den Sätzen im Text und beraten sich in PA über die unterschiedlichen Funktionen. Dann Gespräch im PL.

A4b–c A4b: Als Nächstes ergänzen die L in PA die Lücken.

Der **Verbalstil** wird vor allem in erzählenden Texten und in der mündlichen Sprache verwendet. **Substantive** und **Verben** werden ausgeglichen benutzt. Die **Verben** haben eine starke eigene Bedeutung. Texte im Verbalstil wirken lebendiger.	Der **Nominalstil** wird vor allem in Fachtexten und in wissenschaftlichen Texten verwendet. Es werden besonders viele **Substantive** benutzt. Die **Substantive** tragen die Hauptbedeutung. Texte im Nominalstil sind eher abstrakter.

A4c: Die L lesen die Sätze und ordnen in PA die Regeln zu. Die L vergleichen mit der Grammatik-Rückschau, im Folgenden werden evtl. Fragen im PL geklärt.

A4; B1; C3; D5; E6; F2

Ü2a–b Zur Anwendung bearbeiten die L direkt im Anschluss Ü2, erst in EA. Lassen Sie die L, die schneller fertig sind, die Umformungen mithilfe des Grammatikkastens im LB klassifizieren: Welche Umformungen wurden hier angewendet?
Vergleich im PA. Diskutieren Sie danach im PL, welche Umformungen angewendet wurden.

Ü2a: Hier geht es um das Prinzip, dass bei der Verbalisierung Adjektive zu Adverbien werden (6)
Ü2b: 1. (2); 2. (2); 3. (1); 4. (2); 5. (3); 6. (1); 7. (2)

Ü3a
Ⓥ
In KG ergänzen die L die Präpositionen, Vergleich im PL.
Kopieren Sie die Verben und Substantive auf Plakate. Die L gehen herum und ergänzen die Präpositionen. Danach werden die Plakate aufgehängt, damit sie für die gesamte Kurszeit sichtbar sind und jederzeit ergänzt werden können.

Ü3b, 4, 5 Als HA geeignet. Da es sich bei dem Thema Nominalstil um ein komplexes Thema handelt, empfiehlt es sich sehr, die HA im Unterricht zu besprechen. Sollten die L große Schwierigkeiten haben, besprechen Sie vorher im Unterricht, welche Prinzipien aus dem LB in jeder Übung angewendet werden.
In Ü4 wird die Nominalform (das Präpositionalattribut) wieder in die Verbalform umgewandelt: z.B. *eine Unterscheidung zwischen* → *unterscheiden zwischen.*
Hier geht es um das Prinzip 3 der Tabelle im LB.
Zusätzlich können Sie im Unterricht besprechen, wie hier auch das Prinzip 4 des LB angewendet werden kann und wie sich die Sätze dadurch verändern. Lösungsbeispiele:

Satz 1:
Prinzip 3: Die Wissenschaft unterscheidet zwischen dem Lernen und dem Erwerben …
→ aus Präpositionalattribut wird Präpositional-Ergänzung
Prinzip 4: Die Wissenschaft unterscheidet das Lernen und Erwerben …
→ aus Präpositionalattribut wird Akkusativ-Ergänzung

Satz 2:
Prinzip 3 Die Forscher können noch nicht auf die Frage … antworten.
Prinzip 4: Die Forscher können noch nicht die Fragen … beantworten.

Ⓑ In starken Gruppen formen die L die Sätze aus Ü3b entsprechend um.

Hinweis: Verben mit Präpositionen
Verben mit Präpositionen sind immer ein schwieriges Thema für die L, weil man sie auswendig lernen muss. Wenn Sie merken, dass die L Schwierigkeiten mit den Verben/Substantiven und Präpositionen haben, geben Sie ihnen eine Liste mit den wichtigsten (z.B. aus dem Anhang des AB) und lassen Sie sie von Unterrichtsstunde zu Unterrichtsstunde zehn lernen. Methode: Die L schreiben die Ausdrücke auf Kärtchen: vorn das Verb/Substantiv und hinten die Präposition und einen Beispielsatz. Zu Beginn des Unterrichts fragen sich die L in PA gegenseitig die gelernten Verben/Substantive ab und bilden Beispielsätze. Geben Sie ihnen dafür fünf Minuten Zeit.
Tipp: Dieses Vorgehen kann man auch auf andere Grammatikthemen übertragen.

Ü5 In dieser Übung geht es um das Prinzip 5 der Tabelle des LB.

Modul 4 Sag mal was!

A1a Die L erzählen im PL über ihre Erfahrungen mit deutschen Dialekten und welche sie kennen. Sie zeigen auf einer Karte, wo das Gebiet liegt, in dem sie schon waren.

A1b–c L hören die Dialektbeispiele und tragen die Zahl an der entsprechenden Stelle ein.

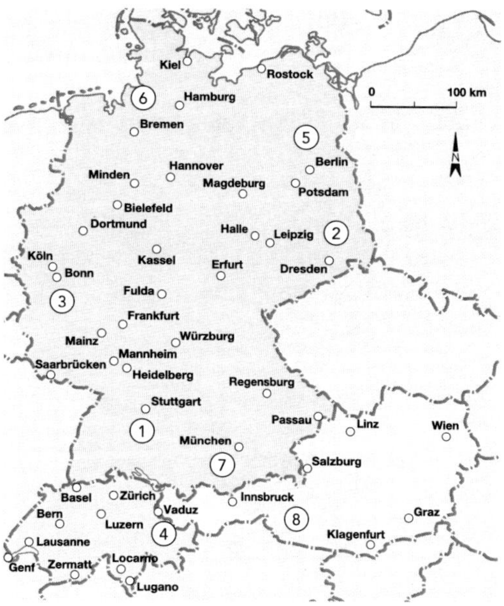

1. Schwaben
2. Sachsen
3. Köln
4. Schweiz
5. Berlin
6. Norddeutschland
7. München
8. Tirol

Beim zweiten Hören machen sich die L Notizen zu den einzelnen Personen.

1. spricht Dialekt nur in der Familie; gefällt Dialekt, kommt sich aber unmodern vor
2. andere Leute mögen Dialekt nicht; mag Dialekt: teils präziser und farbiger; jeder muss Hochdeutsch sprechen können
3. Dialekt was Schönes, zeigt Heimat, spricht gern Dialekt

4. spricht fast immer Dialekt, auch in Medien Dialekt – normal
5. Dialekt klingt für andere ruppig, zurzeit spricht sie wenig Dialekt, in Berlin schon in bestimmten Situationen
6. Oma hat Platt gesprochen, daher hat er es gelernt. Im Umfeld spricht niemand, findet es schade, wenn Dialekt verschwindet
7. spricht gern und oft Dialekt – auch im Büro; findet es schön, dass Dialekte wieder besser angesehen sind und höheren Stellenwert haben
8. liebt es, Dialekt zu sprechen; besonders schön für Übertreibung und Ironie

A2a (P) TELC — Vorbereitung auf die C1-Prüfung: TELC Deutsch C1, Leseverstehen, Teil 3. Nähere Informationen zu den einzelnen Prüfungsteilen finden Sie im Anhang, LHR, S. 146f. Vorgehen, wie beschrieben. Raten Sie den L, auf Schlüsselwörter zu achten und im Text zu markieren, wo sie sie gefunden haben. Dann ist es bei der Besprechung im Anschluss leichter, die Fehler und Schwierigkeiten zu klären.

1.a (Z. 13–15); 2.b (Z.19/20); 3.c; 4.b (Z. 42–54); 5.a (Z. 55–62); 6.c; 7.b (Z. 91–95); 8.a (Z. 102–111)

Ü1 — Die L lesen den Text noch einmal und klären so bestimmte Ausdrücke aus dem Text. Vergleich im PL.

A2b — Austausch in KG.

A3 — Die L sprechen über ihr eigenes Land; bei heterogenen Gruppen in KG, bei homogenen im PL.

Ü2a–b — Nach A3 als HA geeignet.

A4 (P) TELC — Vorbereitung auf die C1-Prüfung: TELC Deutsch C1, Mündlicher Ausdruck, Teil 3. Nähere Informationen zu den einzelnen Prüfungsteilen finden Sie im Anhang, LHR, S. 151. Die L markieren sich die Redemittel, die sie benutzen wollen, und schreiben sie auf Kärtchen. Raten Sie ihnen, Redemittel zu notieren, die sie sonst selten benutzen, damit sich auch diese einschleifen. Dann haben die L fünf Minuten Zeit, um sich Gedanken über mögliche Argumente/Gründe und Beispiele zu machen. Anschließend erfolgt die Diskussion in PA. Weisen Sie die L darauf hin, dass es wichtig ist, dass sie Blickkontakt mit ihrem Partner halten und auf dessen Argumente eingehen. Die L legen das Redemittel-Kärtchen ab, wenn sie das Redemittel benutzt haben.

Ü4a–b Auftakt — Als Einführung ist es zu empfehlen, die Ü4a–b von der Auftaktseite bearbeiten zu lassen: In PA unterstreichen die L alle umgangssprachlichen Ausdrücke. Nach dem Vergleich im PL formulieren sie die Sätze um und vergleichen in KG. Wo gibt es Unterschiede?

A5a — Die L lesen die Aufgabe und gehen vor, wie beschrieben. Nachdem die L die Ausdrücke markiert haben, können sie die Bedeutung der angegeben Wörter zu zweit notieren.

- etwas wird ernst = etwas geht ans Eingemachte
- langweilig = öde
- nichts = nix
- Fehler machen = Mist bauen
- Geld = Kohle
- Glück haben = Schwein haben
- etw. bewältigen = auf die Reihe kriegen

- keine Lust haben = keinen Bock haben
- wirklich = echt
- lässig, locker = cool
- verrückt = durchgeknallt
- sprechen, reden = quatschen
- klären, herausfinden = abchecken
- sich anstrengen = sich reinhängen
- außergewöhnlich, fantastisch = abgefahren
- sehr = voll
- versuchen, sich beliebt zu machen = sich einschleimen

A5b Die L schreiben eine Antwort auf die Mail und versuchen, möglichst viele umgangssprachliche Ausdrücke zu verwenden. Dann tauschen sie mit dem Nachbarn und korrigieren sich gegenseitig.

Ü3 GI Vorbereitung auf die C1-Prüfung: Goethe-Zertifikat, Schriftlicher Ausdruck, Teil 1: Nähere Informationen zu den einzelnen Prüfungsteilen finden Sie im Anhang, LHR, S. 141.

Lerntipp **Schriftliche Prüfung**
Im PL wird der Lerntipp gelesen und noch einmal in eigenen Worten zusammengefasst; evtl. werden Beispiele gesucht (z.B. für Überleitungen und Konnektoren). Dann lesen die L die gesamte Übung im PL. Bearbeitung der Übung als HA.
Sammeln Sie die Texte ein und beurteilen Sie sie so wie in der Prüfung, damit die L eine Vorstellung davon bekommen, wo sie zurzeit stehen.

Film Mit den Händen sprechen

Informationen zum Film
Etwa 200.000 Menschen in Deutschland sind schwerhörig oder völlig gehörlos. Um zwischen der Welt der Gehörlosen und der Welt der Hörenden zu vermitteln, gibt es Übersetzer, sogenannte Gebärdensprachendolmetscher, die beide Sprachen kennen. Jede Sprache hat ihre eigene Gebärdensprache. Es gibt auch Dialekte, d.h., ein gehörloser Bayer gebärdet etwas anders als z.B. ein Hamburger.
Für mehr Infos: http://www.gehoerlosen-bund.de/

Einige allgemeine Worterklärungen, die v.a. für A2 wichtig sind:
- die Gebärde = eine Bewegung der Hand und des Arms, die einen Buchstaben oder ein Wort ausdrückt
- gebärden = mit den Händen und der Mimik Buchstaben, Wörter, Sätze, Zusammenhänge ausdrücken, die Gebärdensprache verwenden
- gehörlos = wenn jemand absolut / fast gar nichts mehr hört
- der/die Gehörlose = jemand, der nichts hört
- schwerhörig = wenn jemand sehr schlecht hören kann
- der/die Schwerhörige = jemand, der schlecht hören kann

A1 Im PL lesen die L die Aufgabe und sehen sich das Foto an, anschließend stellen sie Vermutungen an, um welche Sprache es in dem Film gehen könnte.

Hier ist die Gebärdensprache gemeint, mit der Schwerhörige und Gehörlose kommunizieren.

A2 Die L sehen den Film und machen sich Notizen zu den Punkten a) und b). Klären Sie vorher den Wortschatz im Kasten.

a) Uwe Schönfeld übersetzt bei einem Arztbesuch, bei einer beruflichen Qualifizierung und bei einem Museumsbesuch.
b) Es wird gesagt, dass seine Eltern gehörlos sind und er die Gebärdensprache schon als Kind gelernt hat. Er hat seit 26 Jahren eine Beziehung zu einer gehörlosen Frau.

A3 Die L lesen die Aufgabe und sammeln in KG Ideen zu den Bedingungen. Im PL werden die Ideen vorgestellt und anschließend wird darüber diskutiert, wie realisierbar die Ideen sind.

A4 Die L sehen die erste Filmsequenz. Dann Vorgehen, wie beschrieben.

a) Was beim Gebärden wichtig ist:
- die richtige Gebärde
- die Geschwindigkeit
- der Raum, also wie groß gebärdet wird
- die Mimik und wie der gesamte Körper eingesetzt wird
- die Chemie muss stimmen: dass man sich richtig versteht und sich in die Augen schauen kann; Einfühlungsvermögen
- Gebärdenkompetenz von beiden Seiten

A5 Die L sehen nun die zweite Filmsequenz, beantworten die Fragen und sprechen in KG darüber.

a) Uwe Schönfeld wuchs als Kind gehörloser Eltern auf. Später hat er für seine Eltern vor dem Fernseher, bei Arztbesuchen oder bei Behördengängen übersetzt. Auch bei Elternversammlungen, in denen es um seine schulische Probleme ging, musste er übersetzen. (Er hat ihnen dann etwas anderes erzählt.) Diese Zeit hat ihn stark geprägt.
b) Uwe Schönfeld verliebte sich in die gehörlose Künstlerin Christina. Beziehungen zwischen Hörenden und Gehörlosen gibt es selten. Beide hatten Angst, dass der/die andere in die jeweils andere Welt (= soziale Gruppe) abdriftet: er in die hörende Welt oder sie in die Gehörlosenwelt. Auch andere hatten diese Befürchtung, aber inzwischen sind die beiden seit 26 Jahren zusammen.

A6 In einem ersten Schritt sammeln die L Probleme und Einschränkungen im Leben von Gehörlosen. Im zweiten Schritt überlegen sie in GA, wie man den Alltag von Gehörlosen erleichtern könnte. Probleme plus ihre Lösungen werden im PL vorgestellt.

A7 Geben Sie den L Zeit, sich Material zum Thema zu besorgen, wie in der Aufgabe vorgegeben. Dann werden die L in Gruppen aufgeteilt, die jeweils unterschiedliche Gebärden lernen, diese anschließend im Kurs vorstellen und mit den anderen L einüben.
Im Anschluss bietet es sich an, darüber zu diskutieren, inwieweit es Parallelen zum Gebrauch von Fremdsprachen gibt und was dabei besonders wichtig ist (z.B. das bewusste Zuhören; das Bemühen, sich klar auszudrücken und den anderen verstehen zu wollen).

Wirtschaftsgipfel

Das Kapitel 4 behandelt einige wichtige und aktuelle Gesichtspunkte des Themas „Wirtschaft": Es beginnt mit einem Wirtschaftsspiel, bei dem die L testen können, was sie über Wirtschaft wissen und wie fit sie in der Wirtschaftssprache sind. In Modul 1 geht es um ein Stück Landeskunde. Die L lernen ein Industriegebiet, das Ruhrgebiet, näher kennen und erarbeiten die Veränderungen, die es in den letzten Jahrzehnten erfahren hat. In Modul 2 folgen Gewissensfragen, wie sie wöchentlich im Magazin der „Süddeutschen Zeitung" veröffentlicht werden, zu Wirtschaftsthemen und die L überlegen, wie sie in bestimmten Situationen handeln würden. Modul 3 beschäftigt sich mit dem Thema der Globalisierung, indem zwei kontroverse Positionen hierzu vorgestellt werden. Modul 4 handelt abschließend von Gründern eigener Firmen und all den Dingen, die man beachten sollte, wenn man eine Firma gründen möchte. Die L spielen in Form eines kleinen Projekts eine eigene Firmengründung durch.

Lernziele

Sie lernen	
Notizen zu einem Vortrag über die Geschichte des Ruhrgebiets machen	Modul 1
Die Antworten eines Experten zu „Gewissensfragen" besprechen und die eigene Meinung dazu vertreten	Modul 2
Einen Begriff definieren und zu argumentativen Texten zu Wirtschaftsthemen Stellung nehmen	Modul 3
Einem Text über eine Firmengründung wichtige Informationen entnehmen, Kriterien für Firmengründer erarbeiten und eine Geschäftsidee entwickeln	Modul 4
Einen Vortrag über Bankgespräche zusammenfassen, ein Bankgespräch beurteilen und das Gespräch üben	Modul 4
Grammatik	
Nominalisierung und Verbalisierung: Temporalsätze	Modul 1
Nominalisierung und Verbalisierung: Modal- und Konditionalsätze	Modul 3

Auftakt Wirtschaftsgipfel

Ü1 Als Vorbereitung auf das Kapitel wiederholen und ergänzen die L ihren Wortschatz zum Thema „Wirtschaft". In GA suchen sie zu den Fotos so viele Wörter wie möglich und notieren sie. Danach wird im PL verglichen, ergänzt und Wortschatz geklärt.
Um dieses Vokabular während der Bearbeitung des Kapitels immer vor Augen zu haben, bietet es sich an, dass die einzelnen Gruppen ihre Wörter auf Plakate schreiben, die dann von den anderen Gruppen ergänzt werden und im Kursraum aufgehängt werden.

Ü2 Um wichtigen Wortschatz gleich anzuwenden und weiter mit ihm umzugehen, lösen die L Ü2 in PA.

A1 In KG spielen die L das Spiel im LB. Im PL werden Aufgabe und Spielanleitung gelesen und ein „Experte" aus dem PL wird bestimmt, der den verschiedenen KG zur Seite steht.
Lösungen zum Spiel Wirtschaftsgipfel: KV6, LHR, S. 126.
Weiterführende Informationen:
http://www.vimentis.ch/lexikon/; http://www.foerderland.de/154.0.html;
http://www.wirtschaftslexikon24.net/

Ü3a–b Als HA geeignet.

Modul 1 Vom Kohlenpott ...

A1a Die L sehen sich das Satellitenbild an und spekulieren, welche Städte bzw. Regionen zu sehen sein könnten. Anhand der Städte überlegen sie sich, was das Besondere an diesen Regionen ist.

London, Paris, Ruhrgebiet (Duisburg, Mühlheim, Essen, Bochum, Dortmund etc.)

A1b Im PL sprechen die L über Ballungs- und Industriegebiete in ihrem eigenen Land.

Ü1 Welche Komposita gibt es? Die L bearbeiten Ü1 in PA und vergleichen anschließend in GA.

Ü2 Ⓑ Bei schwächeren Gruppen eignet sich diese Ü zur Vorbereitung auf die Nacherzählung der Geschichte im HV von A2a. So haben die L den Anfang der Geschichte schon einmal gelesen und haben es leichter, den Anfang des HV nachzuerzählen.
Bei stärkeren Gruppen machen die L diese Ü nach A2a als HA.

A2a Die L lesen die Aufgabe. Bevor sie den Text hören, sprechen die L darüber, wo genau das Ruhrgebiet ist, welche Städte dazu gehören und was sie schon über das Ruhrgebiet wissen. KV7, LHR, S. 127: Deutschlandkarte.
Dann hören die L den Text, machen sich kurze Notizen zu den wichtigsten Stichpunkten und erzählen die Legende in PA nach.

A2b Globales HV: Die L hören den gesamten Vortrag und sortieren die Teilthemen.

1: Zahlen und geografische Fakten; 2: Kohle und das Wirtschaftswunder; 3: der wirtschaftliche Abschwung; 4: Ausbau des Dienstleistungssektors; 5: der Aufbau neuer Universitäten; 6: kulturelle Veränderungen

A2c–d Die L hören den Text in Abschnitten und lösen die Aufgaben in EA.

A2c: 1. 4.435 km²; 2. a) 116 km; b) 67 km; 3. knapp über fünf Mio., mit umliegenden Städten zehn Mio.; 4. Dortmund, Essen, Duisburg, Bochum, Gelsenkirchen
A2d:

Phase 1	**Phase 2**
zwischen 1947 bis 1957: die Revitalisierungsphase • Anstieg der Bevölkerungszahl bis 1950 → viele Arbeitsplätze im Bergbau (erreichter Höhepunkt) • Kohle war der wichtigste Grundstoff und spielte beim wirtschaftlichen Wiederaufbau eine große Rolle. • Ruhrgebiet: Aushängeschild der bundesdeutschen Wirtschaft der Nachkriegszeit, v.a. wegen Kohle und Stahl • Ein Drittel aller Beschäftigten im Bergbau. → Menschen hatten nun wieder mehr Geld: Aufblühen des Handels	wirtschaftlicher Abschwungs ab 1957 → Kohlekrise • Rückgang des Anteils der Kohle aus Ruhrgebiet an der Weltproduktion Gründe: • preiswertere Kohleförderung in anderen Ländern (Lagerstätten waren ergiebiger + die Kohle einfacher abzubauen) • Verlust wichtiger Teile des Marktes wegen Verwendung von Öl und Erdgas • Beispiel: Umstellung auf elektrische Züge bei „der deutschen Bundesbahn“ • Folge des Rückgangs des Steinkohlebergbaus: Verlust von Arbeitsplätzen → Umschulungen oder Frührente

Wirtschaftsgipfel

Ü3a Ⓑ
Bei stärkeren Gruppen machen die L Ü3a nach A2d.
Bei schwächeren Gruppen bearbeiten die L Ü3a vor A2d.

A2e
Im Anschluss hören die L den vierten Abschnitt des Hörtextes.

Folgen:
- Arbeitsplätze im Dienstleistungssektor: Ruhrgebiet als Dienstleistungszentrum
- bildungspolitischer und kultureller Wandel: Universitäten, Theater, Festivals

Ü3b
Die L hören den vierten Abschnitt noch einmal und überprüfen ihr Verständnis durch die Richtig-falsch-Aussagen.

A2f
Vorgehen, wie beschrieben. Unklarheiten oder Fragen können im PL geklärt werden.

A3a
Die L lesen die Satzteile, hören und ergänzen sie.

1. **Seit der Entdeckung der Steinkohle** hat das Ruhrgebiet eine rasante Entwicklung genommen. 2. **Nach dem Ende des Krieges** stieg die Bevölkerungszahl bis 1950 rasch an. 3. Die Kohle spielte **beim wirtschaftlichen Wiederaufbau der Bundesrepublik** eine entscheidende Rolle. 4. **Bis zum Beginn des wirtschaftlichen Abschwungs** vergingen nur wenige Jahre. 5. **Vor dem Beginn der Kohlekrise** arbeiteten die meisten Menschen in der Rohstoffverarbeitung. 6. **Während der Kohleförderung** wurde in diesen Anlagen schwer gearbeitet.

A3b
Umformungen: Die L formen in PA die Sätze aus A3a in Nebensätze um und machen sich Gedanken, welcher temporale Konnektor passt, dann Vergleich mit Grammatik-Rückschau.

Nominalform	Verbalform
Nach dem Ende des Krieges …	Nachdem der Krieg beendet worden war war, …
… beim wirtschaftlichen Wiederaufbau …	… als die Wirtschaft der Bundesrepublik wiederaufgebaut wurde.
Bis zum Beginn …	Bis der wirtschaftliche Abschwung begann, …
Vor dem Beginn …	Bevor die Kohlekrise begann, …
Während der Kohleförderung …	Während man Kohle förderte, …

Ⓑ
Bei schwächeren Gruppen: In PA werden die Sätze in der Nominalform aus der Tabelle auf Kärtchen geschrieben und verteilt. Jedes Paar bekommt ein paar Sätze und formt sie um. Anschließend werden die Sätze in GA vorgelesen und in der Gruppe wird beraten, ob diese Umformung korrekt ist.

A3c
Anschließend ergänzen sie erst in EA und dann im PL die Regel.

Nominalform	Verbalform	Nominalform	Verbalform
bei + Dat.	wenn/als	*seit* + Dat.	seitdem
bis zu + Dat.	bis	*vor* + Dat.	bevor
nach + Dat.	nachdem	*während* + Gen.	während

Ü4–5
Als HA geeignet.

Ü6
In PA bearbeiten die L die Ü im Kurs.

A4 In KG recherchieren die L zu einem Thema im Kurs, wenn die Möglichkeit der Recherche im Unterricht nicht besteht, geben Sie die Aufgabe als HA: In den Gruppen einigen sich die L auf eine (Industrie-)Region, dann teilen sie sich die verschiedenen Punkte untereinander auf. Nach der Recherche setzen sich die KG im Kurs zusammen und bereiten die Präsentation nach den angegebenen Punkten vor.

Hinweis: Wie präsentiere ich?
Lassen Sie von Ihren L zehn goldene Regeln zum Präsentieren erstellen, die von allen beachtet werden müssen. Geben Sie den L Hilfen und praktische Tipps für die Präsentation.
Präsentieren
- Es muss klar sein, für welche Zielgruppe die Präsentation gestaltet wird.
- Das Thema muss klar gegliedert sein.
- Aussagen/Thesen müssen deutlich und knapp formuliert werden.
- Es darf nicht nur Text verwendet werden.
- Grafiken, Schaubilder und Bilder zur Veranschaulichung müssen hinzugefügt werden.
- Dem eigenen Spieltrieb soll nicht allzu sehr nachgegeben werden und Animationen sollen sich in einem ausgewogenen Rahmen bewegen.
- Zuhörer können sich nicht ewig konzentrieren: In der Kürze liegt die Würze.

Praktische Tipps zum Präsentieren
- mit Computer schreiben (leichter lesbar)
- den Text optisch gut gliedern (leichtere Orientierung)
- Pausenzeichen markieren (sie dürfen nicht zu schnell sprechen)
- Seiten und Textkarten etc. nummerieren (sie könnten durcheinander geraten)
- mit verschiedenen Farben arbeiten (bessere Übersichtlichkeit)
- den ersten Satz wörtlich ausformulieren, das bietet die nötige Sicherheit
- den letzten Satz immer wörtlich formulieren und ihn auch so vortragen
- Regiehilfen einbauen (Querverweise, Erinnerung zum langsamen Sprechen etc.)

Ⓑ Bei starken Gruppen kann dies auch als EA bearbeitet werden und in Form eines Referats vorgetragen werden.

Modul 2 Mit gutem Gewissen?

Ü1a Im PL Frage: „Was ist ‚Gewissen'?" Ideen sammeln, dann lesen die L Text im AB und markieren die Schlüsselwörter, abschließend Definition des Begriffs.

Ü1b Vorbereitung auf die C1-Prüfung: TELC Deutsch C1, Leseverstehen, Teil 4b. Nähere Informationen zu den einzelnen Prüfungsteilen finden Sie im Anhang, LHR, S. 147.
TELC

Lerntipp **Umschreibungen erkennen**
Die L lesen den Lerntipp und wenden ihn direkt in der Übung an.
In EA schreiben sie die passenden Wörter aus dem Text zu den angegebenen Wörtern und Ausdrücken. Erst Vergleich in PA, dann Kontrolle im PL.

A1a In KG erzählen die L eigene oder fiktive Beispiele, wann sie/jemand ein „schlechtes/gutes Gewissen" hatten/hatte, und tauschen sich darüber aus, was das für sie ist.

A2a Die L lesen die Aufgabe. Ergänzende Fragen, um weiter auf das Thema vorzubereiten: Gibt es Zeitschriften, die Gewissenfragen beantworten, auch in Ihrem Land? Was stellen Sie sich vor, fragen die Leute? Ideen an der Tafel sammeln.
Danach lesen die L die Texte und beantworten die Aufgabe.

🔑 Erstes Problem: Warten seit zwei Monaten auf Handwerkerrechnung (1.000 €). Frage: Sollen sie die Firma darauf aufmerksam machen oder Geld für ihre eigenen Kinder nutzen?
Zweites Problem: Befreundeter Kollege ist oft krank, arbeitet aber dann in eigener Firma. Chef will ihn mit fingiertem Auftrag überführen. Frage: Soll er den Kollegen warnen?

A2b Die L schreiben ganz kurz und ohne Begründung ihre Entscheidung zu den beiden Fragen auf einen Zettel. Alle Zettel werden eingesammelt und es wird eine Kursstatistik erstellt.

A2c Die L lesen die Antworten von Rainer Erlinger und markieren die Ratschläge und die Begründung. Vergleich mit der Kursstatistik: Hätten Sie so auch entschieden?

🔑 Zu 1.: Herr Erlinger rät, die Rechnung anzufordern. Gründe:
- Verwendung von Geld kann als Entscheidungshilfe dienen, ist aber nicht der Kern.
- Überlegung, wie man generell mit Zahlungen und Rechnungen umgeht
- Rechnungen verjähren
- jedoch Zusammenhang von Recht und Moral: keine Rechtspflicht bedeutet nicht keine moralische Pflicht
- Handwerker hat etwas geleistet, dafür steht ihm Geld zu.
- Soll das nur entfallen, weil es vergessen wurde?

Zu 2.: Herr Erlinger rät, den Freund zu warnen, ihm aber zu sagen, dass es das letzte Mal ist. Gründe:
- Kollege ist ein Betrüger, dass die Firma ihn überführen will, ist verständlich.
- Aber einen Freund kann man nicht einfach so ins offene Messer laufen lassen.

Ü2a–b Die L sehen sich die Bilder an und formulieren schriftlich eine Gewissensfrage in KG oder sie überlegen sich einen eigenen Gewissenskonflikt, den sie notieren. Diese Frage wird an eine andere KG weitergegeben, die eine Antwort als Experte formuliert. Anschließend geht die Antwort an die Ausgangs-KG zurück. Fragen: Haben Sie diese Antwort erwartet? Hätten Sie auch so gehandelt? War die Antwort überzeugend?
Ü2b ist auch als HA geeignet: Die L schreiben eine E-Mail mit einem Gewissenskonflikt an den Experten. Beim nächsten Kurstag ist es möglich, dann weiter so vorzugehen, wie oben beschrieben.

A3a Die L lesen Redemittel und sammeln weitere im Kurs. Hinweis auch auf die Redemittel im Anhang der LB („Meinungen ausdrücken"). Sie notieren sich je drei Redemittel auf Kärtchen (insgesamt sechs Kärtchen), die sie im Gespräch verwenden wollen.

A3b Rückführung zur Gewissensfrage im LB: In KG wählen die L eine der beiden Gewissenfragen und überlegen sich ihre Argumentation und machen sich Notizen.

A3c (TELC) Vorbereitung auf die C1-Prüfung: TELC Deutsch C1, Schriftlicher Ausdruck, Teil 2. Nähere Informationen zu den einzelnen Prüfungsteilen finden Sie im Anhang, LHR, S. 149f.
L schreiben in EA eine E-Mail an die Zeitschrift und nehmen Stellung zu dem dargestellten Problem. Sie nutzen dabei die Redemittel, die sie ausgewählt haben.
Austausch und Korrektur in GA.

Ⓔ Bei Interesse und zur weiteren Übung: Bringen Sie weitere Gewissensfragen mit, die die L lesen und in KG beantworten. Dann wird die Originalantwort gelesen.
Link: www.sueddeutsche.de, als Suchbegriff „Gewissensfrage" eingeben.

Modul 3 Die Welt ist ein Dorf

A1a Die L lesen die Aufgabe, hören den Text und beantworten die Frage. Vergleich in PA.

Begriff: Globalisierung; Beispiele:
- Welt ist ein Dorf, wegen Vernetzung durch Internet, durch Reisemöglichkeiten (Flugzeuge) → Menschen sind mehr verbunden, wichtig auch für die Wirtschaft (Kaufen und Verkaufen)
- Tims Turnschuhe: amerikanisch, aber in China hergestellt. Produktion in Billiglohnländern, dadurch weniger Jobs in anderen Ländern (hier USA)

A1b Die L hören den Text noch einmal und achten darauf, was der Satz von Tim „Superbillig ist nicht immer fair." bedeutet. Gespräch im PL.

Bei billigen Sachen muss man immer darauf achten, warum sie so billig sind und was dahinter steckt (Menschen, die für sehr wenig Lohn arbeiten; andere, die deshalb in anderen Ländern ihren Job verlieren).

Ü1 Die L erstellen in GA ein Assoziogramm zum Thema „Globalisierung".

A1c Anschließend formulieren sie in PA eine Definition und verwenden die angegebenen Redemittel. Die Definitionen werden aufgehängt und von allen gelesen, anschließend wird ausgewählt, welche die treffendste ist und warum. Am besten verteilen Sie dazu drei Punkte an jeden L. Diese drei Punkte kann jeder L an drei verschiedene Definitionen oder an eine oder zwei Definitionen verteilen. So erscheint dann auch visuell, welche Definition für den Kurs die beste ist und die L müssen wirklich alle Definitionen lesen.

A2a Die L lesen die Texte und markieren die Textstellen, in denen sich Pro- oder Contra-Globalisierung ausgesprochen wird.

Text A – Für (mehr) Globalisierung	**Text B – Gegen Globalisierung**
Unternehmen: • wissen, welche Verantwortung sie tragen • für Ziele → zufriedene, gesunde Mitarbeiter + intakte Umwelt • bemühen sich, der sozialen Verantwortung nachzukommen • treten für Menschenrechte ein • halten Arbeitsnormen ein • erlauben Kinderarbeit nicht • geben der Wirtschaft vor Ort wichtige Impulse, neue Technologien, Wettbewerbssteigerung, bessere Ausbildung der Menschen → Steigerung der Verdienstmöglichkeiten	Unternehmen: • wirtschaftliche + politische Macht wird größer • müssen mehr Gewinn machen • machen es auf Kosten von Menschenrechten, Umwelt und Demokratie In westlichen Staaten ist all das reguliert und geschützt, in Billiglohnländern nicht → Boykott der Waren

Ü2 Die L lesen die Aussagen und markieren in EA, was für/gegen Globalisierung spricht. Diese Argumente können sie im nächsten Schritt zur Vorbereitung ihrer Diskussion verwenden.

A2b Die L sprechen in KG über die Texte und ihre Argumente und ergänzen weitere Argumente. Auch hier bietet sich als Diskussionsform das Aquarium an (siehe LHR, S. 38):

Ⓥ Die Gruppe wird in zwei Hälften geteilt. Eine Gruppe überlegt sich Argumente für die Pro-Seite, die andere für die Contra-Seite. Danach kommen jeweils zwei L aus den unterschiedlichen Gruppen zusammen und versuchen, den anderen zu überzeugen.

A3a–c Die L markieren im Text die Nominalisierungen von Konditional- und Modalsätzen. Sie ergänzen die Tabelle und bilden zu den weiteren Nominalisierungen, die sie gefunden haben, in PA entsprechende Nebensätze. Anschließend ergänzen sie die Tabelle in A3c.
A3a:

Verbalform (Nebensätze)	Nominalform
…, indem man neue Technologien importiert. …, wenn man die Investitionen über einen Zeitraum von 50 Jahren und mehr ausnutzt. Wenn man dieses Ziel nicht beachten würde, … Dadurch, dass Gewerkschaften Einfluss nehmen können, ist den Arbeitern …	... durch Import neuer Technologien … bei einer Ausnutzung über einen Zeitraum von 50 Jahren. (Text A, Z. 5) Ohne die Beachtung dieses Ziels … (Text B, Z. 5) Durch die Einflussnahme von Gewerkschaften … (Text B, Z. 11)

A3b:
Text A, Z. 7: Ohne zufriedene, gesunde Mitarbeiter und eine intakte Umwelt → Wenn die Mitarbeiter nicht zufrieden und gesund sind und die Umwelt nicht intakt ist, können …
Text B, Z. 16: Durch Boykott dieser Waren → Indem die Konsumenten in den reichen Ländern die Waren boykottieren, solange …, können sie den Menschen dort helfen.
A3c:

Konditionaler Nebensatz → Nominalform	Modaler Nebensatz → Nominalform
wenn → *bei* + Dat. *wenn nicht* → *ohne* + Akk.	*indem / dadurch, dass* → *durch* + Akk.

Ü3 Im Kurs in PA bearbeiten.

Ü4–5 Als HA geeignet.
Ü4: Nach der Kontrolle der HA lässt sich an Ü4 ein kurzes Gespräch anschließen, ob diese Maßnahmen auch für das eigene Land gelten oder ob man dort andere Maßnahmen treffen müsste.

A4 Die L sammeln weitere Bereiche, in denen Globalisierung eine Rolle spielt. Diese können auch als Recherchethemen im Kurs aufgeteilt und als HA gegeben werden. Am folgenden Kurstag berichten die L, was sie herausgefunden haben, das kann anhand eines kurzen Referats oder einer PowerPoint-Präsentation geschehen.

Modul 4 Gründerfieber

Ⓥ Alternatives Vorgehen für dieses Modul: Lernen an Stationen. Genereller Hinweis:
Dieses Modul eignet sich gut für das Lernen an Stationen. Jede Aufgabe ist eine Station:
Station 1: A1a–c: Lesen und Sprechen
Station 2: A2a–c: Lesen, Sprechen
Station 3: A2d + Ü2a–b: Sprechen und Schreiben
Station 4: A3: Hören
Station 5: A4a–c: Hören und Sprechen
Station 6: A5: Lesen und Schreiben

Station 7: A6: Sprechen
Station 8: Ü1, Ü3 + Ü4: Wortschatz
zusätzliche Stationen zur DVD A1 + A2

Vorgehen

- Bereiten Sie die Stationen vor: Kopieren Sie die genannten Aufgaben und Übungen, verteilen Sie sie im Klassenraum. Alternativ können die L mit ihren LB und AB die Stationen bearbeiten. Legen Sie die dazugehörigen Lösungen (aus AB und LHR kopiert) in Briefumschlägen zu den Stationen (zur Selbstkontrolle).
  Mögliche Lösung für die Station Schreiben: Vergleichen Sie Ihren Text mit dem einer anderen Gruppe und besprechen Sie ihn. / Geben Sie den Text Ihrem Lehrer / Ihrer Lehrerin zur Korrektur.
- Optimal ist es, wenn Sie zwei CD-Player haben (oder einen CD-Player und einen PC), damit die Hörstationen (Stationen 4 und 5) gleichzeitig bearbeitet werden können.
- Die L bekommen einen Laufzettel/Evaluationsbogen mit den Aufgabenstellungen in die Hand (KV8, LHR, S. 128). Auf diesen Bögen finden sie die Aufgaben, die sie an den entsprechenden Stationen bearbeiten sollen. Gleichzeitig können sie die eigene Leistung bei den einzelnen Stationen evaluieren.
- Die L können entscheiden, ob sie die Stationen zu zweit oder in Gruppen bearbeiten möchten. Die Form kann je nach Station variieren.
- Die L bewegen sich im Raum und entscheiden selbst, bei welcher Station sie beginnen möchten und in welcher Reihenfolge sie die Stationen erarbeiten werden.
- Geben Sie eine Mindestanzahl an Stationen vor, die L bearbeiten sollen.

Hinweis: Lernen an Stationen
Mit Lernen an Stationen können die L in der Entwicklung von Selbstständigkeit und Eigenverantwortlichkeit beim Lernen gefördert werden.
Die Unterrichtsform „Lernen an Stationen" bedeutet, dass im Kursraum (evtl. auch im Flurbereich vor dem Kursraum, wenn das für andere Kurse nicht störend ist) auf Tischen, Regalen oder Fensterbänken Stationen mit unterschiedlichen Arbeitsmaterialien und Aufgabenstellungen bereitgestellt werden. Alle L arbeiten gleichzeitig auf dieselben Lernziele hin, obwohl sie mit unterschiedlichen Aufgaben beschäftigt sind.
Die Lehrerrolle ist beim Stationenlernen verändert, da die L nach der Einführung und Bereitstellung der Lernmaterialien weitgehend selbstständig, eigeninitiativ und kooperativ an den Aufgaben arbeiten. Der Lehrende tritt in den Hintergrund, hilft und berät bei Bedarf bei Problemen. Ebenso bleibt hier Zeit, leistungsschwächere L zu unterstützen und leistungsstarken gezielte Anregungen und Aufgaben zu geben.
Dadurch, dass die Lösungen immer an den einzelnen Stationen vorhanden sind, haben die L die Möglichkeit, sich selbst zu kontrollieren und so wirklich autonom zu arbeiten. Neben der Selbstkontrolle bekommen die L einen Evaluationsbogen, mit dem sie sich selbst einschätzen können und notieren, wie ihnen welche Station gefallen hat.

A1a Die L lesen die Aufgabe und besprechen sie im PL. An der Tafel Ideen festhalten.

Mögliche Ideen: Telefonbuch (Gelbe Seiten), Internet, Freunde fragen, im Stadtviertel auf Geschäfte achten etc.

Ü1 Für den Wortschatz, der im Modul 4 benötigt wird, machen die L Ü1 in PA. Vergleich und Klärung der Wörter und Wendungen im PL.

A1b Die L lesen den Text und beantworten die Frage.

Wirtschaftsgipfel

Idee: Online-Auftragsbörse
Problem: keine Zeit: Studium und Lernstress auf der einen Seite und Rasenmähen müssen auf der anderen Seite; wollte Dienstleister im Internet suchen, fand aber keinen

A1c Die L lesen den Text noch einmal und machen sich Notizen zu den vorgegebenen Fragen. Vergleich in KG, dann Zusammenfassung im PL: Eine KG stellt ihr Ergebnis vor, die anderen vergleichen mit ihren Ergebnissen und ergänzen. Anschließende Diskussion in KG: Wird dieses Modell Erfolg haben? Warum? Warum nicht?

Schritte:

- Zusammenschluss mit einem Freund: Sebastian Koch: Projekterfahrung im Bereich Softwareentwicklung und Thomas Schlüter: BWL-Kenntnisse
- Sebastian Koch: Leitung des Projekts
- gemeinsames Schreiben der Software
- Testphase für Stabilität
- Gründungsformalitäten als GmbH
- www.die-auftragsboerse.de online
- um Kunden zu werben: Mailings, Verfassen von Texten, Verschickung von Briefen
- Suchen und Finden von Kooperationspartnern
- erste Verträge mit PR- und Designagenturen

Abkürzungen: GmbH: Gesellschaft mit beschränkter Haftung; PR: Public Relations – Öffentlichkeitsarbeit

Informationen zu GmbH
Eine GmbH kann durch einen oder mehrere Gesellschafter gegründet werden. Zur Gründung ist jede natürliche und juristische Person (z.B. AG, GmbH) berechtigt. Die GmbH gehört zur Gruppe der Kapitalgesellschaften und ist als juristische Person selbstständige Trägerin von Rechten und Pflichten: Sie kann Eigentum erwerben, Verträge abschließen, vor Gericht klagen und verklagt werden. Sie haftet nur mit ihrem Gesellschaftsvermögen, nicht mit dem Privatvermögen der Gesellschafter.

Ⓔ Rechercheaufgabe: Die L sehen sich die Internetseite an (wenn möglich im Kurs) und beantworten die Fragen: Ist die Internetseite klar strukturiert? Wie kann ich einen Auftrag suchen? Welche Kategorien gibt es? Wo sind Aufträge vorhanden? Denken Sie, dass diese Idee funktioniert, nachdem Sie sich die Seite angesehen haben? Warum? Warum nicht?

A2a–b In KG lesen die L die Geschäftsidee und diskutieren über die offenen Fragen. Im PL wird A2b gelesen und evtl. Fragen werden geklärt. Danach ergänzen die L das Raster und weitere Kriterien.

Firmengründer	berufliche Erfahrung	persönliche Eignung/Motivation
	Sekretärin und BWL-Studentin	Erfahrung als Kellnerinnen Interesse an Literatur
Angebot	Alleinstellungsmerkmal	Angebotspalette/ Preise
	gemütliche Leseecken Regale mit Büchern für alle	typisches Essen und Trinken im Café Bücher
Marktsituation	Konkurrenz	mögliche Kunden
	es existiert noch kein solches Café	Jugendliche und junge Erwachsene

Vermarktung	Werbemaßnahmen	Partner
	im Veranstaltungsmagazin Aushänge in Buchhandlung	Buchhandlung vor Ort

Weitere mögliche Kriterien: Ort/Lokalität – Erweiterungsmöglichkeiten etc.

A2c In KG sprechen die L über die angegebenen Fragen und ergänzen weitere Ideen, wie man das Café attraktiver machen könnte. Mögliche Ideen:

- Selbstgebackenes anbieten
- weitere Schwerpunkte setzen, z.B. Länderwochen (Kulinarisches aus diesen Ländern und v.a. Literatur von Autoren dieser Länder) oder Rund um die Welt
- Live-Musik
- Billardtisch oder Tischfußball (Kicker oder Tischkicker)
- Gesellschaftsspiele anbieten
- Tageszeitungen, Wochenzeitungen, Zeitschriften anbieten

Die KG stellen ihre Ideen im PL vor und die anderen sagen, wie sie die Ideen finden, was man verändern könnte, wie man sie umsetzen könnte.

Ü2a Die L betrachten die Anzeigen der frisch gegründeten Firmen und diskutieren in GA über die angegebenen Fragen.

A2d+Ü2b In PA oder in KG entwickeln die L eine eigene Geschäftsidee: Sie überlegen sich eine Idee, erstellen ein Kriterienraster und notieren sich auch offene Fragen. Dann entwerfen sie eine eigene Anzeige für ihre Idee.
Am Ende dieser Phase präsentieren die Paare oder Gruppen ihre Ideen im PL. Sagen Sie den L, dass sie sich vorstellen sollen, es ginge darum, ihre Idee wirklich zu vermarkten. Die anderen L beurteilen die vorgestellten Ideen auf dem Beurteilungsbogen (KV9, LHR, S. 129). Die L hängen Ihre Anzeigen und Ideen im Kursraum auf.

A3 Vorbereitung auf die C1-Prüfung: TELC Deutsch C1, Hörverstehen, Teil 3. Nähere Informationen zu den einzelnen Prüfungsteilen finden Sie im Anhang, LHR, S. 149.
P
TELC
Thema Finanzierung: Die L lesen die Aufgabe und hören den Text einmal.
Tipp: Zur Kontrolle kopieren und vergrößern Sie das Schema aus dem LB auf Folie. Wenn Sie möchten, kann ein L direkt auf die Folie schreiben und danach wird anhand seiner Notizen verglichen.

a Thema des Vortrags
- Vortragsreihe für Firmengründer, Thema: „Bankgespräche erfolgreich führen"

b Fragen bei der Terminvereinbarung
- Gründung der Firma in welcher Branche?
- detaillierte Geschäftsidee, das Besondere?
- Höhe des Kredits (Vorüberlegungen: konkret und realistisch)

c Erklärungen zum „Fahrstuhlgespräch"
- Simulation eines Gesprächs in 60 Sekunden
- dabei kurz und knapp, verständlich überzeugende Antworten formulieren können

d das Bankgespräch – Themenpunkte
- Vorhaben: Geschäftsidee, Marktanalyse, Alleinstellungsmerkmale, Marketing und Vertrieb, Businessplan
- Kompetenzen: fachliches und unternehmerisches Know-how, unternehmerische Fähigkeiten
- Finanzen: Vermögensverhältnisse, realistische Finanzplanung, Kreditwürdigkeit

e Verhalten im Beratungsgespräch
- Begeisterung zeigen
- aktives Zuhören
- anschauliche Darstellung der Alleinstellungsmerkmale
- auf Bedenken eingehen, auf Informationsbedürfnis des Gesprächspartners einstellen
- gelassen bleiben und offen reagieren

f der erste Eindruck
- sich selbstbewusst, gut informiert und freundlich zeigen
- angemessene Kleidung

g Gesprächsabschluss
- Frage nach dem Termin der Entscheidung seitens des Kreditgebers
- Zusammenfassung der wichtigsten Punkte des Gesprächs

Ü3 Die L ergänzen die fehlenden Wörter.

A4a Die L hören ein- bis zweimal Ausschnitte aus einem Bankgespräch und machen Notizen.

1. jung genug, um Neues zu beginnen; eigener Herr sein und eigene Ideen umsetzen
2. hat einen Auftraggeber, nennt nichts Konkretes, um weitere Auftraggeber zu gewinnen
3. Produkte qualitativ deutlich hochwertiger, längere Lebensdauer, Produktdesign besser
4. ja, im Businessplan Maßnahmen entwickelt, um Risiken zu vermeiden
5. schon lange ein Konto bei der Bank, noch nie überzogen
6. keine Zusammenfassung und nichts Konkretes

Anschließend überlegen die L in GA, was der Kreditsuchende gut/schlecht gemacht hat.

- nicht aktiv zugehört, sondern während der Berater sprach, in Papieren geblättert
- keine konkreten Ideen zum Gewinnen von neuen Auftraggebern genannt
- wenig überzeugende Alleinstellungsmerkmale genannt
- Verhalten auf die Frage nach der Kreditrückzahlung unangemessen
- keinen Gesprächsabschluss gemacht (keine Zusammenfassung, keine Frage nach dem Termin)
- hat vergessen oder nicht verstanden, dass er noch einen Kostenvoranschlag liefern muss, bevor der Berater aktiv wird

Ü4 Als HA bearbeiten lassen.

A4b In PA notieren die L Vorschläge, was Herr Burger besser machen könnte. Im PL vergleichen die L ihre Vorschläge.

A4c In den PA oder KG aus A2d bereiten die L ein Bankgespräch vor, d.h., sie bereiten die Rolle des zukünftigen Unternehmers vor. Als Hilfe dazu: die ausgefüllten KV9, LHR, S. 129 (von A2d) und KV10, LHR, S. 130. Beurteilungskriterien:
- Gründerperson: Erster Eindruck? Fachliche Qualifikation? Ideen zur Finanzierung? Kaufmännisches Know-how? Gründe für Wunsch nach Selbstständigkeit?
- Produkt: Was? Was ist das Besondere am Produkt? Woher stammt die Idee? Befähigung, sie umzusetzen?
- Vermarktung: Möglicher Kundenkreis? Nutzen der Idee für Kunden? Mögliche Konkurrenten? Preis? Vertriebspartner? Werbestrategien? Kosten der Werbemaßnahmen?
- Finanzplanung: Eigenes Kapital? Benötigter Kredit? Öffentliche Förderung möglich? Mit welchen Gewinnen wird in den ersten Jahren gerechnet? Wie können die laufenden Ausgaben beglichen werden?

Reflexion über das Gespräch im PL: Was ist das Ergebnis des Gesprächs? Haben Sie den Kredit bekommen oder nicht? Woran lag es?

A5 P GI Vorbereitung auf die C1-Prüfung: Goethe-Zertifikat, Schriftlicher Ausdruck, Teil 2: Nähere Informationen zu den einzelnen Prüfungsteilen finden Sie im Anhang, LHR, S. 141. In EA bearbeiten die L die Aufgabe. Vorher im PL Tipps sammeln. Die L lesen den Brief und ergänzen dann die Lücken. Vergleich in PA. Reflexion im PL: Was war schwierig/ leicht? Wie haben Sie die Informationen gefunden?

1. schreibe; 2. Buchcafé; 3 gegeben; 4. Analyse; 5. Ergebnisse; 6. verwirklichen; 7. wäre; 8. Obwohl / Auch wenn; 9. wie; 10. Grüßen

A6 In GA sprechen die L über A6. Im PL Zusammenfassung: Wie viele L würden eine Firma gründen, wie viele nicht?

Film Vertrauen erwerben

A1a Die L lesen die Sätze, sehen sich die Bilder an und stellen Vermutungen auf, welches Bild zu welchem Satz passt. Dann sehen sie den Film, notieren links die Produktgruppen und rechts die Bildnummer und überprüfen so ihre Vermutungen.

1. Waschmittel/-pulver: Bild E; 2. Klebstoff: Bild B; 3. Kosmetik (im Allgemeinen): Bild F; 4. Waschmittel/-pulver: Bild C; 5. Klebstoff: Bild A; 6. Oberflächenveredelung / Technologien für industrielle Prozesse: Bild D

A1b Vorgehen in KG. Weisen Sie die L darauf hin, dass die Begründung wichtig ist.

A2 Die L sehen den Film erneut und gehen, wie beschrieben, vor. Anschließend sprechen sie in KG über die Stichpunkte, die sie sich notiert haben.

V Zwei-Schritt-Variante: Die L sehen den Film und notieren sich die Bilder/Szenen, die ihnen wichtig erscheinen. Anschließend ordnen sie in KG den Bildern Aussagen zu. Dann sehen die L den Film noch einmal und ergänzen. Präsentation im PL.

Einige Lösungsbeispiele für die Werbebotschaften:
- Frau liegt in einer Hängematte → man kann das Leben mehr genießen
- Mann in einer kargen Küstenlandschaft → Meditation, Konzentration auf das Wesentliche, Natürlichkeit
- Pflaster auf kaputtem Fußball → einfache Lösungen
- bürgerliches Ambiente / Hochzeit → Seriosität, Perfektion, Sorglosigkeit
- chaotischer Single → Einfachheit der Anwendung der Waschmittel
- Haare rot färben → Originalität
- Spiegel aufhängen → Unmögliches wird möglich
- Paar auf Motorrad → Freiheit, Beweglichkeit
- chinesische Mauer, amerikanische Großstadt → Internationalität, globale Verbreitung
- Kind mit Spielzeugflugzeug → Leichtigkeit
- Kind auf dem Sprungturm → Mut, Stolz

A3 Die L teilen sich in drei Gruppen, die jeweils auf einen Clip achten. Im PL werden die Vorschläge der Gestaltungsmittel gelesen und wenn nötig, erklärt. In einem ersten Schritt sehen die L die Clips ohne Ton und notieren dabei die benutzten Gestaltungsmittel, im zweiten Schritt hören die L nun nur den Ton und wiederholen die oben genannte Aufgabe. Zum Abschluss ordnen die L die notierten Beobachtungen in ihren Gruppen den Punkten „Gestaltung und Wirkung" zu und stellen ihre Ergebnisse im PL vor.

Einige Beispiele für die Gestaltungsmittel und die (vermutlich) beabsichtigte Wirkung:

	Gestaltung	Wirkung
A	• große, helle Wohnung • komödienhafte Musik	Luxus, Wohlstand Witz, Originalität
B	• schnelle Schnitte beim Autorennen • schnelle, laute Musik beim Autorennen • langsame Musik bei der Motorradfahrt	Tempo, Risiko Dynamik, Wildheit Sicherheit, Zuverlässigkeit
C	• grüner Rasen, blauer Himmel • Musik: zarte Frauenstimme • Flugzeug	Natürlichkeit, Sauberkeit, Perfektion mütterliche Geborgenheit Einfachheit, Minimalismus

Eine Vielzahl von anderen Gestaltungsmitteln kann genannt werden. Auch hier hängt die Wirkung von der individuellen Wahrnehmung ab.

Informationen zu Gestaltungsmitteln mit der Kamera

Kameraperspektiven (Betrachtungswinkel zwischen Kamera und Objekt):
- Untersicht (niedrige vertikale Position); extrem: Froschperspektive (meist mit Weitwinkel-Objektiv)
- Normalsicht (die Kamera und das Objekt befinden sich auf der gleichen Höhe, Augenhöhe)
- Aufsicht (erhöhte vertikale Position); extrem: Vogelperspektive
- Schrägsicht (gekippte Kamera)

In Bezug auf die Entfernung der Kamera zum Objekt unterscheidet man oft:
- Supertotale (Weite oder Panorama, Landschaft; Menschen erscheinen verschwindend klein)
- Totale (eine Person oder Gruppe ist vollständig in ihrer Umgebung zu sehen)
- Halbtotale (Figuren werden von Kopf bis Fuß gezeigt)
- Halbnah/Nah (Figuren werden vom Kopf bis zur Hüfte / bis zum Oberkörper gezeigt; häufig in Dialogszenen)
- Groß-/Detailaufnahme (der Kopf der Figur wird abgebildet; die Mimik steht im Vordergrund)

A4 In GA Vorgehen, wie beschrieben. Anschließend Austausch im PL. Mögliche Nennungen:

positive Aspekte:	negative Aspekte:
• Schaffung neuer Arbeitsplätze durch Erweiterung der Produktion • ein neuartiges Produkt, eine geniale Erfindung • soziales Engagement und karitative Aktivitäten des Konzerns • wirtschaftlicher Erfolg, oft in Bezug auf Börsenwerte	• Streiks der Belegschaft • Entlassungen von Arbeitskräften • Umweltverschmutzung • schädliche Wirkungen von einzelnen Produkten • sinkender wirtschaftlicher Erfolg, oft in Bezug auf Börsenwerte

Ziele 5

Über Ziele im Leben macht sich jeder immer wieder Gedanken. Dieses Kapitel beginnt mit Gedanken und Meinungen dazu, was Ziele sein können und wie man sie erreichen kann. Anschließend wird in Modul 1 das Thema der „guten Vorsätze" behandelt, das jeder kennt und sicherlich auch selbst schon einmal erfolgreich oder erfolglos durchlaufen hat. In Modul 2 geht es um berufliche Ziele und Tipps dazu, wie man sie erreichen kann oder wie sie in realistischere Nähe rücken. Auch Modul 3 handelt von der Berufswelt: Hier steht das Thema „Networking" und die zunehmende Bedeutung von Netzwerken im Vordergrund. Abschließend lernen die L in Modul 4 verschiedene Ehrenamtstätigkeiten kennen und tauschen sich darüber aus, wie sie zu einem Ehrenamt stehen.

Lernziele

Sie lernen

Einen Text über gute Vorsätze verstehen und einen Text über die eigenen guten Vorsätze schreiben	Modul 1
Ein Gespräch über berufliche Ziele hören und Notizen machen	Modul 2
Ein Interview über ein Netzwerk lesen und die Fragen rekonstruieren	Modul 3
Kurze Radiofeatures über engagierte Menschen verstehen	Modul 4
Einen Beitrag über „Engagement heute" schreiben	Modul 4

Grammatik

Nominalisierung und Verbalisierung: Kausal-, Konzessiv-, Final- und Konsekutivsätze	Modul 1
Nominalisierung und Verbalisierung: Präpositional-Ergänzungen	Modul 3

Auftakt Ziele

Ü1a Diese Übung eignet sich zur Vorbereitung auf die Auftaktseite. In KG ordnen die L die Wörter und Ausdrücke evtl. mithilfe eines Wörterbuches den drei Gruppen zu. Vergleich und Klärung im PL.

Ü1b In EA oder in PA. Anschließend werden die Sätze ausgetauscht und gegenseitig korrigiert.

A1a+b Die L lesen die Texte und notieren sich kurz, was zum Thema „Ziele" gesagt wird. Vergleich in KG und die L ergänzen ihre Notizen mit positiven bzw. kritischen Aussagen. Möglicher Tafelanschrieb und Lösungsbeispiele:

Text	Ziele	positive bzw. kritische Aussagen
A	„Hoffnung und Entscheidungen" setzt er mit Wünschen oder Zielen gleich.	• Hoffnungen treiben einen an. • Man muss auch Entscheidungen treffen und darf sich nicht nur entspannt zurücklehnen. • Man muss etwas riskieren und bereit sein, etwas zu verlieren.
B	Um Ziele zu erreichen, darf man nicht unmoralisch werden.	• Man darf beim Erreichen der Ziele nicht „über Leichen gehen".
C	Ohne Ziel gibt es keine Veränderung.	• Ohne ein Ziel leben wir nur in der Routine, bewegen uns nicht von der Stelle und sehen das große Ganze nicht.
D	Ein Ziel zu erreichen kostet Energie.	• Ziele müssen aus eigener Kraft erreicht werden, wenn man sie zu leicht – evtl. auch mithilfe anderer – erreicht, hat man sie eigentlich nicht erreicht.

Text	Ziele	positive bzw. kritische Aussagen
E	Jeder braucht ein Ziel.	• Ein Ziel zu haben ist wichtig und es ist egal, wie lange man braucht, um es zu verwirklichen. • Es ist wichtig, kontinuierlich an einem Ziel zu arbeiten.
F	Man muss an sein Ziel glauben und sich nicht durch andere abbringen lassen.	• Man kann auch Dinge schaffen, von denen man dachte, man schafft sie nicht. • Andere Personen können uns negativ beeinflussen, sodass wir von unseren Zielen ablassen.

A2 In KG diskutieren die L, welchen Text sie besonders gut finden und warum.

Ü2+3 Als HA geeignet.

Modul 1 Ab morgen!

A1 Als Einstieg in das Modul überlegen die L und notieren in GA auf Plakate, was für sie gute Vorsätze sind und wann sie sie fassen. Ebenso diskutieren sie darüber, ob sie ihre guten Vorsätze verwirklichen konnten und warum (nicht).
Die Plakate werden aufgehängt und gelesen. Welche guten Vorsätze dominieren im Kurs?

A2 Die L lesen den Text und beantworten die Fragen möglichst in eigenen Worten. Vergleich und evtl. Klärung in KG.

a: Z. 7–10: mehr Bewegung, gesünder essen, abnehmen, mit dem Rauchen aufhören
b: Z. 19–23: Gewohnheiten bilden sich aus bewussten Entscheidungen, die in der Vergangenheit getroffen wurden. Damals wurden sie als positiv/nützlich oder spannungsmindernd empfunden. Nach einiger Zeit wird diese Gewohnheit „automatisiert".
c: Z. 31–33: Gewohnheiten will man verändern, wenn die Frustration sehr groß ist.
d: Z. 45–57: „Falsche-Hoffnung-Syndrom": Menschen verwirklichen ihre Ziele nicht, weil die Erwartungen unrealistisch waren oder es zu viele Ziele auf einmal gab.
e: Z. 58–83: Änderung des Gesundheitsverhaltens: sechs Phasen 1. Phase der Sorglosigkeit; 2. Phase der Bewusstwerdung; 3. Vorbereitungsphase; 4. Vorsatz wird gefasst; 5. Aktivitätsphase; 6. Phase der Aufrechterhaltung
f: Z. 85–Ende: sich informieren; auf eine Sache / einen Vorsatz konzentrieren; kleine Schritte machen; konkrete Formulierungen; Tagebuch führen; Belohnung beim Erreichen von Etappenzielen; sich mit anderen Menschen treffen, die das gleiche Ziel haben

Ü1 Die L lesen die E-Mail und beantworten sie in EA. Anschließend werden Mails im Raum aufgehängt und gelesen. Dies kann in Form eines Wettbewerbs geschehen: Wer hat den originellsten oder ausgefallensten oder kreativsten Tipp?

A3a–b In PA versuchen die L, die angegebenen Sätze umzuformen, anschließend kontrollieren sie mit dem Text. Fragen in GA klären und ggf. im PL mithilfe der Grammatik-Rückschau.

Kausalsatz: Umformung mit *weil/da* (Z. 46)
Konzessivsatz: Umformung mit *obwohl* (Z. 11)
Finalsatz: Umformung mit *um … zu / damit* (Z. 106)

Ü2 Um diese Regeln gleich anzuwenden, bietet es sich an, direkt Ü2 in PA zu bearbeiten.

A3c Die L lesen das Beispiel und formen den zweiten Satz um. Verweisen Sie auch hier auf die Grammatik-Rückschau.

Viele Menschen haben große Gesundheitsprobleme, sodass sie mit dem Rauchen aufhören wollen.

Die L bestimmen nach der Umformung, was die Konnektoren *infolge* und *sodass* ausdrücken und merken so, dass man die Sätze umkehren muss, wenn man den jeweils anderen Konnektor benutzen möchte: *infolge* bezeichnet einen Grund, *sodass* benennt die Folge.

Ü3 In EA bearbeiten die L die Übung. Anschließend vergleichen sie mit dem Nachbarn und entdecken so mögliche Fragen, die im PL geklärt werden.

Ü4 Zur Systematisierung wird erst in PA und dann im PL die Tabelle ausgefüllt.

Ü5 Als HA geeignet.

A4 Als HA geeignet. Beim nächsten Kurstermin gegenseitige Korrektur im Kurs.

Modul 2 Der Weg ist das Ziel

Ü1 Als Vorbereitung zu diesem Modul diese Ü schon vorher als HA bearbeiten lassen und dann im Kurs vergleichen.

A1a–b In KG entwerfen die L einen eigenen Zielebaum auf Plakaten, notieren die Ziele der Gruppenmitglieder und machen sich Gedanken, wie man diese Ziele erreichen kann. Die Plakate werden aufgehängt, von allen gelesen und es wird kurz von den einzelnen Gruppen zusammengefasst, wie sie diese Ziele erreichen wollen.

Ü2 In GA notieren die L fünf Minuten lang weitere Substantive, anschließend werden die neuen Wörter vorgelesen und die L klären sie untereinander. Es gibt immer eine Expertengruppe (die, die sie notiert hat), die erklärt.

A2
P
TELC

Vorbereitung auf die C1-Prüfung: TELC Deutsch C1, Hörverstehen, Teil 2. Nähere Informationen zu den einzelnen Prüfungsteilen finden Sie im Anhang, LHR, S. 148.
Die L lesen die Aufgabe und die Sätze. Weisen Sie die L darauf hin, dass es nicht darum geht, eigene Wörter zu benutzen, sondern darum, auf den Inhalt des HV zu achten (die Wortanzahl kann zwischen einem und vier variieren), d.h., die L können die Wörter des HV für ihre Antwort verwenden. Vor dem Hören lesen die L die Sätze und markieren Schlüsselwörter, auf die sie beim Hören achten wollen, da die Sätze mit anderen Wörtern formuliert sein können, als die, die im HV vorkommen. Dann hören die L den Text einmal. Dabei ergänzen sie die passenden Informationen. Vergleich erst in PA und dann im PL.

1. Wirtschaftszweige; 2. das Planen und Organisieren; 3. einer Bank; 4. Berater und Coach; 5. unserer Lebenszeit; 6. unter 50%; 7. eine Entscheidung; 8. die richtige Größe; 9. ins Detail; 10. einen Partner

Ü3
Lerntipp

Notizen beim Hören machen
Die L lesen den Lerntipp und fassen ihn mit eigenen Worten zusammen.
Anschließend hören sie den ersten Teil des HV noch einmal und wenden in der Ü3 den Tipp an. Nach dem Vergleich bietet sich ein Gespräch im PL an, wie den L der Tipp beim Lösen der Übung geholfen hat.

A3 Die L hören den zweiten Teil des Textes noch einmal und machen sich Notizen zu den Tipps. Sammeln Sie die Tipps im PL im PC oder auf dem OHP.

2. Frage nach Wünschen: Meine Träume? Gefallen mir die Jobs von Freunden und Kollegen sehr gut? Was wollte ich unbedingt werden, als ich mit der Schule fertig war? → Das-könnte-sein-Leitfaden
3. Ziel formulieren, das die richtige Größe hat: Eine zu kleine Veränderung fordert nicht genug heraus. Eine zu große Veränderung lässt das Ziel zum Luftschloss anwachsen.
4. Plan bis ins Detail machen: Wie komme ich zum Ziel? Teilschritte? Realistischer Zeitrahmen? Verbündete?
5. Kann ich mein Ziel allein erreichen oder brauche ich Verbündete?

Ü4 Die L hören auch diesen Teil noch einmal und markieren die Lösung.

A4 Die Aufgabe und die Fragen werden gelesen. Danach überlegen sich die L in EA ein für sie wichtiges Ziel und beantworten die Fragen in Stichpunkten. Nach der Planungsphase tauschen sich die L in PA aus und schätzen kurz die Planung des anderen ein. Im PL wird abschließend ein kurzes Resümee über Ziel und Planung des Partners gegeben.

Ü5 Entweder als HA geeignet oder Sie machen Kopien und schneiden die Textteile auseinander. Die L bringen sie dann in KG in die richtige Reihenfolge. Anschließend erklären die L, aufgrund welcher Merkmale sie wussten, welcher Teil wann folgt.

Modul 3 Jeder kennt jeden

A1 Notieren Sie den Begriff *Networking* an der Tafel und die L stellen Vermutungen an, was dieses Wort bedeutet, die in kurzen Stichpunkten an der Tafel festgehalten werden. Anschließend lesen die L die Definition im Buch und vergleichen mit ihren eigenen.

A2a–b Die L lesen den Text und unterstreichen die Hauptinformationen. Danach setzen sich die L in KG zusammen und formulieren passende Interview-Fragen. Im Anschluss daran werden die Fragen verglichen und die am geeignetsten mit Begründung ausgewählt.
Ⓑ Bei schwächeren Gruppen kann der Text aufgeteilt werden, sodass die einzelnen KG nur Teile lesen, danach setzen sich die L aus verschiedenen KG zusammen und resümieren ihre Teile. Mögliche Lösung:

1 Warum sind Netzwerke heute so wichtig?
- Ein gut funktionierendes Netzwerk ist entscheidend für die berufliche und geschäftliche Karriere.
- Globalisierung → Flexibilität und Mobilität sind gefragt.
- Gutes Netzwerk an Kontakten öffnet Türen.
- Jeder Mensch muss sich um den Ausbau von persönlichen Beziehungen bemühen.

2 Welche Rolle spielen Netzwerke heute?
- Jemand, der früher seine Beziehungen für die berufliche Weiterentwicklung einsetzte, wurde schief angeschaut.
- Durch den richtigen Kontakt zu einem Job zu kommen hat nichts Anrüchiges mehr.
- Netzwerke zu nutzen gehört längst zur Normalität.

3 Welche Hilfestellungen kann man von Netzwerken erwarten?
- Online-Netzwerke unterstützen die Mitglieder beim Aufbau und bei der Pflege ihres Kontaktnetzwerkes.
- Man kann online Geschäfte anbahnen und abschließen.

- Jedes Mitglied kann seine Kontakte leichter und effizienter managen → Netzwerke sind automatisch ein aktuelles Adressbuch.
- Durch andere Menschen aus dem Netzwerk Ratschläge, Tipps und Lösungen für die vielfältigsten Probleme bekommen.

4 Welche Rolle spielen Netzwerke für Frauen?
- Männer: Kontakte aus Studienzeiten, von Arbeitskollegen oder Freunden
- Frauen taten sich anfangs damit recht schwer.
- In den letzten Jahren haben sich in Deutschland zahlreiche berufsbezogene Netzwerke für Frauen gebildet, die zum Austausch mit anderen Mitgliedern zu Themen rund um den beruflichen wie privaten Alltag einladen.

5 Wer nutzt Netzwerke?
- In Netzwerken: Geschäftsleute, Unternehmer, Fach- und Führungskräfte und Berufstätige
- Studenten registrieren sich, weil sie wissen, dass sie hier oft Anschluss an potenzielle Arbeitgeber weltweit erhalten.
- Berufliche Netzwerke bemühen sich besonders um Mitglieder, die bereits erfolgreich im Berufsleben stehen.

Ü1 In PA lösen die L das Rätsel.

A2c In GA sprechen die L über die Fragen. Anschließend bilden sich neue Gruppen mit jeweils einer Person aus den Gruppen, die ihr Gruppengespräch kurz den anderen präsentieren. Als Alternative können Sie damit beginnen, dass Sie in der Gruppe fragen, wer in einem Netzwerk ist. Dann werden zwei Gruppen gebildet: Eine, in der die L zusammenkommen, die in einem Netzwerk (wie z.B. Facebook, Xing etc.) sind und die zweite mit L, die in keinem Netzwerk sind. Diese tauschen sich über Positives und Negatives aus und anschließend werden die Ergebnisse im PL präsentiert.

Ü2a–b Die L fassen in PA die Informationen der Statistik zusammen. Weisen Sie hier auch auf den Redemittel-Anhang im LB („Eine Grafik beschreiben") hin.
Nachdem die L die Statistik mündlich ausgewertet haben, schreiben die L eine Stellungnahme zu den angegebenen Punkten in Ü2b als HA. Sammeln Sie die Stellungnahmen ein und korrigieren Sie sie.

A3a Die L wiederholen bestimmte Verben mit Präpositionen in PA.

sich bemühen um + Akk.	*profitieren von* + Dat.	*einladen zu* + Dat.
einsetzen für + Akk.	*unterstützen bei* + Dat.	*sich freuen über* + Akk.

A3b Sie suchen im Text die Beispiele und bilden die Verbalform. Vergleich im PL.

sich bemühen um: Deshalb sollte sich in der heutigen Zeit jeder Mensch darum bemühen, die persönlichen Beziehungen auszubauen. (Z. 15/16)
einsetzen für: Wer früher seine Beziehungen dafür einsetzte, sich beruflich weiterzuentwickeln, … (Z. 18/19)
profitieren von: Z. 22/23, siehe LB
unterstützen bei: Z. 25/26 Die Funktionen, …, unterstützen die Mitglieder dabei, ihr Kontaktnetzwerk aufzubauen und zu pflegen.
einladen zu: Z. 35/36 … die dazu einladen, sich mit anderen Mitgliedern zu Themen rund um den beruflichen wie privaten Alltag auszutauschen.
sich freuen über: Z. 36/37 siehe LB

A3c Die L sehen sich die Beispielsätze aus A3b und ihre eigenen Umformungen noch einmal an, ergänzen die Regel und fassen sie im PL mit eigenen Worten zusammen.

Präpositional-Ergänzungen können in einen ***dass*-Satz** oder Infinitivsatz umgeformt werden. Einen **Infinitivsatz** kann man nur bilden, wenn das Subjekt des Nebensatzes mit dem Subjekt des Hauptsatzes **identisch** ist. Bei der Umformung wird die Präposition zu einem Pronominaladverb im **Hauptsatz**. Bei vielen Verben kann das Pronominaladverb weggelassen werden.

Ü3a–c In PA ergänzen die L in Ü3a die Präpositionen, Vergleich im PL. Ü3b und c lösen die L in EA und vergleichen dann miteinander. Evtl. Fragen können im PL geklärt werden. (Vgl. LHR, S. 42 – Hinweise zum Lernen von Verben mit Präpositionen.)

Ü4 Als HA geeignet.

A4 In PA recherchieren die L nach Netzwerken und bereiten eine kleine Präsentation vor. Geben Sie an, wann die L die Präsentation machen sollen. Lassen Sie den L freie Hand, ob diese eine PowerPoint-Präsentation machen möchten oder mit Plakaten/OHP arbeiten wollen. Hier bietet es sich an, noch einmal die wichtigsten Punkte für eine gute Präsentation zu wiederholen, vgl. LHR, S. 49.

Modul 4 Freiwillig

A1a Die L sammeln Assoziationen zum Wort „Ehrenamt" an der Tafel. Danach sprechen sie im PL über die Fragen im LB.

A1b+ Ü1 Die L beschreiben in GA die Karikatur, direkt im Anschluss daran schreiben sie einen Text zur Karikatur im AB in der Ü1.

Ⓥ Kopieren Sie die beiden Karikaturen. Die Bücher bleiben geschlossen. In PA bekommen die L je eine der Karikaturen und beschreiben sie sich gegenseitig und berichten dann, welche ihnen besser gefällt.

A2 P TELC Vorbereitung auf die C1-Prüfung: TELC Deutsch C1, Leseverstehen, Teil 1. Nähere Informationen zu den einzelnen Prüfungsteilen finden Sie im Anhang, LHR, S. 146.
Vorgehen, wie beschrieben: Die L lesen die Aufgabe im PL und die Sätze.
Weisen Sie die L darauf hin, dass es wichtig ist, hier nicht nur auf den Inhalt, sondern auch auf die Grammatik zu achten, z.B. für den Satz b: „... Hilfe ist <u>für sie</u> in Gefahr." Fragen Sie: „Wer ist „sie"?", so sehen die L, dass es in dem Abschnitt um eine Frau gehen muss (hier Frau Ute Kumpf). Deshalb passt dieser Satz zu Lücke 5. Abschließend kann ein Kursgespräch über die Schwierigkeiten stattfinden: Wie haben die L die Aufgabe gelöst?

1e; 2a; 3h; 4f; 5b; 6d

A3a In GA erklären die L die Bedeutung dieses Satzes aus dem Text. Mögliche Lösungen:

Ehrenamtliche übernehmen viele Aufgaben umsonst, die sich der Staat sonst nicht leisten könnte. Sie übernehmen Verantwortung für sich und andere und helfen so der Gemeinschaft. (Z. 38–44)

A3b Ⓑ Vorgehen, wie beschrieben in EA. Danach Austausch in PA.
Bei schwächeren Gruppen: Die L werden in vier Gruppen aufgeteilt, die jeweils eine Frage beantworten. Anschließend setzen sich je ein L aus jeder Gruppen zusammen und informieren die anderen über ihre Antwort.

1. Viele Ehrenamtliche werden heute professionell betreut / es gibt eine Online-Datenbank / Möglichkeit zum Beratungsgespräch / Fortbildungsmöglichkeiten in der städtischen Freiwilligen-Akademie „Free“ (Z. 19–31)
2. Menschen in gesicherten finanziellen und familiären Verhältnissen engagieren sich eher als andere. (Z. 57–60)
3. Beutel plädiert für ein Bürgergeld, das alle Menschen bekommen sollten → Konsequenz: Mehr Menschen könnten sich ehrenamtlichen Tätigkeiten zuwenden. (Z. 83–94); Kumpf findet die Idee nicht gut, weil sie meint, dass viele Menschen dann das Ehrenamt nicht aus Selbstlosigkeit, sondern des Geldes wegen ausüben würden. (Z. 95–99)
4. Spaß; Möglichkeit der Selbstverwirklichung; lernen andere Lebenswelten kennen, Verstehen von fremden Perspektiven → Bereicherung der eigenen Persönlichkeit (Z. 100–117)

A4a

Die L hören das HV und ergänzen das Raster. Spielen Sie das HV einmal komplett vor und dann noch einmal mit Pausen zwischen den einzelnen Beiträgen.

Ⓑ Für schwächere Gruppen werden die L in einzelne Gruppen aufgeteilt und achten bei den einzelnen Beiträgen jeweils nur auf einen Punkt. Am Ende setzen sich immer drei L zusammen und berichten und ergänzen das Raster.

	Beitrag 1	**Beitrag 2**	**Beitrag 3**
Projekt	Segeln auf dem Holzsegelschiff Mytilus mit zehn Jugendlichen	Jugendarbeit beim Deutschen Roten Kreuz	Jugendliche beraten Jugendliche: Telefonberatung
Art der Tätigkeit	Jugendliche: müssen mitarbeiten (z.B. Segel setzen, navigieren, kochen etc.) → Teamarbeit, Zuverlässigkeit, Verantwortlichkeit Ehrenamtliche: Segelschiff überholen und reparieren; Jugendliche anleiten, Jugendliche sollen eigene Stärken und Grenzen kennenlernen	Matthias Schulz: arbeitet dort ehrenamtlich als Krankenpfleger und bildet Schulsanitäter in Erster Hilfe aus; im Katastrophenschutz und Sanitätszug tätig; Schulsanitäter: sechsmonatige Ausbildung in ihrer Freizeit; Wunden versorgen, Erste Hilfe anwenden, Teamarbeit	Telefondienst machen; andere Jugendliche beraten; vorher 60-stündige Ausbildung; einmal im Monat Supervisionsgruppe
Gründe für das Engagement	Gesche Kiekbusch: segelt gerne und findet die Arbeit mit Jugendlichen toll.	schönes Gefühl, anderen helfen zu können, Teamgefühl, Teamgeist, gute Kameradschaft, Spaß	Jugendliche sind näher an den Problemen anderer Jugendlicher dran; Spaß

A4b

Vorgehen, wie beschrieben. Die Zuhörer können ergänzen, wenn sie meinen, der Vortragende hätte etwas Wichtiges vergessen.
Weiterführende Fragen: Möchten Sie sich ehrenamtlich engagieren? Warum (nicht)? Wo könnten Sie es sich vorstellen? Haben Sie schon Erfahrung mit einem Ehrenamt? Gibt es für Sie eine Rangliste: Welche Ehrenämter sind für sie wichtiger als andere?

A5

TELC

Vorbereitung auf die C1-Prüfung: TELC Deutsch C1, Schriftlicher Ausdruck, Teil 1. Nähere Informationen zu den einzelnen Prüfungsteilen finden Sie im Anhang, LHR, S. 149f.
Die L lesen die Aufgabe und die Tipps: Was sollten sie sich vor dem Schreiben überlegen? Wie ist ein guter Aufbau gestaltet? Anschließend lesen die L die Redemittel und markieren Ausdrücke, die sie lernen und benutzen wollen.

Sprechen Sie mit den L über die Tipps zu dieser Prüfungsaufgabe, und wenn Interesse besteht, geben Sie Themen, damit die L sich eine Vorstellung machen können, auf welche Kriterien bei diesem Teil geachtet wird (vgl. die ins AB eingelegte CD-ROM, weitere Themen z.B. unter: www.telc.net, Modelltests, Tipps für C1).
Als Abschluss schreiben sie mit den ausgewählten Redemitteln einen Text zu dem vorliegenden Thema und halten sich an den vorgeschlagenen Aufbau. Nach dem Schreiben des Textes tauschen die L die Texte aus und überprüfen: Wurde der Aufbau eingehalten? Wurden die Redemittel korrekt verwendet? Wie ist es mit Grammatik und Wortschatz? Alternativ: Sie korrigieren die Texte wie in der richtigen Prüfung.

Ü2 GI — Vorbereitung auf die C1-Prüfung: Goethe-Zertifikat C1, Leseverstehen, Teil 2. Nähere Informationen zu den einzelnen Prüfungsteilen finden Sie im Anhang, LHR, S. 138f. Die L lesen die Arbeitsanweisung zur Übung und direkt im Anschluss den Tipp zur Prüfung.

Lerntipp — **In der Prüfung**
Im PL wird der Tipp noch einmal in eigenen Worten zusammengefasst, damit deutlich wird, ob alle ihn verstanden haben. Danach gehen die L Schritt für Schritt vor, wie im Prüfungstipp beschrieben.
Da dieser Prüfungsteil hier geübt wird, kann die Vorgehensweise nach dem ersten Schritt unterbrochen werden. Die L vergleichen ihre markierten Stichworte im PL.

Film — Spielend Geld verdienen

A1a — Die L sehen sich die Fotos an und sammeln Ideen, worum es gehen könnte. Festhalten der Ideen an Tafel/OHP.

A1b — Film ansehen. Die L vergleichen mit ihren eigenen Vermutungen und notieren sich die beiden Ausbildungseinrichtungen und die Standorte.

Games Academy Berlin; Universität Magdeburg, Institut für Simulation und Grafik

A2 — Die L sehen nun die erste Sequenz noch einmal und machen sich Notizen zu den Gründen. Vergleich und Ergänzung in KG.

Motivation: Spaß bei der Arbeit haben und dabei (sehr viel) Geld verdienen; Hobby und Beruf miteinander verbinden / unter einen Hut bringen

A3a — Die L teilen sich in zwei Gruppen, lesen ihre Aufgabe (Gruppe A bzw. B) und die Themen, zu denen sie sich Notizen machen sollen. Sie sehen die zweite Filmsequenz und notieren Stichpunkte.

Gruppe A: Games Academy
- Europas traditionsreichste Ausbildungsstätte für alles, was mit Spielen zu tun hat
- in diesem Semester über neue 40 Studenten
- vier Studiengänge: 3-D-Programmierung, Game-Art, Design und Producing
- Studenten müssen schon früh eigene Projekte entwickeln (enger Praxisbezug)
- fundierte Ausbildung, da in der Praxis hochspezialisierte Aufgaben zu erfüllen sind
- bei erfolgreichem Abschluss kann man einen guten Jobs bekommen

Gruppe B: Jürgen Kayser
- war vorher im IT-Service tätig
- ist von München nach Berlin umgezogen, studiert jetzt an der Games Academy

- möchte Game-Producer werden
- träumt davon, in der Games-Branche zu arbeiten und damit Geld zu verdienen
- hat mit seinem Team in nur einer Woche ein Spiel konzipiert stellt es den Studenten vor

A3b In KG sammeln die L Ideen zu den angegebenen Studiengängen und notieren sie. Anschließend werden die L in vier Gruppen aufgeteilt und bekommen die Informationen zu einem Studiengang (KV11, LHR, S. 131), lesen sie und klären Unbekanntes. Aus jedem „Expertenteam" setzen sich nun die L zusammen und überprüfen ihre Ideen mit der Realität.

A3c Weitere Informationen über die Inhalte der Studiengänge sind unter www.games-academy.de oder auf den Homepages ähnlicher Ausbildungseinrichtungen zu finden.
Im Anschluss wählen die L in EA einen Studiengang aus und begründen in GA, warum sie sich für diesen entschieden haben.

A4a Die L sehen die dritte Filmsequenz und machen sich Stichpunkte. Vergleich im PL.

Einerseits betrachten die Mitarbeiter bei Radon Labs ihre Arbeit auch als Hobby und bringen viel Engagement ein, andererseits muss hochprofessionell gearbeitet werden und es gibt einen strengen Arbeitsplan.

A4b In KG sammeln die L Vor- bzw. Nachteile dafür, das Hobby zum Beruf zu machen. Anschließend diskutieren die L darüber. Wenn es stille Kursteilnehmer sind, empfiehlt es sich, Kärtchen mit Pro/Contra zu verteilen, sodass die L eine Rolle übernehmen müssen. Hier bietet sich auch die Methode des Aquariums an (vgl., LHR, S. 38). Lösungsideen:

Vorteile	Nachteile
• an der Arbeit Spaß haben • sehr engagiert sein / hohe Motivation haben • im Beruf aufgehen • gerne zur Arbeit gehen • man will es sehr gut machen	• Firma kann das starke private Engagement der Mitarbeiter ausnutzen • mehr Leistung und Gewinn für die Firma, aber nicht mehr Gehalt • Vernachlässigung anderer Hobbys oder Freunde • viel zu viel arbeiten

A5a–b Die L sehen die vierte Filmsequenz und beantworten die Fragen.

a) Die Studenten organisieren ihre eigenen Seminare selbst, da die Uni noch keinen Professor für diese Studienrichtung finden konnte. Der Bedarf für Game-Professoren wird in Deutschland steigen.
b) Die Studenten lernen nicht nur, wie man Spiele entwickelt, sondern erforschen sie auch mit wissenschaftlichen Methoden.

A6a In GA tauschen sich die L über das vorgegebene Thema aus. Weiterführende Fragen: Gibt es ein oder mehrere Spiele, die sehr viele L gespielt haben? Gibt es L, die noch nie Computerspiele gespielt haben? Warum nicht?

A6b Bilden Sie zwei Gruppen: Gruppe 1 sammelt Ideen zu der ersten Frage und Gruppe 2 Ideen zu der zweiten Frage. Anschließend setzen sich aus je einer Gruppe zwei L zusammen und diskutieren miteinander. Kann einer den anderen überzeugen?

Gesund und munter ...

Kapitel 6 handelt von unterschiedlichen Aspekten des Themas „Gesundheit". Auf den Auftaktseiten können die L eine Bestandsaufnahme, einen Gesundheitscheck machen. Dann geht es in Modul 1 weiter mit Hausmitteln, dem Placebo-Effekt und der Frage, warum Medikamente, die eigentlich gar keine Wirkung haben können, doch eine Wirkung haben. Unter dem Titel „Gesünder leben" beschäftigen sich die L in Modul 2 mit den Gründen dafür, weshalb Frauen eine höhere Lebenserwartung haben als Männer. Um das Thema „Allergien" und damit um ein sich ausbreitendes Leiden geht es in Modul 3. Den Abschluss bildet das Modul 4, in dem einige Mythen der Medizin entlarvt werden.

Lernziele

Sie lernen	
Einen längeren Radiobeitrag zum Thema „Placebo-Effekt" verstehen und über Heilmittel sprechen	Modul 1
Gesundheits-Biografien detailliert verstehen und einen Text über Gesundheit schreiben	Modul 2
Einen Text über Allergien verstehen und über deren Auswirkungen sprechen	Modul 3
Ein Referat über Mythen der Medizin verstehen und Karteikarten dazu erstellen	Modul 4
Handouts für ein Referat analysieren und ein Referat zu einem Gesundheitsthema vorbereiten und halten	Modul 4
Grammatik	
Infinitivsätze	Modul 1
Besonderheiten des Passivs: Passivsatz ohne Subjekt; Passiv mit Modalverben im Nebensatz	Modul 3

Auftakt Gesund und munter ...

Ü1a Zur Vorbereitung als HA geeignet. Die L steigen so ins Thema ein.

Ü1b In PA schreiben die L eigene Sätze wie in Ü1a, tauschen sie mit einem anderen Paar und lösen sie.

A1–2 Dann Überleitung zum Gesundheitstest im LB. In EA kreuzen die L die Aussagen an, die für sie zutreffen und lesen anschließend die Erläuterungen dazu.
In GA tauschen sich die L über die Ergebnisse und die Fragen aus A1b aus. Gespräch im PL: Ist Ihnen Gesundheit wichtig? Warum (nicht)? Was tun Sie für Ihre Gesundheit?
L diskutieren im PL A2.

Ü2–3 Als HA geeignet.

Ü4a–b Die L beschreiben in PA zuerst mündlich die stabile Seitenlage (als HA können sie es dann noch einmal schriftlich festhalten) und führen sie, wenn möglich, auch in PA aus. Als Nächstes sprechen sie in GA über Ü4b und halten ihre Ergebnisse fest, die dann im PL vorgestellt werden.

Modul 1 Zu Risiken und Nebenwirkungen ...

A1a–b Die L lesen in KG die Aussagen und sammeln in GA zu ein bis zwei selbst gewählten Beschwerden Lösungen, die sie auf DIN-A4-Plakate schreiben, z.B. Kopfschmerzen: Stirn kühlen, mehr Schlaf, Schläfen massieren, Spaziergang an frischer Luft etc.
Plakate werden aufgehängt und von den anderen L kommentiert.

A1c Die anschließende Diskussion im PL entlastet bereits das nachfolgende Thema vor.

Mögliche Lösung: Die Wirkung der Hausmittel ist ähnlich den Placebos in vielen Fällen mit dem Glauben an ihre Wirkung verbunden, die Wirksamkeit der Inhaltsstoffe sind nur selten wissenschaftlich nachgewiesen.

A2a

Im PL vorgehen, wie beschrieben. Die L halten ihre Ergebnisse fest, um nach dem Hören des Textes ihre eigenen Definitionen mit denen im HV vergleichen zu können.

Informationen zu Placebo-Effekt
Ein Placebo (lat. „ich werde gefallen") ist eine Tablette oder ein anderes medizinisches Präparat, welches keinen Arzneistoff enthält und somit eigentlich auch keine Wirkung haben kann. In der medizinischen Sprache werden heute alle therapeutischen Maßnahmen als Placebo bezeichnet, die ohne einen naturwissenschaftlichen Nachweis trotzdem eine positive Reaktion, den so genannten Placeboeffekt, bewirken können.

A2b

Die L hören den ersten Teil des HV, machen Notizen und vergleichen sie nach dem Hören in KG.

1.
- Eigentlich können sie nichts ausrichten, da sie keinen Wirkstoff haben.
- Heutiger Stand: Die Pillen ohne pharmazeutischen Wirkstoff können etwas bewirken (teils das Gleiche wie das entsprechende Medikament mit dem Wirkstoff).
- Nebenwirkungen – so gut wie keine
- Neuere Experimente weisen Wirkung nach.

2. Übersetzung: placebo (aus dem Lat.) = „Ich werde gefallen."
Klassisch: Placebos werden als „Medikament ohne pharmazeutischen Wirkstoff" beschrieben.
Heute: umfassendere Definition: Einstellung der Patienten ist ein wichtiger Bestandteil der möglichen Wirkung. Placebos als eine komplexe Interaktion/Wechselwirkung, bei der Kommunikationsprozesse und Stoffe ohne Wirkung zum Einsatz kommen und bei der eine messbare Wirkung auftritt.

A2c

Die L hören den zweiten Teil und machen sich Notizen zu den einzelnen Aspekten, dann schreiben sie Antworten in ganzen Sätzen. Die Antworten werden mit dem Nachbarn verglichen. Fehlende Informationen werden ergänzt. Bei Unstimmigkeiten wird der Abschnitt noch einmal gehört.

1. Experiment: Eine Versuchsperson erhält schmerzhafte Stromstöße und die Information: grünes Licht → schmerzlinderndes Mittel, rotes Licht → keine Schmerzmittel (in Wirklichkeit: nie Schmerzmittel)
- am Anfang: Aktivierung des Stroms in unterschiedlichen Stärken
- später immer der gleiche Stromstoß, auch bei Grün
- Ergebnis: Proband sagt, dass er keinen Schmerz spüre. Vorstellung, ein Schmerzmittel zu bekommen, unterdrückt das Schmerzempfinden

2. Psychologische Faktoren haben einen großen Einfluss auf die Wirkung: Körpereigene Abwehrkräfte im Patienten werden allein durch den Glauben an die Heilung aktiviert. Dieser Effekt wird genutzt, wenn Placebos gestaltet werden.

3.
- Weiße Tabletten zeigen geringere Wirkung als bunte.
- Blaue Tabletten eignen sich auch ohne Wirkstoff sehr gut als Beruhigungsmittel.
- Rot hat eine belebende Wirkung und wirkt bei rheumatischen Erkrankungen oder Beschwerden im Herz-Kreislauf-Bereich.
- Kapseln wirken stärker als Tabletten.

- Am wirkungsvollsten ist die Spritze, denn sie kann gegen alle Beschwerden eingesetzt werden. Schon in dem Augenblick, in dem der Patient die Spritze sieht, werden Stoffe im Gehirn freigesetzt, die eine Schmerzlinderung bewirken.

4. Nocebo-Effekt: Wenn auf dem Beipackzettel des Scheinmedikaments verschiedene Nebenwirkungen aufgelistet sind, so kann auch eine negative Wirkung eintreten. Durch die reine Erwartung der Nebenwirkungen kann es sein, dass der Patient diese unerwünschten Begleitphänomene auch tatsächlich spürt.

Das Arzt-Patient-Gespräch ist entscheidender Faktor für den Placebo-Effekt. Fabrizio Benedetti bemerkt dazu, dass diese Gespräche bereits Schmerzlinderung erzeugen und zu dauerhaften Veränderungen bei Gehirnaktivitäten führen können.

Ü1a–b Zur Vertiefung und weiterem Verständnis des Textes hören die L den zweiten Teil noch einmal, markieren die falschen Aussagen und korrigieren sie im Anschluss daran in PA.

A3 Diskussion in GA. Wenn Sie weniger aktive L haben, bietet es sich an, um die Diskussion anzuregen, die drei Punkte (Placebos/Hausmittel / traditionelle Medikamente) je auf ein Kärtchen zu schreiben. Die L ziehen eine Karte und müssen für „ihr" Mittel Partei ergreifen und versuchen, die anderen zu überzeugen.

A4a In EA, Vorgehen, wie beschrieben. Verweis auch auf die Grammatik-Rückschau.

Geschehen im Hauptsatz **gleichzeitig mit** dem Geschehen im Nebensatz mit *dass*
→ Infinitivsatz im **Präsens** Aktiv oder Passiv
Geschehen im Hauptsatz **vor** dem Geschehen im Nebensatz mit *dass*
→ Infinitivsatz im **Präsens** Aktiv oder Passiv
Geschehen im Hauptsatz **nach** dem Geschehen im Nebensatz mit *dass*
→ Infinitivsatz im **Perfekt** Aktiv oder Passiv

Ü2 Als HA geeignet.

A4b Die L ergänzen in EA die Satzanfänge und lesen sich die Sätze in GA vor.

Ü3 Die L ergänzen die Sätze in Ü3a. Zur weiteren Anwendung der Infinitivsätze notieren die L eigene Satzanfänge auf Kärtchen und tauschen sie untereinander aus. In PA ziehen sie eine Karte und führen den Satz zu Ende.

Modul 2 Gesünder leben

A1a In KG sammeln die L auf Plakaten, was krank macht. Plakate werden aufgehängt, gelesen, bei Unklarheiten wird nachgefragt und Ideen werden kommentiert.

A1b Vorgehen im PL, wie beschrieben. Ergebnisse gemeinsam festhalten, um sie in A3 mit dem Text vergleichen zu können.

A2 Vorbereitung auf die C1-Prüfung: TELC Deutsch C1, Leseverstehen, Teil 2. Nähere Informationen zu den einzelnen Prüfungsteilen finden Sie im Anhang, LHR, S. 146.
TELC
Die L lesen zuerst die zehn Aussagen, die sie dann zu den Abschnitten A–F zuordnen sollen. Anschließend lesen die L den Text und notieren die Buchstaben hinter den Aussagen. Alle Aussagen müssen zugeordnet werden.

1F; 2C; 3B; 4D; 5A; 6F; 7A; 8D; 9E; 10D

Ü1 Wortschatzarbeit: Die L lesen den Text noch einmal und definieren die angegebenen Ausdrücke in PA.

A3 Die L vergleichen ihre eigenen Aspekte mit den im Text genannten. Welche im Text waren neu?

Ü2a–b In KG betrachten die L die Grafik und diskutieren über sie. Nachfolgend beschreiben sie Gründe für Unterschiede und überlegen, welche Beobachtungen für ihr eigenes Land (nicht) zutreffend sind. Die L berichten über ihre Ergebnisse im PL.

Ⓔ Weiterführende Fragen:
Heterogene Gruppen: Was hat Sie an den Ergebnissen der anderen Länder überrascht? Was ist ganz anders als in Ihrem Land? Wo gibt es Gemeinsamkeiten?
Homogene Gruppen: Stimmen Sie mit dem Gesagten überein oder sehen Sie es anders?

A4 In EA schreiben die L einen Text zu den angegebenen Fragen. Redemittel, die bei der Darstellung der eigenen Ansichten genutzt werden können, finden die L im Redemittel-Anhang („Meinungen ausdrücken"). Anschließend werden die Texte in GA ausgetauscht, gelesen und diskutiert.

Ⓔ Die L teilen sich in zwei Gruppen. Gruppe A recherchiert im Internet, welche Leistungen für die Gesundheit in Deutschland die Krankenkassen übernehmen, und Gruppe B, welche Leistungen jeder selbst bezahlen muss. Präsentation der Ergebnisse im PL. Anschließend Vergleich mit dem eigenen Land: Wo gibt es Gemeinsamkeiten/Unterschiede? Hilfreiche Links: http://www.abc-der-krankenkassen.de/IGEL.htm, http://www.krankenkasseninfo.de/krankenkassen-leistungen.php?source=X, http://www.medizinauskunft.de/artikel/service/politik/29_09_gesundheitsreform.php oder die Seiten der Krankenkassen (Techniker Krankenkasse, AOK, Barmer Ersatzkasse, DAK etc.)

Ü3a–b Die L lesen in PA die Übungen und notieren passende Titel. Als Nächstes machen die L diese Übungen

Lerntipp **Pausen erfrischen**
Der Lerntipp wird gelesen und mit den eigenen Erfahrung der L verglichen.

Ü3c Schreiben der Anleitung als HA. Im Kurs werden die Ideen in GA verglichen und die besten Ideen werden vorgestellt. Bei Intensivkursen können die Übungen als kurze Entspannung in den Pausen eingebaut werden.

Modul 3 Wenn es juckt und kribbelt

A1a Die L entwerfen ein Assoziogramm zu Allergien, die sie kennen, und notieren die Symptome. Dann sprechen sie im PL darüber, ob sie selber eine Allergie haben oder jemanden kennen, der eine Allergie hat.

Ü1 Um den Wortschatz zu erweitern, lösen die L Ü1 in PA.

A1b–c Danach lesen die L den Text im LB und markieren neue Informationen. Als Nächstes erstellen die L eine Tabelle, woher Allergien kommen und was man dagegen machen kann. Die Informationen aus dem Text werden durch eigene Erfahrungen ergänzt.

Mögliche Tabelle:

Woher kommen Allergien?	Was kann man dagegen tun?
• Umweltfaktoren • Jeder Stoff kann eine Allergie auslösen. • Ursachen müssen noch weiter erforscht werden. • Stress oder ein unausgeglichener Gemütszustand können Allergie verstärken. • …	• Durch Hauttest können Allergien identifiziert werden. • Allergien müssen behandelt werden, damit Symptome nicht chronisch werden. • Allergien muss man ernst nehmen. • …

Die L sammeln in KG Ideen, wie man mit Allergien leben kann und tauschen sich darüber aus.

A2a In einem nächsten Schritt wird der Text auch grammatikalisch beleuchtet und die L lernen Besonderheiten des Passivs kennen. Als Einstieg lesen L den Text noch einmal und unterstreichen alle Passivkonstruktionen, die sie im Text finden, um sie nachher Schritt für Schritt den einzelnen Besonderheiten zuordnen zu können. Vergleich der Textstellen im PL. Die L vergleichen dann die Sätze in Aufgabe 2a und ergänzen die Regel.

In subjektlosen Passivsätzen muss die Position 1 von einem Satzglied, auch in Form eines Nebensatzes, oder von dem Wort es besetzt werden. Wird die **Position 1** von einem anderen Satzglied besetzt, entfällt das Wort es. (Stilistisch gilt dies als die bessere Variante.)

Ü2 Als direkte Anwendung der Regel bearbeiten die L Ü2 in PA. Dann vergleichen sie ihre Lösungen in der Gruppe und diskutieren, welche ihnen am meisten zusagt.

A2b
Ü3a–b Die nächste Besonderheit des Passivs, auch hier ergänzen die L die Regel und üben diese direkt mit der Ü3a–b.

Nebensatz mit Passiv und Modalverb im Präsens oder Präteritum:
am Satzende steht: Partizip II + *werden* + **Modalverb**
Nebensatz mit Passiv und Modalverb im Konjunktiv der Vergangenheit:
am Satzende steht: *haben* im **Konjunktiv** + Partizip II + *werden* + **Modalverb im Infinitiv**

Ü4 Als HA geeignet.

A2c Als letzte Besonderheit erscheint hier das Passiv mit *wollen/sollen*. Wieder vergleichen die L die Sätze und ergänzen die Regel. Verweis auf die Grammatik-Rückschau.

Wunsch bezieht sich auf andere Person oder **Sache** → Passivsatz mit *sollen*
Wunsch bezieht sich auf die eigene **Person** → Passivsatz mit *wollen*

Ü5 In PA wenden die L die gerade beschriebene Regel direkt an.

A3 L schreiben in EA eigene Beispielsätze zu den Besonderheiten aus A2a–c. Dann setzen sie sich in PA zusammen, tauschen die Sätze und korrigieren sie. Fragen oder Zweifel werden gesammelt und anschließend im PL diskutiert und gelöst.

Modul 4 Mythen der Medizin

A1a Vorgehen, wie beschrieben. Die L tauschen sich in KG über ihre Erwartungen aus. Weiterführende Fragen: Was stellen Sie sich unter Mythen in der Medizin vor? Welche kennen Sie?

A1b Die L hören das HV und machen sich Notizen zu den Mythen mit Beispielen und Begründungen. Möglicher Tafelanschrieb:

Mythen	**Begründung/Beispiele**
Mit den neuen Diagnosemethoden lassen sich Krankheiten präziser bestimmen als je zuvor.	• Für 90 Prozent aller Diagnosen reicht ausführliche Krankenbefragung und die körperliche Untersuchung aus. • Vertrauen in die Technik ist nicht begründet: keine Verringerung von Fehldiagnosen • Beispiel Rückenschmerzen: In Röntgenaufnahmen, Computertomographie und Kernspinaufnahmen kann man die Abnutzungserscheinungen sehen, aber Verschleiß ≠ Rückenbeschwerden.
Flächendeckende Versorgung mit Hightech-Medizin ist ein Segen für die Menschen.	Beispiel: Herzerkrankungen: (München) • ca. 30 Großpraxen/Kliniken / medizinische Zentren für Patienten mit Herzbeschwerden • Vorgang: durch Herzkatheter können Engstellen gesehen werden • Zahl dieser Untersuchungen steigt sehr schnell, oft haben Patienten keinerlei Nutzen von dieser aufwendigen Prozedur. • Für 1,3 Mio. Einwohner würden drei bis fünf Herzkatheter-Labore reichen, aber keiner will auf lukrative Untersuchung verzichten. → Zu viele Patienten werden deshalb unnötig mit Herzkathetern untersucht. • Ärzte haben weniger Erfahrung mit dem Eingriff, weil sich 30 Kliniken die Arbeit teilen, die drei Kliniken machen könnten.
Dank moderner Medizin werden wir so alt wie keine Generation vor uns.	• Studien: realistischer Anteil am Rückgang der Sterblichkeit der Medizin höchst. 15–20 Prozent • Lebensumstände, Ernährung und Selbstheilungskräfte = wichtig für Lebenserwartung (bessere Hygiene, Kanalisation, Kühlschränke und Gefriertruhen)
Ärzte wissen heute – im Gegensatz zu früher –, wie wichtig die Psyche des Patienten ist.	• Über den ganzheitlichen medizinischen Ansatz wird viel gesprochen, aber praktiziert wird er dann eher selten: Bis zu 40 Prozent aller Patienten, die einen Hausarzt aufsuchen, leiden an Störungen, bei denen der Körper Beschwerden signalisiert, ohne dass eine Ursache zu erkennen wäre; bei Fachärzten sogar bis zu 50 Prozent. • meist erst nach fünf bis sechs Jahren psychosomatische Abklärung + Behandlung • britische Studie: Neun von zehn Patienten, die mit unerklärbaren Beschwerden in die Praxis kommen, geben Ärzten Hinweise auf ihre persönlichen Nöte.

A1c Die L ergänzen anhand ihrer Notizen aus A1b die Karteikarte im Buch, sie hören den ersten Abschnitt noch einmal und ergänzen.

aber: für 90 % aller Diagnosen: ausführliche Krankenbefragung und körperliche Untersuchung ausreichend
trotzdem: Ärzte u Patienten: großes Vertrauen in moderne Geräte
1996 dt. Unikliniken: ...
Ergebnis: Fehldiagnosen gingen nicht zurück
Obduktionen → 1959–1989: nicht/falsch erkannte Krankheiten: ca. 10%
Bsp.: Rückenschmerzen
Situation: Volksleiden Nr.1 → verursacht viele Arbeitsausfälle und Frühverrentungen
Problem Diagnose: Unterschied Befund und Befinden
Versuch: Röntgenbilder beschwerdefreier Studenten → Ärzte empfohlen 1/3 zur OP.
Schlussfolgerung: menschl. Körper + Gesundheit nicht allein mit Technik zu erfassen

Ü1a–b Um das Notieren auf Karteikarten zu üben, lesen die L die ausführlichen Notizen im AB und kürzen und präzisieren sie in EA. Die L vergleichen in KG, welche Informationen sie weggelassen/verkürzt haben, wie die anderen vorgegangen sind, und sprechen darüber.

Lerntipp **Informationen notieren**
Der Lerntipp wird im PL gelesen und direkt bei der A1d angewendet. Weisen Sie darauf hin, dass die Karten so gestaltet sein sollten, dass die Informationen schnell erfasst werden können und übersichtlich sind.

A1d Die L hören das Referat in Abschnitten noch einmal und notieren sich Stichpunkte zu den weiteren Mythen. Anschließend haben sie in PA Zeit, zu jedem Mythos eine Karteikarte zu erstellen. Weisen Sie hier auch noch einmal auf den Tipp im AB hin.
Ⓑ Für schwächere Gruppen verteilen Sie die KV12, LHR, S. 132 und die L füllen sie aus und vergleichen mit der Lösung, die anschließend verteilt wird.

A2 Schritt für Schritt erarbeiten die L hier, ein klar gegliedertes Referat zu halten:
A2a Die L ordnen die Redemittel in die Tabelle, Kontrolle mit Tafel, OHP oder PC. Sie hören das Referat noch einmal und ergänzen weitere Redemittel (kursiv Beispiele aus dem HV):

ein Referat einleiten	zum nächsten Punkt überleiten	ein Referat abschließen
• Heute möchte ich mich der Frage/dem Thema ... widmen. • In meinem Referat befasse ich mich mit ... • *Ich möchte in meinem Referat über ... sprechen.* • *... möchte ich gleich zu Beginn meines kleinen Vortrags aufdecken*	• Als nächsten Mythos möchte ich auf ... eingehen. • Eine häufige Meinung ist auch, dass ... • Viele Menschen sind des Weiteren davon überzeugt, dass ... • Nachdem ..., soll nun ... • *Ein weiteres ... ist, dass ...* • *Das war nur ein Beispiel, aber ich denke, dieses eine Beispiel reicht, um deutlich zu machen, ...* • *Hier sind wir auch gleich thematisch schon sehr nah am nächsten ...* • *Lassen Sie mich nun zum letzten ... kommen: ...*	• Abschließend möchte ich noch einmal hervorheben, dass ... • Ich hoffe, ich konnte deutlich machen, dass/wie ... • Insgesamt kann man sagen, dass ... • Fazit des oben Gesagten ist ... • Schließlich kann man zu dem Ergebnis kommen, dass ... • Zusammenfassend ist festzuhalten, dass ... • Alles in allem kann man sagen, dass ... • *Abschließend ist es mir noch ein großes Anliegen, darauf hinzuweisen, dass ...*

A2b Vorgehen, wie beschrieben: In PA üben die L die gesteuerten Referate anhand ihrer Karteikarten.

A3a Die L lesen in PA die Aufgabe und analysieren anhand der Hinweise die beiden Handouts. Mögliche Kriterien:

	gut	nicht gut
A	• eine Seite • Name, Datum und Titel vorhanden • Ziel ist dargestellt • Begründung für das Thema wird gegeben • Konsequenz angesprochen	• man muss mitschreiben • keine Gedächtnisstütze • kein Raum für eigene Notizen • Gliederung nicht nachvollziehbar auf den ersten Blick • zu lange Sätze, unübersichtlich • keine Wiedergabe der Hauptpunkte • keine Ergebnisse • keine Quellen
B	• erleichtert das Verfolgen des Referats • erspart Mitschrift • eignet sich als Gedächtnisstütze • Wiedergabe wichtigster Hautpunkte • übersichtlich • eine Seite • Quellenangabe	• kein Raum für eigene Notizen • Gliederung unklar • kein Name, Datum • keine Fragestellung • keine Ergebnisse

A3b Ergebnisse werden im PL diskutiert. Die L analysieren das Musterhandout (KV13, LHR, S. 133), indem sie kontrollieren, ob alle Punkte aus A3a berücksichtigt worden sind. Als Nächstes entwerfen die L in PA selbst ein Handout mit den Beispielen aus A1b–d. Diese Handouts werden in den PA getauscht und analysiert. Anschließend geben die Partner einander Feedback. Weisen Sie darauf hin, dass es bei Kritik sinnvoll ist, mit etwas Positivem anzufangen und mit etwas Positivem aufzuhören. Mögliche Kriterien: Was ist gut an den Handouts gelungen? Ist es übersichtlich? Erleichtert es das Zuhören? Bietet es Raum für Notizen? Wie ist die Gliederung? Wie ist der Umfang?

Ü2a–b Bevor die L in A4a selbst ein Referat vorbereiten und halten sollen, empfiehlt es sich, Ü2 zu erarbeiten. Die L ordnen die Titel den Tipps zu und vergleichen untereinander. Dann entscheiden sie sich für die zwei Tipps, die für sie am hilfreichsten waren und geben sie mit eigenen Worten wieder. Anschließend werden in GA weitere Tipps gesammelt.

A4a In EA oder in PA wählen die L ein Thema und bereiten ein Referat vor. Wenn Sie im Kurs die Möglichkeit haben, dass alle L an einem PC arbeiten können, lassen Sie dies im Unterricht machen. Ansonsten lassen Sie die L die Recherche als HA machen. Geben Sie ihnen einen Zeitrahmen vor und räumen Sie danach Zeit für die Referate ein.

A4b In EA oder PA sollen die L nun das Referat halten: Weisen Sie die L noch einmal auf die Tipps im AB hin und lassen Sie den L Zeit, das Referat zu üben (laut und deutlich sprechen, Mimik, Intonation etc.). Die L halten das Referat und die Zuhörer notieren sich Fragen, Einwände, ...

A4c Nach dem Referat stellen die L ihre Fragen mit den angegebenen Redemitteln und der Referent reagiert darauf. In großen Gruppen bietet es sich an, die L in Gruppen aufzuteilen und zwei oder drei Referate gleichzeitig halten zu lassen.

Ü3
TELC

Vorbereitung auf die C1-Prüfung: TELC Deutsch C1, Leseverstehen, Teil 1. Nähere Informationen zu den einzelnen Prüfungsteilen finden Sie im Anhang, LHR, S. 146.
Als HA geeignet. Unbedingt danach im Kurs besprechen: Wo hatten die L Schwierigkeiten? Wie haben sie sie gelöst? etc.

Film — Lernen, richtig zu essen

A1a

Assoziogramm an der Tafel: Was ist für die gesunde Entwicklung von Kindern wichtig? Die L sammeln Ideen. Mögliche Ideen:

vielfältiges und ausgewogenes Essen; ausreichend Spiel und Bewegung; intaktes Familienleben; soziale Kontakte zu Gleichaltrigen; geistige Förderung; ...

A1b

Die L diskutieren in GA darüber, wie Gesundheit und Ernährung zusammenhängen, und halten ihre Gruppenmeinung schriftlich fest. Diese wird im PL präsentiert.

Durch eine ausgewogene und regelmäßige Ernährung ist der Körper widerstandsfähiger gegen Krankheiten. Die Leistungsfähigkeit und Konzentration sind größer; dadurch erreicht man ein höheres soziales Ansehen und wird zufriedener. Besonders wichtig ist die Ernährung bei Kindern, da der kindliche Organismus noch in Entwicklung ist.

A2

Die L lesen die Aufgabe, sehen den Film und notieren alle Stationen von Ursula Pfeifer. Die L vergleichen in PA ihre Lösungen. Anschließend werden die Stationen im PL gesammelt.

- beim Einkauf von Lebensmitteln
- in einer Grundschulklasse (sie bringt die Lebensmittel dorthin)
- zu Besuch bei Marko (9) und seiner Mutter
- mit Kindern in einen Nobelrestaurant
- mit Markos Mutter beim Einkaufen im Supermarkt
- bei Markos Familie zu Hause beim Kochen und Essen

A3a–b

Die L sehen die erste Sequenz und machen sich Notizen zu den angegebenen Fragen.

A3a: Probleme:
- An vielen Nürnberger Schulen kommen viele Kinder ohne Frühstück oder das mitgebrachte Frühstück ist nicht gesund.
- Kinder werden vernachlässigt, obwohl materiell alles da ist (wie Videorekorder, Flachbildschirm).

Hilfe:
- Der Verein sammelt Spendengelder (160.000 Euro pro Jahr sind notwendig). Davon wird z.B. frisches Obst und Gemüse für die Schulkinder gekauft.
- Die Grundschüler machen eine Frühstücksaktion: Sie bereiten die Lebensmittel selbst zu, machen Salate usw.
- Bei dem Essen im Restaurant sollen die Kinder auch lernen, das Essen zu genießen, zu schätzen, sie sollen wissen, was sie essen.
- Bei den Kindern sollen Sehnsüchte geweckt werden: „Das war schön, das möchte ich wieder haben. Oder ich mach's zu Hause." Die Idee des Vereins: Erziehung der Erwachsenen über ihre Kinder.

A3b:
- Benimmkurs
- Kinder lernen, das Essen zu genießen.
- Wertschätzung des Essens

- Wissen, was sie essen
- neue Ideen mit nach Hause nehmen

A4a Die L lesen die Aufgabe und die Aussagen, sehen dann die zweite Sequenz noch einmal und markieren richtig oder falsch und ergänzen die Satzanfänge. Vergleich im PL.

1r; 2f; 3f; 4r; 5r
6. ..., um Markos Mutter bei der Auswahl der Lebensmittel zu beraten.
7. ..., dass es einerseits nicht zu fett, andererseits nicht zu teuer und von guter Qualität ist.
8. ..., z.B. akzeptiert sie, dass Markos Mutter Kartoffeln aus dem Glas nimmt, obwohl diese teurer und auch nicht so nahrhaft wie frische sind.
9. Markos Überraschung: Er macht zum Abendessen die Vorspeise aus dem Restaurant.

A4b Die L diskutieren im PL die angegebene Frage. Um bei Gruppen mit einer Meinung die Diskussion interessanter zu gestalten, ziehen die L Pro- bzw. Contra-Kärtchen und übernehmen die Meinung ihrer Karte: Pro bedeutet, dass die L das Engagement von Frau Pfeifer gut finden und denken, es wird sich etwas ändern. Contra: Die L finden das Engagement von Frau Pfeifer nicht gut und sind auch der Meinung, dass sich nichts ändern wird.

A5 Die L sehen den Film noch einmal und machen sich Notizen zu den Empfehlungen, die im Film ausgesprochen werden. Anschließend setzen sie sich in KG zusammen, führen die Empfehlungen zusammen und ergänzen sie durch eigene Ideen und wie man diese umsetzen könnte. Abschließend: Präsentation im PL. Welche Gruppe war am überzeugendsten?

Im Film werden genannt/angedeutet:
- möglichst frische, unverarbeitete Lebensmittel verwenden
- fettarme Lebensmittel, z.B. bei Fleisch
- Tischkultur
- das Essen genießen/wertschätzen
- wissen, was man isst
- eigene, bewusste Entscheidung, was man isst
- das Essen gemeinsam vor-/zubereiten
- ohne laufenden Fernseher essen
- Neues ausprobieren
- sich im Restaurant Anregungen holen

Weitere Empfehlungen: vielfältiges Essen; mehrere Mahlzeiten; Kommunikation vor/bei/nach dem Essen

(E) Weiterführende Links:
http://www.sarah-wiener-stiftung.org/: Die Starköchin Sarah Wiener setzt sich dafür ein, dass Kinder gesünder essen. Sie bietet in ihrer Stiftung Kochkurse für Schulen und Kindertagesstätten an.
http://www.stern.de/lifestyle/leute/jamie-oliver-sie-gab-ihm-cola-da-bin-ich-ausgerastet-584005.html: Es geht um den Starkoch Jamie Oliver, der in England ein Schulprojekt gemacht hat, damit Kinder gesünder essen.
L lesen einige Artikel von beiden Köchen. Gespräch im PL: Wie haben sie es umgesetzt? Welche Parallelen kann man zu dem Film ziehen? Welche Unterschiede/Gemeinsamkeiten sehen Sie bei Sarah Wiener und Jamie Oliver? Wie ist Ihre Meinung dazu?

Recht so!

Verschiedene Aspekte von Recht und Gesetz sind das Thema von Kapitel 7. Nachdem sich die L mit dem Wortschatz auseinandergesetzt haben, geht es in Modul 1 um kuriose Kriminalfälle, die in unterschiedlichen Ländern passiert sind. In Modul 2 beschäftigen sich die L mit dem deutschen Rechtssystem mit Fokus auf dem Jugendstrafrecht. Im Anschluss geht es in Modul 3 um den Alltag im Gefängnis. Den Abschluss bildet Modul 4, in dem Krimis im Mittelpunkt stehen. Die L erfahren etwas über die Geschichte des Krimis, hören einen Krimi und schreiben selbst ein Krimi-Hörspiel.

Lernziele

Sie lernen	
Zeitungsmeldungen verstehen und ähnliche Situationen darstellen	Modul 1
Grafiken Informationen entnehmen und Inhalte aus einer kontroversen Diskussion detailliert verstehen	Modul 2
Einen Text zum Thema „Gefängnis" lesen und über den Anteil von Männern und Frauen im Strafvollzug sprechen	Modul 3
Einen Text über die Geschichte des Krimis mündlich zusammenfassen	Modul 4
Eine Buch- oder Filmbesprechung schreiben	Modul 4
Grammatik	
Präpositionen mit Dativ und Genitiv, Verben mit Genitiv	Modul 1
Modales Partizip	Modul 3

Auftakt Recht so!

Ü1a Als Einstieg in das Thema bietet es sich an, die Begriffe aus Ü1 in PA den Kategorien zuordnen zu lassen. Um Zeit zu sparen, teilen Sie die L in Gruppen ein und verteilen die Wörter. Jede Gruppe ist für ihre Wörter Experte, sucht sie im Zweifelsfall im Wörterbuch und erklärt sie nachher im PL.

Ü1b Nachdem der Wortschatz geklärt und sortiert ist, suchen die L in KG Verben und Adjektive zu den drei Themen. Vergleich im PL.

Ⓔ Bei Modul 2 bietet es sich an, eine Wortschatzwiederholung dieser Wörter zu machen, z.B. schreiben die L die Wörter auf Kärtchen, die Kärtchen werden ausgeteilt und in KG umschreiben die L das Wort, ohne es zu nennen. Die anderen L raten.

A1 Die L sehen sich die Bilder an und sortieren in PA die Begriffe aus dem Kasten intuitiv den Bildern zu. Vergleich im PL und Klärung der Fragen.

A: Heiratsschwindel, Betrug; B: Produktpiraterie, Diebstahl; C: Erpressung; D: Fahrerflucht, unterlassene Hilfeleistung, Körperverletzung; E: Sachbeschädigung; F: bewaffneter Raubüberfall, Diebstahl; G: Kunstfälschung, Betrug

A2a Die L lesen die Beschreibungen und ordnen sie in PA den Bildern zu.

A: Fahrerflucht; B: Erpressung; C: Kunstfälschung

Ü2a–b Die L ergänzen zuerst die Substantive und dann den Text. Ü2 dient als Vorbereitung zum Schreiben ihrer eigenen Definitionen in A2b.

A2b Die L suchen sich in PA zwei weitere Straftaten aus und beschreiben sie. Wenn Sie kein Internet im Kursraum haben, legen Sie Lexika bereit, in denen L recherchieren können. Anschließend werden die Beschreibungen vorgelesen und zugeordnet.

Ü3–4 Als HA geeignet.

Modul 1 Dumm gelaufen

A1 Die L entscheiden sich in EA für je zwei Texte, die sie zuerst lesen, dann informieren sie in PA den Partner über den Inhalt. Welchen Fall fanden sie am komischsten? Darüber berichten sie im PL und begründen ihre Meinung.

A2a Die L lesen die Texte noch einmal hinsichtlich der Präpositionen, die mit Dativ oder Genitiv verwendet werden und notieren sie in die Tabelle.

Präpositionen mit Dativ	bei, nach, gegenüber, ~~von~~, aus, mit, dank, entgegen, ~~nach~~, zu, von, nahe, mitsamt
Präpositionen mit Genitiv	aufgrund, mittels, mithilfe, während, dank, hinsichtlich, angesichts, anhand

Hinweis: In der gesprochenen Sprache werden die Präpositionen *während, wegen* und *trotz* oft auch mit Dativ verwendet.

A2b In PA schreiben die L Beispielsätze mit den Präpositionen und tauschen sie mit einem anderen Paar aus.

Ü1 Im PL wird der Text ergänzt und besprochen. Da es manchmal mehrere Möglichkeiten gibt, kann man hier evtl. Fragen zum Bedeutungsunterschied der Präpositionen klären.

Ü2–3 Als HA geeignet.

A2c Die L lesen die Wendungen mit Genitiv und ordnen sie in EA oder in PA der richtigen Bedeutung zu.

1.e; 2.h; 3.d; 4.f; 5.i; 6.c; 7.a; 8.g; 9.b

Ü4a–b Direkt im Anschluss lösen die L die Ü4a im AB. Ü4b als HA geeignet.

A3 Die L schreiben einen ähnlichen Text wie im LB und benutzen die Präpositionen und die Genitiv-Wendungen.

(E) Internet-Recherche: Die L suchen im Internet weitere unglaubliche, interessante Fälle, schreiben einen kleinen Text für die anderen L und benutzen dabei die Präpositionen und die Genitiv-Wendungen. Geben Sie den L vor, dass sie nach verschiedenen Begriffen suchen, wie z.B. „dumm + Einbrecher", dann können sie solche Fälle finden.

Modul 2 Strafe muss sein?!

A1 Die L sammeln im PL Straftaten von Jugendlichen und diskutieren darüber, für welche Straftaten Jugendliche am häufigsten vor Gericht gestellt werden.

Beispiele: Wände mit Graffiti besprühen, ein Auto/Moped stehlen, Schlägerei mit anderen Jugendlichen, jemanden berauben (Handtasche, Lederjacke, Handy, …), aus Übermut etwas beschädigen (Bänke, Schaufenster, Gärten, …), in Supermärkten/Kaufhäusern stehlen etc.

Recht so!

Ü1 Zur Vorbereitung auf A2a ergänzen die L die Überschriften zu den Redemitteln. Ggf. werden unbekannte Redemittel im PL geklärt.

A2a Im Anschluss sehen sich die L in GA beide Schaubilder an und sprechen über die angegebenen Punkte mithilfe der Redemittel im AB.

A2b (B) Heterogene Gruppen: Austausch in KG über die Situation in den Heimatländern. Im PL wird Überraschendes/Interessantes aus den Gruppen vorgestellt.
Homogene Gruppen: Austausch und Sammlung im PL.

A3a Die L hören den ersten Teil der Radiodiskussion und notieren in EA die Kernfragen des Gesprächs. Erst Vergleich in PA, anschließend Sammlung der Kernfragen im PL, die an der Tafel etc. festgehalten werden.

- Welche Maßnahmen kann man ergreifen, damit Jugendkriminalität nicht entsteht?
- Wer spielt dabei eine Rolle? Wer sollte die Verantwortung übernehmen?
- Warum werden Jugendliche kriminell?

A3b Die L lesen zuerst die Aussagen und klären Verständnisprobleme in KG, dann hören sie den zweiten Teil der Radiodiskussion und notieren, wer was sagt.

1. Möller; 2. Schneider; 3. Tan; 4. Radutz; 5. Möller; 6. Tan; 7. Schneider; 8. Möller; 9. Tan; 10. Radutz

A3c Die L vergleichen ihre Lösungen in KG, hören den zweiten Teil noch einmal und überprüfen ihre Lösungen. Vergleich im PL.

A3d Nun hören die L das Ende der Diskussion und machen Notizen. Vergleich in KG.

- Medien geben den Straftaten zu viel Aufmerksamkeit, machen sie zur Sensation.
- Das Fernsehen sagt, dass alles nicht so schlimm sei und dass man mit ein paar Regeln die gewünschte Wirkung erzielen könne.

Ü2 Die L hören den dritten Abschnitt noch einmal und vervollständigen die Aussagen.

A4a–b Die L lesen noch einmal die Kernfragen, überlegen sich, welche Meinung sie vertreten, und notieren sich in EA oder in PA Argumente. Anschließend setzen sie sich in KG zusammen und diskutieren zur angegebenen Frage in A4b mithilfe der Redemittel.

(V) Sollte die Diskussion schleppend laufen, können Sie ein wenig provozieren, indem Sie plakative Meinungen auf Kärtchen schreiben und in die Gruppen geben, wie z.B.:

- Die Strafmündigkeit sollte auf zehn Jahre herabgesetzt werden.
- Jugendliche sollten nicht ermahnt, sondern direkt bestraft werden.
- Jugendliche sollte man gar nicht bestrafen, denn die Gründe für kriminelles Verhalten liegen in der Familie, also muss man sich zuerst um die Familie kümmern.
- Der Staat ist nicht für die Erziehung zuständig, nur die Familie.
- Jugendliche sollten direkt ins normale Gefängnis kommen und nicht in Jugendstrafanstalten.

Ü3 P GI Vorbereitung auf die C1-Prüfung: Goethe-Zertifikat C1, Schriftlicher Ausdruck, Teil 2. Nähere Informationen zu den einzelnen Prüfungsteilen finden Sie im Anhang, LHR, S. 141. Die L lösen die Übung als HA. Besprechung im PL.

Lerntipp **Schriftliche Prüfung**

Bevor die L mit der Ü3 beginnen, lesen sie im PL den Lerntipp. Dann notieren sie in Stichpunkten die Vorgehensweise, die der Tipp beschreibt (1. privaten Text lesen; 2. wichtige Informationen zur Situation markieren; 3. formelles Schreiben lesen; 4. typische Merkmale notieren; 5. Lücken analysieren; 6. ausfüllen).

Ⓔ Planspiel: Suchen Sie sich einen interessanten Fall im Internet – wenn möglich mit Video/ DVD oder Hördatei, z.B. einen Tatort/Radiotatort, Dauer ca. 60 Minuten. Unter dem Suchbegriff „Radiokrimi" finden sich viele interessante Links. In Deutschland gibt es einige Gerichtssendungen im Fernsehen, wie z.B. Richterin Barbara Salesch oder Richter Alexander Hold, die man hierfür aufnehmen könnte.
Vorgehen bei Krimi: Die L sehen bzw. hören den Krimi in Abschnitten, dazwischen stellen sie immer wieder Vermutungen an, wie die Handlung weitergehen könnte oder wer der Täter ist. Danach machen sie sich in KG mithilfe von Rollenkarten Gedanken zu einer Verhandlung und dem Urteil. Anschließend wird die Verhandlung gespielt.
Vorgehen bei einer Gerichtssendung: Erklären Sie die Ausgangssituation, dann verteilen Sie Rollenkarten (Richter, Angeklagter, Zeugen, Rechtsanwalt etc.) im Kurs, auf denen die L weitere Informationen zu ihrer Rolle finden. Die L bereiten sich in EA oder PA auf ihre Rolle vor. Dann spielen sie den Fall und kommen zu einem Urteil. In Anschluss daran wird das Video angesehen oder der Fall gelesen.
Wie war es „in der Realität"? Unterschiede/Gemeinsamkeiten?

Modul 3 Alltag im Knast

A1 In PA überlegen sich die L, welche Ausdrücke synonym mit „im Gefängnis sitzen" sind und was die anderen Ausdrücke bedeuten. Vergleich im PL.

Häftling sein; im Knast sitzen; in Haft sein; hinter schwedischen Gardinen sitzen; im Kittchen hocken; inhaftiert sein; einsitzen; hinter Schloss und Riegel sein

Bei Interesse können die L Gruppen bilden und nachforschen, woher die Ausdrücke (Knast, schwedische Gardinen, Kittchen) kommen.

Informationen zu den Begriffen
Knast: Wort aus 19. Jh. aus Gaunersprache, vgl. jidd. knas „Geldstrafe", kansen „(mit Geldbuße) bestrafen"
schwedische Gardinen: Es gibt zwei Erklärungen: 1. Während des 30-jährigen Krieges begann eine fast 200 Jahre andauernde schwedische Herrschaft über Teile Pommerns (Stralsund u.a.). 2. Schwedischer Stahl galt früher als besonders haltbar und wurde deshalb oft bei der Herstellung von Gefängnisgittern eingesetzt. „Schwedische Gardinen" ist also ein beschönigender Ausdruck für besonders sichere Gefängnisgitter.
Kittchen: Wort aus 19. Jh., Gaunersprache, entweder mit Kaute für Grube, Loch oder mit Kate für Hütte verwandt (nach DUDEN, Herkunftswörterbuch und http://www.pro7.at/wissen/galileo/galilexikon/s/)

A2a Die L lesen den Text und geben den Abschnitten in PA Überschriften. Vergleich der Lösungen in KG und Einigung auf gemeinsame Überschriften, die dann im PL vorgestellt werden. Anschließend begründen die L, warum sie sich auf diese Überschriften geeinigt haben. Mögliche Lösung:

🔑 1. Der Tag hinter Gittern / Tagesablauf im Knast; 2. Die meisten Häftlinge sind Männer; 3. Geschlossener und offener Vollzug / Der Unterschied zwischen geschlossenem und offenem Vollzug / Gefängnistypen / Kategorien von Gefangenen; 4. Die Aufgaben des Anstaltspersonals / Verantwortlichkeiten der Mitarbeiter; 5. Häftlinge und Arbeit / Arbeit und Weiterbildung

Ü1 Die L bilden in PA Komposita, die sie aus dem Text kennen. Die Lösung wird im PL verglichen und Fragen werden ggf. geklärt.

Ü2 Ⓑ Schwächere Gruppen: Zur Verständnissicherung lesen die L den Text noch einmal und markieren die entsprechenden Kästchen.
Stärkere Gruppen: Als HA geeignet.

A2b Die L lesen den Text noch einmal und machen sich in EA kurz Notizen zu interessanten, überraschenden oder neuen Informationen. Anschließend Gespräch darüber in GA.

A3a Die L lesen die Sätze und markieren erst in EA, welche Aussagen im Kasten korrekt sind. Vergleich in PA und L markieren, was das modale Partizip ausmacht.

🔑 Das modale Partizip

- besteht aus *zu* + Partizip I + Endung.
- funktioniert wie ein Adjektiv vor einem Nomen.
- hat immer passivische Bedeutung.
- kann durch einen Relativsatz ausgedrückt werden.
- drückt eine Notwendigkeit *(muss/soll)*, Möglichkeit *(kann)* oder Verbot *(darf nicht)* aus.

A3b Die L suchen in PA weitere Sätze mit modalen Partizipien aus dem Text und wandeln sie gegenseitig mündlich in Relativsätze um.

🔑 Z. 93ff.: Je länger die abzusitzende Haftstrafe, umso länger die Therapie und umso geringer die zu erwartende Rückfallquote. → Je länger die Haftstrafe, die man absitzen muss, umso länger die Therapie und umso geringer die Rückfallquote, die man erwarten kann.
Z. 110f.: ... in einem Jahr das gleiche zu erarbeitende Pensum verlangt. → in einem Jahr das gleiche Pensum, das man erarbeiten muss, verlangt.
Z. 113: Die abzusehenden Vermittlungschancen … → Die Vermittlungschancen, die man absehen kann, …
Z. 118: … eine ernst zu nehmende Arbeit … → eine Arbeit gefunden hat, die man ernst nehmen kann …

Weisen Sie die L auch auf die Grammatik-Rückschau am Ende des Kapitels hin.

Ü3a Zur weiteren Anwendung lösen die L die Ü3a in PA im Kurs.

Ü3b–c Als HA geeignet.

A4 Diskussion im PL.

Modul 4 Kriminell

A1a In GA sprechen die L über die Fragen und erzählen, wenn sie die Fragen positiv beantworten, welche Krimis sie lesen/gelesen haben und welche sie sich im Fernsehen ansehen.

A1b Die L sammeln bekannte Krimi-Autoren und Krimi-Figuren, die sie notieren, im PL vorstellen und ein wenig dazu erzählen. Lösungsideen:

Krimi-Autoren: Arthur Conan Doyle, Agatha Christie, Ingrid Noll, Stieg Larsson, Simon Beckett, Donna Leon, Elisabeth George, Henning Mankell, ...
Viele Krimi-Autoren finden Sie auf folgender Website: http://www.krimi-couch.de/krimis/krimi-autoren-a-z.html; deutsche Krimi-Autoren finden Sie hier: http://www.deutsche-krimi-autoren.de/
Krimi-Figuren: Sherlock Holmes, Miss Marple, Nick Knatterton, Thomas Lynley und Barbara Havers, Kurt Wallander, Kommissar Brunetti, Mikael Blomkvist, ...

A1c Im PL sammelt der Kurs die zentralen Elemente eines Krimis:
Ⓥ Bei Gruppen, die wenig zu dem Thema sagen, können Sie die Ü1 vorziehen und ebenso auf die Wortschatzseiten im AB verweisen und so in das Thema einsteigen.

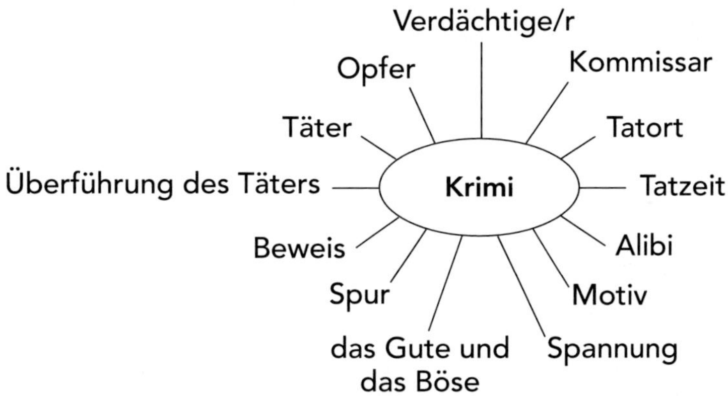

Ü1 Die L erklären in KG die Wörter. Sollten viele Wörter nicht bekannt sein, bilden Sie vorher zwei Expertengruppen; jede Gruppe schlägt jeweils die Hälfte der Wörter nach und erklärt sie den anderen in KG.
Ⓥ Schreiben Sie die Wörter auf Kärtchen und verteilen Sie sie im Kurs. Die L schreiben in PA Definitionen zu ein bis zwei Wörtern, anschließend müssen diese Definitionen im PL den Wörtern zugeordnet werden.

A2a In PA entscheiden sich die L, welchen der beiden Texten sie lesen möchten. Dann lesen sie ihren Text und markieren die Schlüsselwörter und wichtige Informationen im Text.

A2b Anschließend teilen die L ihren Text in thematische Bereiche und ergänzen ihre Notizen.

Text A	Text B
Teil 1: Z. 1–18 • Grundkonzept des Krimis einfach (Wer?, Warum?), dadurch erfolgreich • bis 70er-Jahre Krimi (für Literaturwissenschaftler) suspekt • Hauptkritikpunkt: Krimi = Rätsel, es geht nicht um Sprache • 1971 Krimigegner: jmd. der Krimis lese, sei verloren für gute Literatur	Teil 1: Z. 1–22 • Star unter Autoren: Agatha Christie (1890–1976) • 66 Romane, Kurzgeschichten • Verkauf ca. 22 Mrd. Bücher • zwei Figuren: Miss Marple + Hercule Poirot • Geschichten immer mit Witz und Überraschungen

Text A	Text B
Teil 2: Z. 19–39 • Krimi als Genre recht jung: Anfang 19. Jh. → bürgerliche Gesellschaft • bis 19. Jh. keinen Polizeiapparat • Frankreich: 1810 erste Polizei • England: 1829 Scotland Yard → in Staaten mit geringem Rechtsbewusstsein + wenig Demokratie → keine Krimis geschrieben	Teil 2: Z. 23–38 • Vergleich Christie und Belgier Georges Simenon (1903–1989) • beide schreiben Krimis, die in den „besseren gesellschaftlichen Kreisen" spielen • seine Figur: Kommissar Maigret (immer mit Pfeife) • beide: Talent aus Krimi mehr zu machen als nur Rätsel • Edgar Wallace (1875–1932) auch großen Erfolg, aber Krimis konstruierter + unglaubwürdiger
Teil 3: Z. 40–47 • Deutschland: ab den 60er-Jahren „Krimikultur" • England, Frankreich, die USA → bedeutende Kriminliteratur, weil sie schon länger den Rechtsstaat hatten	Teil 3: Z. 39–51 • Weiterentwicklung des Krimigenres • Tatort in allen gesellschaftlichen Kreisen • vom klassischen Detektiv → Medizin-Thriller oder Wirtschaftskrimi • Leser: auch Perspektivwechsel: nicht nur aus Sicht des Ermittlers, auch aus der des Täters
Teil 4: Z. 48–59 • Privatdetektive vs. Kommissare • Polizei früher korrupt und nicht gut ausgebildet • Detektiv lässt mehr Möglichkeiten zu • Detektiv kann Täter sogar laufen lassen	Teil 4: Z. 52–70 • frühe Krimis: Großstädte (alle kannten sie) • deutsche Krimis heute: gegenläufige Tendenz: Regionalkrimi, Tatorte sind vertraut, es passiert Alltägliches (z.B. Personen stehen im Stau)
Teil 5: Z. 59–70 • bekannteste Detektivfigur: Sherlock Holmes • von Arthur Conan Doyle (1859–1930) • wollte keine Serienfigur machen → amerikanischer Verleger überredete ihn	Teil 5: Z. 71–81 • jedes fünfte gelesene Buch in Dtld.: Krimi • Krimianteil-Markt: 22%, hinter Romanen: 48% • großes Angebot wegen hoher Nachfrage • es gibt spezielle Krimi-Buchhandlungen

A2c Die L lesen die Redemittel und klären sie in PA. Dann fassen sie ihren Text anhand der Redemittel für ihren Partner zusammen.

A3 Die L hören das Krimi-Hörspiel in Abschnitten. Abschnitt 1: Die L vergleichen ihre Lösungen in PA. Dann vermuten sie in GA, wie die Geschichte weitergehen könnte. Die L halten ihre Vermutungen fest und überprüfen sie anschließend mit dem Gehörten.

a hat ein Problem, ist vorbestraft und während der Nachtschicht eingeschlafen → Personalchef will ihn entlassen
b ungehalten, es ist ihm egal, er sei kein Sozialverein und braucht Petersen nicht
c mit den Schmuggelgeschäften im großen Stil, die Fossner betreibt → Petersen will an die Presse gehen

Abschnitt 2: In GA lösen die L die Aufgabe und stellen nun Vermutungen an, was Petersen vorhat. Auch diese Vermutungen werden festgehalten, um sie nachher mit dem Verlauf der Geschichte vergleichen zu können.

e aus Angst, sein skrupelloser Chef könnte ihn auf eine Art beseitigen lassen, dass es wie ein „Unfall" aussieht

Ⓑ Bei schwächeren Gruppen stoppen Sie auch nach Abschnitt 3, damit die L ihre Ergebnisse in PA vergleichen können.
Bei stärkeren Gruppen hören die L die Abschnitte 3 und 4 hintereinander und vergleichen dann erst ihre Ergebnisse.
Die L notieren wieder Hypothesen, was die drei Personen nun tun, notieren sie und vergleichen sie dann mit dem Original-Ende nach dem Hören von Abschnitt 5.

g Bodo Jahnke, ein Freund und ehemaliger Mithäftling
h Petersen hat alles über die Schmuggelgeschäfte aufgeschrieben und gibt seine Notizen Jahnke; er vertraut Jahnke
i hat Fossner mit Holzmann in einer Kneipe gesehen; Holzmann ist ein gewalttätiger Krimineller: „Eisenkralle"; Fossner hat früher als Trainer für Holzmann im Boxstudio gearbeitet
j Holzmann
k er hat Angst, bringt kein Wort heraus, ist fassungslos, Hände zittern, Schweiß auf der Stirn

Die L hören Abschnitt 5, klären ihre Lösungen und erzählen im PL, welchen Ausgang sie vermutet hatten. Weiterführende Fragen: Wie finden Sie das Originalende im Vergleich zu Ihrem Ende? Was hat Sie überrascht? Hat es Sie überzeugt? Warum (nicht)?
Anschließend suchen die L in KG einen Titel für das Hörspiel. Alle Titel werden zusammengetragen und der Kurs entscheidet sich mit Begründung für einen.

m um ihm zu sagen, dass er alles aufgeschrieben hat und wenn ihm etwas passiert, werden seine Aufzeichnungen der Polizei übergeben
n Jahnke hat die Cola von Holzmann mit der Cola von Petersen vertauscht, deshalb hat Holzmann das Gift getrunken, das er in Petersens Cola gegeben hat, und ist so gestorben
o Titelbeispiele: Wer zuletzt lacht … / Gift und Cola / Schwein gehabt / Erpressung mit Happy End

A4 Die L bilden zwei Gruppen und denken sich ein eigenes Krimi-Hörspiel aus. Sie schreiben ein Drehbuch, verteilen die Rollen und überlegen sich, wie sie es machen möchten (Geräusche, Stimmen etc.). Die L proben ihr Hörspiel und spielen es anschließend im Kurs vor. Hilfe finden sie dazu im Redemittelkasten.

Ⓔ Wenn die Möglichkeit besteht, können die L ihr Hörspiel auch aufnehmen und dann den anderen L vorspielen. Das Gute daran ist, dass das Hörspiel in Abschnitten oder öfter gehört werden kann und dass sich die L selber hören.
Kurz vor dem Ende stoppen die L und das Publikum rät, wie das Hörspiel ausgeht oder wer der Täter ist. Dann spielen die L weiter. Hat jemand den Ausgang erraten?

Ü2a–b Zur Vorbereitung und als Modell für den schriftlichen Ausdruck in A5 lesen die L als HA den Text und markieren sich Textstellen zur Situation und zum Kommissar. Im Kurs beschreiben sie in KG die Situation und den Kommissar. Anschließend sprechen sie darüber, wie ihnen der Auszug gefallen hat und ob sie nun Lust hätten, das Buch zu lesen. Warum (nicht)?
Die L haben nach dieser Übung verschiedene Redemittel aufgefrischt, die sie auch für ihre eigene Besprechung benutzen können.

Hinweis: Unter www.kommissar-kluftinger.de finden Sie weitere Titel vom Kommissar Kluftinger und auch Kommentare zu den Büchern.

A5 Vorbereitung auf die C1-Prüfung: TELC Deutsch C1, Schriftlicher Ausdruck, Teil 2. Nähere Informationen zu den einzelnen Prüfungsteilen finden Sie im Anhang, LHR, S. 149f.
TELC
Die L lesen die Aufgabe und die angegebenen Redemittel. Sie schreiben eine Kritik im Kurs. Dann werden die Kritiken getauscht und die L beurteilen die erhaltene Kritik nach den Bewertungskriterien von TELC (siehe Anhang).

Ü2c Als HA geeignet.

Film Meine Daten – deine Daten?

A1a–b In EA markieren die L, in welchen Situationen sie persönliche Daten über elektronische Systeme preisgeben. Anschließend vergleichen sie in KG mit anderen und diskutieren die Vor- und Nachteile/Gefahren.

Ⓥ Im PL stellen die L dann interessante Ergebnisse/Meinungen aus ihren Gruppen vor. A1a eignet sich auch gut als Kursinterview. Kopieren Sie die Aufgabe vergrößert und verteilen Sie sie im Kurs. Die L müssen drei verschiedene L befragen und anschließend einen im PL vorstellen. Lösungsideen:

Vorteile	Nachteile/Gefahren
• bequemes Bestellen, Einkaufen, Erledigen von Banksachen von zu Hause aus • Man spart das Schreiben von Briefen und den Weg zur Post. • Man ist nicht an bestimmte Zeiten gebunden; es geht schneller. • Daten müssen nicht aus Formularen in den Computer eingegeben werden.	• Man weiß nicht genau, ob die Internetverbindung wirklich sicher ist, ob Daten schon auf dem Weg vom PC zu Hause auf den Server im Netz ausspioniert werden. • Man kann nicht sicher sein, dass die Daten nicht an andere weitergegeben werden. • Besonders Konto- und Kreditkartendaten können missbraucht werden.

A2a–b Die L sehen den ganzen Film, notieren die Schwerpunkte und ergänzen A2b. Vergleich im PL.

A2a
- (Illegaler) Handel mit persönlichen Daten nimmt zu.
- Quelle der Datenbeschaffung: a) Schnüffelprogramme (Trojaner) und b) große Unternehmen (Telekom, Post, Krankenkassen, Lotterien, ...)
- Daten werden in vielen Unternehmen nicht ausreichend geschützt.
- Aus den gesammelten Daten werden Persönlichkeitsprofile erstellt.
- Datenhändler verkaufen selektierte Daten (Kaufkraft, soziale Stellung, ...)
- Forderung von Datenschützern: Firmen sollen nur notwendige Daten erfassen.

A2b: 1. (Aufschluss) geben; 2. (... auf die Spur) zu kommen; 3. schleusen (Schnüffelprogramme ...) ein; 4. schmuggeln (Kundendaten) heraus; 5. (Persönlichkeitsprofile) zu erstellen; 6. gehen (für 1.500 Euro über den Tisch); 7. (in unbefugte Hände) geraten; 8. (Daten) zu erheben

Anmerkung: Die meisten der Wortverbindung sind feste Nomen-Verb-Verbindungen, die man sich als ganze sprachliche Einheit einprägen sollte.

A3 Vorgehen, wie beschrieben. Vergleich und Diskussion in GA.

a bei einzelnen Transaktionen bis einige 100.000 Dollar; Preise haben sich etwas beruhigt (sind stabiler), weil der Markt größer geworden ist
b einzelne Konten mit validen (gültigen) Zugangsdaten und Angabe des aktuellen Kontostandes – können einige Tausend Dollar kosten
c Software-Spezialisten entwickeln Baukastensysteme für Trojaner, die man sich nach eigenem Bedarf konfigurieren kann; die „Hacker" stellen nur das Werkzeug zur Verfügung, machen aber die illegale Arbeit nicht selbst; sie stellen das Werkzeug für den kriminellen Akt also nur zur Verfügung.
d Hacker sind Software-Spezialisten, die versuchen, in Computernetzwerke einzudringen und sich daraus Informationen besorgen. „Gute Hacker": Fähigkeiten werden von großen Firmen genutzt, um Sicherheit des eigenen Netzwerks kontrolliert zu testen. Auch Hacker, die aus moralischen Überlegungen Netzwerke von dubiosen Firmen, Organisationen oder Regierungen ausspionieren.

A4 Die L sehen die zweite Sequenz, beantworten die Fragen und sprechen in KG darüber.

a Gründe für zunehmenden Datenmissbrauch:
- Angriffe von außen: Trojaner, Hacker
- Angriffe von innen: Mitarbeiter kopieren Kundendaten und schmuggeln sie heraus.
- Firmen reichen ihre Daten auch an Subunternehmer weiter.
- kriminelle Energie einzelner Mitarbeiter
- eklatante Sicherheitsmängel in den Unternehmen

b Persönlichkeitsprofile:
- über Bonuskarten: das Einkaufsverhalten der Kunden wird studiert, da man mit einer Bonuskarte verschiedene Dinge einkaufen kann, z.B. in Apotheken, im Zooladen, beim Stromanbieter, ...
- Anreichern von Adressen z.B. bei der Deutschen Post; geografische Milieustudien: wie Menschen leben und wo sie wohnen

c im Film genannt: Kaufkraft, Esoterik, Wohnort, sozialen Lage, Wertorientierung, Zahlungsverhalten
im Film nicht genannt: Alter, Geschlecht, Bildungsgrad, Reiseverhalten, Parteienzugehörigkeit

A5 Nun sehen die L die letzte Sequenz und beantworten auch hier die Fragen. Anschließend sprechen sie In KG darüber, wie ihnen die Forderungen gefallen. Finden sie sie (nicht) gut? Warum (nicht)? Reichen Sie aus?

Forderung der Datenschutz-Initiative (Wunderlich):
- nur ein Minimum an Daten erheben, der für die Kundenbeziehung nötig ist (Adresse, Telefonnummer, ...); weitere Daten sollen nicht verlangt werden (z.B. Ausstattung des Haushalts, Hobbys und Vorlieben, ...)
- Verschiedene Datenbanken und Identitätsdaten sollen nicht verknüpft werden, um daraus genauere Persönlichkeitsprofile zu erstellen; solche Verknüpfungen sollten transparent gemacht werden.

A6 Die L setzen sich in Gruppen zusammen, entscheiden sich für eine der beiden Aufgaben und erarbeiten sie. Dann werden die Ergebnisse im PL vorgestellt und kommentiert.

Du bist, was du bist

Das Kapitel 8 dreht sich um verschiedene Aspekte der Psychologie. Besonderes Augenmerk liegt auf den Fragen, welche Anlagen genetisch bedingt sind, was anerzogen ist und welche Emotionen wir haben. Den Auftakt machen Fotos und das Lied „Mensch" von Herbert Grönemeyer, wobei die L über dargestellte Stimmungen und die Emotionen sprechen. Modul 1 beschäftigt sich mit zwei interessanten Studien aus der Psychologie und Modul 2 thematisiert mögliche geschlechterspezifische Unterschiede zwischen Mädchen und Jungen. In Modul 3 geht es um Hochbegabung: Wie erkennt man eine Hochbegabung? Welche Probleme haben die Betroffenen? Den Abschluss des Kapitels bildet das Modul 4 zum Thema „Erziehung" allgemein, v.a. aber in der Gegenüberstellung von autoritärer und antiautoritärer Erziehung.

Lernziele

Sie lernen	
Kurze Berichte über Interessantes aus der Psychologie verstehen und Überschriften formulieren	Modul 1
Einen Vortrag zum Thema „Hirnforschung und Geschlechter-Verhalten" schriftlich zusammenfassen	Modul 2
Eine Ratgebersendung über Hochbegabte verstehen	Modul 3
Einen Kommentar zu einer Fernsehsendung über Erziehung verstehen	Modul 4
Eine kontroverse Diskussion zu Erziehungsfragen verstehen und selbst eine Diskussion führen	Modul 4
Grammatik	
Subjektive Modalverben zum Ausdruck einer Behauptung	Modul 1
Subjektive Modalverben zum Ausdruck einer Vermutung	Modul 3

Auftakt Du bist, was du bist

A1a–b Die L sehen sich die Fotos an und notieren in KG zu den einzelnen Fotos die Emotionen. Dann sammeln sie weitere Emotionen. Mögliche Lösung:

A: Erschrecken/Angst; B: Schüchternheit; C: Freude; D: Trauer/Traurigkeit; E: Ekel; F: Wut; G: Überraschung; H: Begeisterung

Anschließend Austausch im PL. Weitere Ideen für Emotionen:

Zorn, Glück, Schmerz, Enttäuschung, Verblüffung, Heimweh, Melancholie

Ü1–2 In PA lösen die L die Übungen und klären evtl. Fragen.

Ⓔ Zur weiteren Übung: Die L schreiben in KG die Adjektive auf Kärtchen. Anschließend fragen sich die L gegenseitig: Ein L liest das Adjektiv und der andere nennt das Substantiv mit dem richtigen Artikel und/oder bildet einen Satz mit dem Substantiv.

A2a Die LB sind geschlossen. Die L hören das Lied und beschreiben in KG die Stimmung des Liedes und warum sie die Stimmung so empfinden. Mögliche Lösung:

Melancholie, Vergänglichkeit, es gibt immer ein Auf und Ab; Begründung: langsam, Hintergrundmusik fast durchgehend gleich (Routine), Möwengeschrei

ⓘ

Informationen zu „Mensch" von Herbert Grönemeyer
Grönemeyers Song „Mensch" aus dem gleichnamigen Album erschien vier Jahre, nachdem der Künstler seine Frau und seinen Bruder verloren hatte. Er zog sich daraufhin mit seinen beiden Kindern nach London zurück. Das Album wurde als eine musikalische Trauerarbeit gesehen. Im „Stern" sagte Grönemeyer 2002: „Meine Zuversicht ist, dass man durch große Trauer Gefühle wie Glück, Zuwendung und Nähe intensiver empfindet."

A2b Das Lied wird noch einmal gehört und die L lesen nun den Text mit. Dann sprechen sie über die angegebene Frage. Mögliche Lösung:

Emotionen durch Musik: vgl. A2a
Emotionen durch den Text: Vor allem die Verben drücken die unterschiedlichen Emotionen aus, die das „Menschsein" ausmachen: vergessen, verdrängen, schwärmen, stählen, erzählen, lachen, leben, irren, kämpfen, lieben, mitfühlen, lachen, leben etc.

Ü3–4 Als HA geeignet.

A3a–b In PA schreiben die L den Satz aus dem Refrain zu Ende. Anschließend lesen sie die Sätze vor und vergleichen sie. Lösungsvorschlag:

Und der Mensch heißt Mensch, weil er Gefühle hat und diese ausdrücken kann.

Ü5 Als Abschluss formulieren die L die Sätze in EA aus der Ü5 um. Vergleich in PA.

Modul 1 Interessantes aus der Psychologie

A1 Ⓑ Die L lesen die beiden Berichte und notieren in PA eine Überschrift.
Bei schwächeren Gruppen teilen Sie die L in zwei Gruppen auf. Jede Gruppe liest einen Text und formuliert eine Überschrift. Lösungsvorschlag:

A: Die Art, wie Emotionen gezeigt werden, steckt in den Genen / Sehende und Blinde äußern ihre Gefühle mit einem ähnlichen Gesichtsausdruck / Gefühlsausdruck ist angeboren
B: Nicht nur Menschen haben eine Linksvorliebe / Vorliebe für die linke Hälfte ist vererbt

A2 In KG wählen die L einen Text und fassen ihn zusammen: Sie notieren sich Stichpunkte zu den angegebenen Fragen und tragen ihre Zusammenfassung im PL vor. Die anderen L achten darauf, ob alle wichtigen Punkte genannt wurden.
Als HA können die L die Zusammenfassung noch einmal verschriftlichen.

	Text A	Text B
Wer?	Psychologe David Matsumoto	Biopsychologen aus Bochum
Was?	Emotionen spiegeln sich in unterschiedlichen Kulturen auf ähnliche Weise im Gesichtsausdruck → Emotionsausdruck steckt in Genen?	Ausrichtung der Aufmerksamkeit der Menschen tendenziell auf die linke Gesichtshälfte (wegen Corpus Callosum) → auch bei Vögeln vorhanden, haben kein Corpus Callosum

	Text A	Text B
Wie?	Studie der San Francisco State University mit Fotos von sehenden und blinden Judoathleten bei den olympischen bzw. paraolympischen Spielen	Experiment: Tauben und Hühner picken Körner
Welches Ergebnis?	Emotionsausdruck war nahezu gleich → Ableitung: einige Emotionen Rest aus der evolutionären Abstammung	• haben Vorliebe für links, übersehen oft die Körner auf der rechten Seite • Menschen haben vmtl. die Linksvorliebe von evolutionären Vorläufern geerbt

Ü1a–b Zur Vertiefung der Lesetexte: In PA ordnen die L die bedeutungsähnlichen Wörter einander zu. Vergleich im PL. Direkt danach erstellen die L in PA eine eigene Übung in diesem Stil zum zweiten Text. Diese werden untereinander ausgetauscht.

Ü2 Als HA geeignet.

A3a Die L ordnen in EA die Bedeutung zu und suchen anschließend in den Texten weitere Beispiele. Vergleich in KG.

linker Satz: 1; rechter Satz: 2; weitere Beispiele:
Text A: will den Beweis erbracht haben (Z. 1); vermutet man in der Psychologie (Z. 4); will darüber hinaus entdeckt haben (Z. 22f.); will … ableiten (Z. 44)
Text B: nun aber soll herausgefunden worden sein (Z. 5); soll jetzt aber … auch … nachgewiesen worden sein (Z. 14ff.); soll sich (Z. 18); dann sollen der Wissenschaftlerin zufolge … ausgewählt … übersehen werden (Z. 25ff.); lassen vermuten (Z. 47f.)

Ü3 Die L formulieren die Sätze in PA um und achten auf die Zeitform.

A3b–c In EA ergänzen die L A3b und die Regel. Vergleich im PL. Weisen Sie die L auch auf die Grammatik-Rückschau im LB hin.

A3b: 1. Fall: von einer anderen Person oder einem Sachverhalt sagt.; 2. Fall: von sich selbst sagt.

A3c:	**Aktiv**	**Passiv**
Gegenwart		... werden
Vergangenheit	... haben	... worden sein

Ü4 In PA schreiben die L Dialoge wie im Beispiel, die anschließend in der KG verglichen werden.

Ⓔ Die L sammeln weiteres Vokabular / weitere Redemittel für Gerüchte an der Tafel, z.B.: Haben Sie schon gehört, dass … / Wussten Sie, dass … / Das gibt's doch nicht! / Nein, so etwas! / Sagen sie bloß! / Tatsächlich? / etc.
Die Aufgabe ist, aus einer Geschichte ein Gerücht zu machen: In GA suchen sich die L ein Thema aus Ü4 aus und schreiben einen Dialog, der noch relativ nahe „an der Wahrheit" ist. Dann wird das Blatt einer anderen Gruppe gegeben. Diese Gruppe schmückt den Dialog aus und übertreibt. Dann wird dieser Text an eine dritte Gruppe gegeben, die den Dialog weiter ausschmückt. Danach werden die Texte aufgehängt und gelesen.

Ü5 Als HA geeignet.

A4 In PA oder in KG recherchieren die L als HA im Internet zum angegebenen Thema. Sie setzen sich im Kurs mit ihren Informationen zusammen und formulieren Behauptungen mit *wollen* und *sollen*, die sie anschließend im PL vorstellen.
Mögliche Internetseiten, z.B.: http://www.scinexx.de/ oder http://www.psychologie-heute.de/
Die anderen L hören zu und notieren sich wichtige Stichpunkte und Fragen. Daraus kann sich im Anschluss eine Diskussion ergeben.

Modul 2 Von Anfang an anders?

A1a–b Die drei Aspekte werden auf drei Gruppen aufgeteilt. Jede Gruppe macht sich zu ihrem Aspekt Gedanken: Warum, meinen sie, macht uns dieser Aspekt zu dem, was wir sind, oder warum nicht? Im Anschluss daran tauschen sich L im PL aus.

Ü1 Die L lösen in EA die Denksportaufgaben. Machen Sie die Übung im Kurs, da es hier darum geht, festzustellen, ob bzw. in welchem Ausmaß männliche L beim Labyrinth besser abschneiden und weibliche L beim Wörterfinden. Ü1 bereitet auf das HV in A2 vor. Die L können vergleichen, ob die Aussagen im HV das Ergebnis im Kurs eher bestätigt oder widerlegt.

A2 P TELC Vorbereitung auf die C1-Prüfung: TELC Deutsch C1, Hörverstehen, Teil 3. Nähere Informationen zu den einzelnen Prüfungsteilen finden Sie im Anhang, LHR, S. 149.
Vorgehen, wie beschrieben.

a Rolle des Y-Chromosoms
- Basis der Männlichkeit

b Geschlechtsspezifische Verhaltensunterschiede
- Häusliche Nähe: Mädchen nah dran, Jungen weiter weg
- Gruppe: Mädchen enger Kontakt, Jungen weniger eng
- Regel: Mädchen folgen eher; Jungen missachten öfter Vorschriften
- Konsens: Mädchen versuchen, verbal zu überzeugen; Jungen wollen sich mit Aggression durchsetzen

c Geschlechtsspezifische Vorteile
- Mädchen: besseres Sprachvermögen; weniger Legastheniker; finden Weg beim zweiten Mal besser, weil sie den Weg „versprachlicht“ haben
- Jungen: bessere Hand-Auge-Koordination (Vorstellung von Dreidiminensionalität); besserer Ortssinn; räumliche Vorstellung

d Gehirnfunktionen – Unterschiede
- Jungen: intensive Vernetzung in einer Hirnhälfte
- Mädchen: intensive Vernetzung zwischen beiden Hirnhälften

e Konsequenzen für die Zukunft
- Angebote machen; Varianten zeigen → eigene Wahl ermöglichen

A3a Die L hören HV noch einmal und kontrollieren und ergänzen ihre Notizen. Hinweis: In der Prüfung wird dieses HV nur einmal gehört. Hier hören die L es zur Übung insgesamt zweimal.

A3b Die L lesen die angebotenen Redemittel und fassen den Vortrag schriftlich in EA zusammen. Zum Üben der Zusammenfassung können die L sie auch in PA machen.

Ü2a–b
TELC

Vorbereitung auf die C1-Prüfung: TELC Deutsch C1, Leseverstehen, Teil 5. Nähere Informationen zu den einzelnen Prüfungsteilen finden Sie im Anhang, LHR, S. 147f. Als HA geeignet. Kontrolle in KG, dann können offene Fragen im PL geklärt werden.

A4

Rückführung zum Anfang des Moduls. Die L vergleichen ihre Meinungen und Ideen mit denen aus dem Vortrag. Welche wurden bestätigt? Welche widerlegt?

Ü3
Lerntipp
Ⓥ

Auf Rückmeldungen bei Vorträgen reagieren
Die L lesen den Tipp im PL und sprechen darüber, wie sie es empfinden, wenn Fragen gestellt werden. Warum fühlen sie sich gut/schlecht? Dann erstellen sie in GA einen eigenen Redemittelkasten zu „Nachfragen stellen" und „Einwände äußern".
Teilen Sie die L in zwei Gruppen, eine Gruppe erstellt einen Redemittelkasten zu „Nachfragen" und die andere zu „Einwände". Dann werden die Kästen vorgestellt, evtl. ergänzt und für alle kopiert. In A5 können diese Redemittel direkt angewendet werden.

A5a–b

Die L bekommen Kärtchen, auf die sie in KG Fragen/Aussagen notieren. Die Kärtchen werden eingesammelt und dann wieder an die KG verteilt und von den L beantwortet. Diese Antworten werden im PL vorgestellt. Im PL diskutieren die L über die Antworten und die Aussagen von Frau Professor Schetz. Welchen stimmen sie zu / welchen nicht und warum (nicht)?

Modul 3 Voll auf Zack!

A1

Die L sprechen in KG über ihre Schulzeit. Sie halten ihre Ergebnisse auf Plakaten fest:

positive Erinnerungen – Schulzeit – negative Erinnerungen

Die Plakate werden aufgehängt. Wo gibt es Gemeinsamkeiten/Unterschiede? Auf freiwilliger Basis können die L zu ihren Themen Stellung nehmen.

A2a

Die L hören den ersten Teil des HV und machen sich Notizen zu Jonas.

- er kommt aus Hamburg
- er spricht mit sieben Monaten
- er läuft mit einem Jahr
- er hat keine Lust auf Schule
- er bekommt Bauchschmerzen – psychosomatische Beschwerden verursacht durch Probleme in der Schule
- mit Rechenaufgaben schnell fertig, aber ohne Zwischenschritte
- schlechte Noten
- er ist unkonzentriert

Ü1
Ⓑ

Die L hören den Teil noch einmal und ergänzen die Satzanfänge.
Bei schwächeren Gruppen ergänzen die L direkt beim ersten Hören die Sätze, hören den Text dann noch einmal zur Kontrolle.

A2b

In GA diskutieren die L über die Frage unter Verwendung der Redemittel. Im Anschluss werden interessante Punkte der Diskussion im PL vorgestellt (z.B: Wo waren sich die L einig/uneinig?).

Ü2a

In PA sortieren die L die Modalwörter in die Tabelle.

Ⓥ Zur Verknüpfung des Haptischen mit dem Visuellen bietet es sich hier an, dass Sie die Modalwörter auf Kärtchen schreiben und die L sie in KG auf den Tischen anordnen. Anschließend gehen die L von Tisch zu Tisch und vergleichen die Lösung der anderen mit ihrer eigenen. Gespräch im PL.

Ü2b Die L bilden in PA mit den Wörtern Sätze.

A2c Vorgehen, wie beschrieben.

Herr Boldmann denkt, dass Jonas zu den hochbegabten Kindern gehört.

Argument 1	**Argument 2**
Hochbegabung zeigt sich fast immer schon im Vorschulalter. Hinweise sind z.B.: • Kinder bringen sich selbst das Lesen bei, ohne durch ältere Geschwister dazu motiviert bzw. von den Eltern gefördert zu werden. • Auch ein eigeninitiativer Schrifterwerb ist ein Indikator. • Besonders differenzierte sprachliche Ausdrucksweise in sehr frühem Alter lässt auf eine Begabung schließen.	Es ist wissenschaftlich erwiesen, dass einem überdurchschnittlich intelligenten Kind nicht automatisch und durchgängig Erfolg garantiert ist: • Z.B. Jonas: Noten sind durchwachsen, teils sogar schlecht – schwache Leistungen sind bei hochintelligenten Schülern keine Seltenheit. • Ohne gezielte Förderung haben sie oft Probleme, sich für den Unterricht zu motivieren. • Sie tun sich auf Gebieten hervor, die weniger häufig mit Hochbegabung in Verbindung gebracht werden, wie z.B. Kunstunterricht.

A2d Die L hören den letzten Teil des HV, beantworten die Fragen und vergleichen sie in GA.

1. Intelligenzquotient über 130 (Durchschnitts-IQ liegt bei 100)
2. Eltern haben kein objektives Auge für ihr Kind
3. Kind reagiert schneller als andere, fasst Dinge schneller auf, findet kreative Lösungsansätze, hat Interessen, die über die in seinem Alter üblichen hinausgehen
4. telefonisch oder per E-Mail eine Beratungsstelle kontaktieren → führt dann u.U. zu persönlichem Gespräch mit Eltern und dann kann Kind getestet werden

A3a Die L lesen den Text, hören ihn dann und ergänzen die fehlenden Wörter.
Ⓑ Bei stärkeren Gruppen: Die L ergänzen in PA vor dem Hören die ihrer Meinung nach fehlenden Wörter. Dann kontrollieren sie mit dem HV.

1. dürfte; 2. kann nicht; 3. muss; 4. könnten; 5. könnte

A3b In PA formulieren die L die Sätze aus der Tabelle um. Als Hilfe können sie die Redemittel aus A2b benutzen. Vergleich im PL. Verweisen Sie auch auf die Grammatik-Rückschau.

Ich bin sicher, dass Jonas nicht zu den besonders Begabten gehört.
Wahrscheinlich gehört Jonas zu den begabten Kindern.
Es sieht so aus, als ob Jonas hochbegabt ist.
Es ist möglich, dass Sie recht haben.

A3c + Ü3 Die Regel wird ergänzt. Im Anschluss wenden die L das Gelernte in Ü3 in PA an.

🔑 A3c: linke Spalte: Gegenwart; rechte Spalte: Vergangenheit

Hinweis: Mit den Modalverben werden verschiedene modale Bedeutungen bezeichnet, d.h., wie ist das Verhältnis zwischen dem Subjekt des Satzes und der im Infinitiv ausgedrückten Handlung. Es gibt objektive oder subjektive Bedeutungen. Die objektiven Bedeutungen der Modalverben sind Möglichkeit, Notwendigkeit, Erlaubnis, Verbot, Absicht und Wunsch. Man kann Modalverben auch subjektiv benutzen und mit ihnen verdeutlichen, für wie wahrscheinlich man einen Sachverhalt hält (Überzeugung, Vermutung, fremde Behauptung).

Ⓔ Um den subjektiven Gebrauch der Modalverben weiter zu üben, bieten sich Bilder an, die offen sind für Interpretationen, wie z.B. Drudel (Drudel sind einfache, lustige Zeichnungen, die nicht sofort zu erkennen sind) oder Bildausschnitte.
Drudel z.B. auf: http://www.kikisweb.de/spielundspass/drudel/drudel.htm
Die L bekommen in KG ein Bild oder einen Bildausschnitt und stellen mithilfe der Modalverben Vermutungen an, was auf ihrem Bild dargestellt sein könnte. Nach ein paar Minuten rotieren die Bilder. Nachdem alle L über alle Bilder gesprochen haben, werden die Vermutungen im PL verglichen und dann werden die Drudel aufgelöst.

Ü4–5 Als HA geeignet.

A4 Rückführung zur eigenen Gruppe. Die L vermuten, wie die anderen L als Schüler waren und warum. Bei schüchternen Gruppen, am besten in KG.

Modul 4 Alles nicht so einfach ...

Ü1a Die L notieren in KG, was das Kind sagen könnte. Vergleich im PL und mit der Originallösung.

Ⓥ Ausstellung in der Klasse: Der Cartoon wird auf Karton kopiert und die L ergänzen hier ihre Ideen. Die Cartoons werden aufgehängt und die Ergänzungen gelesen.

Ü1b In KG sammeln die L Ideen zu typischen Sprüchen zum Thema Erziehung. Diese werden im Kurs vorgestellt. Welcher Satz wurde im Kurs am häufigsten genannt?

A1a Die L lesen den Anfang der Geschichte und schreiben sie in KG weiter. Anschließend wird mit dem Originaltext verglichen. Wie finden sie die Geschichte? Warum?

Informationen zu „Der Struwwelpeter" ⓘ
Der „Struwwelpeter" ist die Titelfigur des gleichnamigen Kinderbuchs des Frankfurter Arztes Heinrich Hoffmann. Es gehört zu den erfolgreichsten deutschen Kinderbüchern. Das Bilderbuch wurde in viele Sprachen übersetzt. Es entstand 1844, als Hoffmann ein Geschenk für seinen Sohn suchte, keines fand und so selbst Geschichten schrieb. Die Geschichten handeln von Kindern, die nicht brav sind und denen dann etwas Schlimmes passiert.
Der „Suppenkaspar" ist eine der pointiertesten Kapitel des „Struwwelpeters". Es erzählt in wenigen Versen die Geschichte eines Jungen, der sich weigert, seine Suppe zu essen und daher innerhalb weniger Tage verhungert. Hoffmann verbindet hier zwei hochaktuelle Themen des frühen 19. Jahrhunderts:

1. Er nimmt die Thematik der bürgerlichen Erziehung auf, die zu diesem Zeitpunkt erstmals überhaupt von breiteren Bevölkerungsschichten wahrgenommen wird. „Erziehung" als Charakterbildung des Menschen war bis ins 19. Jahrhundert hinein eine Thematik adliger Schichten. Mit seinem „Suppenkaspar" bringt Hoffmann die Erziehungsproblematik des selbsterziehenden Bürgerhauses auf eine unterhaltsame literarische Ebene.
2. Das zweite Thema ist die plötzliche Möglichkeit einer Verhaltensweise, die mit dem medizinischen Fachbegriff als Anorexia nervosa bezeichnet wird. Erst bedingt durch die landwirtschaftlichen Revolutionen des 19. Jahrhunderts kann das Thema der freiwilligen Essensverweigerung überhaupt Bedeutung gewinnen. Bis zur Wende vom 18. zum 19. Jahrhundert waren Hunger und Hungersnöte in einem Maße Teil des Jahres- und Lebenslaufes, dass die Verweigerung der Nahrungsaufnahme vielleicht eine absurde Idee, niemals jedoch eine reale psychische Verirrung hätte sein können.

Es gilt heute als wahrscheinlich, dass die Geschichte vom „Suppenkaspar" einen realen Hintergrund besitzt: Auf dem Jakobifriedhof in Leoben befand sich bis zur teilweisen Einebnung des Friedhofs im Jahr 1984 das Grab eines im Jahre 1834 verstorbenen neunjährigen Jungen, auf dessen Stein die Inschrift „Suppenkaspar" zu lesen war. Als Todesursache findet sich in den Kirchenbüchern der Eintrag: „Verweigert Nahrungsaufnahme". Ob Hoffmann jemals selbst auf seinen Reisen das Grab gesehen hat, ist unklar – möglicherweise beruht seine Inspiration auf Hörensagen.
Unter www.vorleser.net kann man sich kostenlos den „Struwwelpeter" als Hördatei herunterladen.

A1b Die L lesen die Fragen und diskutieren in GA oder im PL.

Ü2a–b Die L erstellen in KG auf DIN-A3-Plakaten eine Mindmap zu „Erziehung" nach den Angaben im AB. Diese werden dann von allen gelesen und verglichen.
Anschließend schreiben sie einen kurzen Text in EA darüber, was sie unter Erziehung verstehen. Dann werden die Texte in GA gelesen und über Gemeinsamkeiten oder Unterschiede gesprochen. Auch als HA geeignet.

Ü3 Als HA geeignet.

A1c PL-Gespräch zur angegebenen Frage.

A2a Die L lesen den Text und notieren sich die Hauptinformationen. Möglicher Tafelanschrieb:

Verhalten der Kinder	Inhalte von „Super Nanny"	Reaktionen der Zuschauer
• ärgern die Geschwister • beschimpfen die Eltern • haben Schreikrampf • können nicht einschlafen (kommen immer wieder aus dem Bett) • treten die Eltern/ Geschwister • streiten sich ständig	• Pädagogin kommt zu Familien, die Probleme mit ihren Kindern haben • diszipliniert die Kinder • gibt den Eltern Ratschläge • legt Regeln fest	• einerseits: Entlastung gestresster Eltern durch Abgrenzung von der Serie • andererseits: Identifizierung mit der Hilflosigkeit der Eltern in der Serie • wollen nicht zu Unterhaltungszwecken „vorgeführt" werden • hätten gerne Experten, der sagt, wie es „richtig" ist

A2b

Der Text wird in Abschnitte unterteilt (1. Abends, zehn Uhr, in Deutschland; 2. Die „Super Nanny ist ein Quotenhit"; 3. Zwischen Verstehen und Gehorchen). Die L teilen sich auch in drei Gruppen und sammeln und klären die umgangssprachlichen Wörter/Phrasen aus ihrem Abschnitt. Präsentation im PL.

Teil 1: jemanden piesacken (Z. 10) – jemanden ärgern; der Doofmann (Z. 10) – der Idiot; die Glotze (Z. 12) – der Fernseher; plärrend (Z. 22f.) – kreischend, weinend; ineinander verknäulen (Z. 23) – miteinander raufen; hängen bleiben (Z. 25f.) – sich das Programm anschauen; sich einnisten (Z. 29f.) – ungebeten bleiben, sich häuslich einrichten; der Haussegen hängt schief (Z. 30f.) – es gibt Ärger in der Familie; aus der Reihe tanzen (Z. 31) – gegen die Konvention verstoßen
Teil 2: die Mattscheibe (Z. 57) – der Fernsehbildschirm; die Niete (Z. 61) – der Verlierer; jemanden enttarnen (Z. 61) – jemanden überführen; der Ausraster (Z. 62) – der Wutanfall; unausstehlich (Z. 75f.) – nicht zu ertragen; das Balg (Z. 76) – das unangenehme Kind
Teil 3: in etwas (hinein-)spazieren (Z. 89) – hier eindringen; flugs (Z. 90) – veraltet: schnell; jemanden eine scheuern (Z. 96) – jemanden eine Ohrfeige geben; herumzappeln (Z. 97) – nicht stillsitzen; etwas satt haben (Z. 98) – keine Lust zu etw. haben; drittklassig (Z. 108) – hier: schlecht; Männchen machen (Z. 111f.) – Dressurstück für Tiere; entscheiden, wo es langgeht (S. 116f.) – eine Entscheidung für/gegen etwas treffen; Mist bauen (Z. 122) – einen groben Fehler machen; ausfallend werden (Z. 123) – laut/unhöflich werden; fünfe gerade sein lassen (Z. 124) – etw. locker sehen; sich herumschlagen mit etwas (Z. 125) – etw. nur mit Mühe machen können; gackern (Z. 131) – herumalbern, lachen (wie ein Huhn)

Ⓥ

Die L notieren die umgangssprachlichen Wörter/Phrasen auf Kärtchen, die Umschreibungen auf andere. Die Kärtchen werden an eine andere Gruppe weitergegeben, die sie einander zuordnen. Diese Gruppe stellte die Wörter im PL vor.

A2c

Vorgehen, wie beschrieben. Die L teilen sich in zwei Gruppen, die jeweils Beispiele zu einem Phänomen heraussuchen. Dann setzen sich zwei L (einer aus jeder Gruppe) zusammen und ergänzen die Tabelle.
Hinweis: Bei einer Übertreibung wird etwas größer, wichtiger oder schlimmer dargestellt, als es in Wirklichkeit ist, dadurch wird etwas auf- oder abgewertet. Ein Vergleich stellt eine Beziehung zwischen zwei Bereichen her, zwischen denen eine Gemeinsamkeit besteht. Hierdurch können Zusammenhänge klarer hervorgehoben werden.

Übertreibung	**Vergleich**
„einen Schreikrampf bekommen" (Z. 11) „13-mal aus dem Bett gekommen" (Z.14) „Charme einer KGB-Offizierin" (Z. 28f.) „deren Haussegen schief hängt" (Z. 30f.) „aus der Reihe tanzt" (Z. 32) „kleine Tyrannen disziplinieren" (Z. 32f.) „Florian, der von der Super-Nanny gebändigt wurde" (Z. 34f.) „der Fünfjährige sollte ‚nachdenken'" (Z. 39) (Hinweis: ist eher eine Untertreibung) „verbannt" (Z. 37) „verkabelte Eltern" (Z. 42) „gestresste Durchschnittseltern" (Z. 53) „Erziehungsnieten" (Z. 60)	„wie kleine Tyrannen diszipliniert werden können" (Z. 33) „ineinander verknäult" (Z. 23) „KGB-Offizierin" (Z. 28f.) „nistet sich ... ein" (Z. 29f.) „gebändigt" (Z. 35) „verbannt" (Z. 37) „Knopf im Ohr" (Z. 65) „in Verbannung zu verbringen" (Z. 98) „die Kehle zuschnürt" (Z. 106) „in der Manege ... sitze und einen Schimpansen in Anzug und Krawatte beobachte, wie er Männchen macht ..." (Z. 108ff.) „Zirkusaffen" (Z. 114)

„die schlimmsten Szenen zu einem Horrorfilm zusammenschneidet" (Z. 62f.) „ignoranten, rücksichtslosen Egozentriker – ein unausstehliches Balg" (Z. 74f.) „spaziert stramm" (Z. 89f.) „legt flugs ein paar Regeln fest" (Z. 90f.) „ahndet ... jeden Verstoß gegen die neue Familienverfassung" (Z. 92f.) „den halben Tag in Verbannung" (Z. 98)	„Entscheiden, wo es langgeht" (Z. 117) „Ringkampf" (Z. 131) „gackerten" (Z. 131)

A2d In GA diskutieren die L die gestellten Fragen. Anschließend referieren sie im PL einen besonderen Punkt aus ihrer Diskussion (z.B. wo waren sich alle einig/uneinig; was hat sie am meisten überrascht etc.). Weiterführende Fragen: Gibt es diese Sendung auch in ihrem Land? Wie finden Sie die Sendung? Warum? Vor- und Nachteile?

A3a In PA sortieren die L die Aussagen zu und vergleichen dann in GA.

2. antiautoritäre Erziehung; 3. und 4. autoritäre Erziehung; 1. kann man, je nach Argumentation, beiden Stilen zuordnen.

Ü4a Die L lesen die Beschreibungen und notieren Informationen zu den Punkten, anschließend können sie noch einmal zu A3a zurückgehen und vergleichen, wie sie die Aussagen nun zuordnen würden und warum.

Ü4b Die L fassen in EA die Unterschiede der Texte kurz schriftlich zusammen, dann arbeiten sie in PA: Sie lesen beide Texte und notieren sich daraus gelungene Formulierungen zu „Unterschiede darstellen" und „Vergleiche anstellen".

Ⓥ Die L schreiben die Texte als HA, im Unterricht arbeiten sie in PA. Vorgehen, wie oben beschrieben. Dieses Vorgehen erspart Zeit im Unterricht. Allerdings besteht die Gefahr, dass nicht alle L die HA gemacht haben und einen Text mitbringen.

A3b Die L lesen die Aufgabe und die drei Fragen. Sie entscheiden sich für eine Frage und setzen sich mit anderen L zusammen, die sich auch für diese Frage entschieden haben. Achten Sie darauf, dass alle drei Fragen behandelt werden. In den Gruppen stellen sie Vermutungen an und halten diese fest. Die Ergebnisse werden vorgestellt.

A3c Die L bilden zwei Gruppen, die jeweils auf einen Experten aus dem Hörtext achten und sich zu diesem Notizen machen.

Frau Pohl:

Erziehung ohne Zwang	**gesellschaftliche Veränderungen**
• Zwang = Regeln und Grenzen → dann ist es positiv • Kindern fehlt oft jegliche Orientierung, weil sie sie von ihrem Umfeld, meist den Eltern, in frühen Jahren nicht erhalten → sie schaffen sich ihr eigenes Ordnungssystem → damit ecken sie oft an, sie werden auffällig, bekommen Schwierigkeiten, unter denen sie leiden.	• Ursachen für auffällige Kinder teils auch in der Gesellschaft zu suchen (und dem Druck auf die Eltern) • Kinder sind heute meist Einzelkinder → damit Zentrum des Geschehens/Spiegel für elterlichen Erfolg • führt zu folgendem Verhalten: Konflikten aus dem Weg zu gehen und wenig Konsequenz

Kommunikation und Zeit	Kinder als gleichberechtigte Partner
Eltern müssen an sich arbeiten: Konflikt mit Geduld und Zuneigung lösen → Gespräch und Nähe des Kindes suchen	• Kinder = Tyrannen, weil sie alles tun, um ihre Interessen durchzusetzen oder die anderer Leute zu boykottieren • Sie müssen lernen, wann sie eine Entscheidung treffen dürfen und wann nicht (z.B. Essen, Unternehmungen) • Viele andere Entscheidungen sind eine Überforderung. • Kleinkinder werden wie gleichwertige erwachsene Partner behandelt. • Auch Eltern haben Rechte und Pflichten gegenüber dem Kind.
Forderungen an die Schule	**Sonstiges**
• Auch in konventionellen Schulen werden moderne Unterrichtsprinzipien verwirklicht. • Problem: Wie sollen auffällige Kinder mit Konzentrationsschwächen auf das Berufsleben vorbereitet werden? • Kinder können lernen, dass sie Erfolg haben, wenn sie eine Sache zu Ende bringen. • Sie können lernen, dass Arbeiten im Team Spaß macht. • Klassen sollten kleiner sein und Eltern müssen helfen.	betrifft nicht alle, aber einige auffällige Kinder ohne Orientierung aus ihrer Praxis

Herr Meierfeld:

Erziehung ohne Zwang	gesellschaftliche Veränderungen
• Kinder sollen sich ohne Unterdrückung zu selbstbewussten, kreativen, gemeinschafts- und konfliktfähigen Personen oder vielmehr Persönlichkeiten entwickeln. • Zwangfrei ≠ zügellos, bedeutet nicht, dass Kinder machen, was sie wollen → das kann nicht gut gehen.	• Kinder können in unserer hektischen Zeit kaum noch ihrem Bedürfnis nach Spiel, nach Toben und Lautsein nachgehen. • Kinder kommen oft zu wenig an die frische Luft, werden vorm Fernseher ruhig gestellt, müssen v.a. funktionieren.
Kommunikation und Zeit	**Kinder als gleichberechtigte Partner**
• beides wichtige Faktoren • nur wer sich Zeit nimmt, kann etwas mit dem Kind erleben / von ihm erfahren • Kind fühlt sich so wahrgenommen und geliebt – nicht nur als Teil der Familie, sondern als gleichwertiger Mensch	Wünsche und Bedürfnisse eines Kindes haben den gleichen Wert wie die eines Erwachsenen.

Forderungen an die Schule	Sonstiges
• Das traditionelle Schulsystem (45 Min. Unterricht; ständiger Themenwechsel. Notendruck) übt viel Zwang aus und ist nicht in der Lage, die Selbstentfaltung der Kinder voranzutreiben. • Kinder lehnen sich dagegen auf. • Kinder haben eigenen Lernrhythmus, der nicht nach Stundenplan funktioniert. • Es gibt alternative Schulen, die sich mehr danach richten. • kleinere Klassen	ist auch gegen eine Laissez-faire-Haltung

Ü5 Die L hören den ersten Abschnitt noch einmal und kreuzen an.

A3d Anschließend setzen sich zwei L aus verschiedenen Gruppen zusammen und ergänzen ihre Notizen. Diskussion in GA oder PL: Was stimmt mit den Vermutungen überein? Was hat die L überrascht?

A3e Diskussion im PL: Welchen Aussagen stimmen die L (nicht) zu? Warum (nicht)?

A4a Die L lesen die Blogeinträge und entscheiden sich im PL für einen, über den sie diskutieren möchten.

Ⓥ Bei größeren Gruppen (ab zehn Personen) teilen Sie die L in zwei Gruppen, die sich je für einen Blogeintrag entscheiden und über diesen diskutieren, wie in A4b–d beschrieben. So garantieren Sie, dass wirklich jeder zu Wort kommt. Als Abschluss können Sie eine Runde im PL machen, wo die Ergebnisse vom Moderator zusammengefasst werden.

A4b Die L wählen einen Moderator aus ihrer Gruppe, dann bilden sie zwei Gruppen, die für die Diskussion Argumente sammeln, die eine pro, die andere contra antiautoritärer Stil.

A4c In der Gruppe stellen die L Redemittel zusammen, die sie benutzen wollen. Hilfreich hier der Redemittel-Anhang des LB zu den Themen: Zustimmung ausdrücken, Widerspruch ausdrücken, Zweifel ausdrücken.

A4d Die L diskutieren im Kurs.

Hinweis: Der Moderator hat eine wichtige Funktion bei der Diskussion, da er sie lenkt und darauf achtet, dass alle zu Wort kommen. Er gibt eine kleine Einführung ins Thema, stellt Fragen und fasst Argumente zusammen. Es bietet sich an, dass sich alle L gemeinsam überlegen, wie die Einleitung des Moderators aussehen soll und welche Regeln für die Diskussion gelten, z.B. dass der Moderator am Anfang jedem das Wort erteilt. Mögliche Redemittel für den Moderator finden Sie auf KV14, LHR, S. 134.

Ⓥ Bei größeren Gruppen bietet es sich an, die L in KG aufzuteilen, damit alle etwas sagen. Dazu müssen die L bei A4b mehrere Moderatoren auswählen, die sich zusammensetzen und sich eine Einführung überlegen. Außerdem können sie Fragen entwickeln und Regeln für die Diskussion festlegen, die sie den anderen L am Anfang der Diskussion mitteilen.

A5 Die L antworten auf einen Blogeintrag mit den angegebenen Punkten. Auch als HA geeignet. Möglichkeit der ersten Fehlerkorrektur im Kurs. In PA tauschen die L ihre Texte aus und korrigieren den des anderen.

A6 TELC Vorbereitung auf die C1-Prüfung: TELC Deutsch C1, Mündlicher Ausdruck, Teil 2. Nähere Informationen zu den einzelnen Prüfungsteilen finden Sie im Anhang, LHR, S.150f.
Die L wählen ein Thema aus und bereiten sich darauf vor. In PA halten sich die L gegenseitig die Kurzvorträge. Der L, der gerade nicht vorträgt, notiert sich Fragen, die er am Ende stellt.

Film Intuition – das schlaue Gefühl

A1 Die L sprechen in KG über die angegebenen Fragen. Lenken Sie die Aufmerksamkeit der L sowohl auf den privaten Bereich (z.B. Einkauf, Freizeitgestaltung, Wahl der Freunde/Partner) als auch auf öffentliche Situationen (z.B. Arbeit, Lernen, Prüfungssituationen). Weiterführende Frage: Warum denken und handeln Sie manchmal auch intuitiv (nicht bewusst/rational)? Mögliche Antwort:

Oft ist nicht genügend Zeit, eine Situation rein rational und faktisch zu durchdenken – in diesen Fällen spielt die Intuition eine Rolle.

A2a Die L sehen den Film und notieren alles, was für eine Definition von Intuition wichtig ist.

- auf das setzen, was man kennt/wiedererkennt, was einem bekannt vorkommt, wovon man schon mal gehört hat
- evolutionär entstanden; ähnliche Mechanismen auch bei Tieren
- früher aufgenommene Informationen bleiben im Gedächtnis haften und können dann intuitiv abgerufen werden
- Eindrücke aus der Umwelt und viele Gedächtnisinhalte werden gleichzeitig miteinander verglichen
- stellt sich meist ein, wenn der Verstand ruht und das Gehirn mit etwas anderem beschäftigt ist
- kann man trainieren
- Kernpunkt der Intuition: aufs Wesentliche reduziert, aus den Informationen die wichtigen herausgreifen und alles andere ignorieren
- beziehen ihre Informationen aus der realen Welt um uns herum
- unbewusster Lernprozess; das Gelernte steht plötzlich und unerklärlich zur Verfügung

A2b In KG formulieren die L eine Definition für ein Wörterbuch. Lösungsbeispiele:

- aus Langenscheidts „Großwörterbuch Deutsch als Fremdsprache" (2003): 1 das Ahnen od. Verstehen von Zusammenhängen o.Ä. aufgrund eines Gefühls od. Instinkts 2 etw., das man durch I. fühlt od. weiß ... Synonym: Eingebung
- aus „Duden Band 1" (24. Auflage, 2006): Eingebung, ahnendes Erfassen; unmittelbare Erkenntnis [ohne Reflexion]
- aus Wikipedia (Deutsch), Stand: 26. August 2009: Die Intuition (v. lat.: intueri = betrachten, erwägen; PPP intuitum) ist die Fähigkeit, Einsichten in Sachverhalte, Sichtweisen, Gesetzmäßigkeiten oder die subjektive Stimmigkeit von Entscheidungen ohne diskursiven Gebrauch des Verstandes, also etwa ohne Schlussfolgerungen, zu erlangen. Das vom Substantiv Intuition abgeleitete Adjektiv ist intuitiv. Intuition steht letztlich hinter aller Kreativität. Der danach einsetzende Intellekt führt nur noch aus oder prüft bewusst die Ergebnisse, die aus dem Unbewussten kommen.

A2c Die verschiedenen Definitionen werden vorgelesen und die L vergleichen sie. Welche Definitionen sind am besten? Warum?

A3a Die L sehen den ersten Teil des Films und beschreiben das Experiment unter Berücksichtigung der Vorkenntnisse der Textpersonen und deren Entscheidungsfindung.

Die Testpersonen sollen entscheiden, welches Unternehmen die höhere Marktkapitalisierung (die größere Menge an Geldumläufen) hat. Die Personen entscheiden sich für das Unternehmen, das ihnen allen bekannt ist (die dritte Person kennt als einzige die Firma Linde nicht).

A3b In KG Vorgehen, wie beschrieben. Lösungsvorschlag:

Aus dem Experiment „Wiedererkennungsintuition" kann man ableiten, dass z.B. ein Produkt, das viel beworben wird oder über das in verschiedenen Situationen gesprochen wird (da es vielleicht gerade im Trend liegt), eher gekauft wird als ein unbekanntes. Massive Werbung kann allerdings auch zum Gegenteil der beabsichtigten Wirkung führen: zur Ablehnung des Produkts.

A4a Die L bilden Gruppen zu je drei Personen. Sie lesen die Aufgabe und führen das Experiment durch. Die L sollen sich einigen, wie viele Münzen sie an die fiktive andere Gruppe abgeben würden. Dabei geht es um zwei Punkte: 1. Wie viele Münzen wären gerecht? 2. Wollen sie diese Anzahl auch reell abgeben oder mehr/weniger?
Es ist nicht unbedingt nötig, dass die L tatsächlich die Münzen auf dem Tisch liegen haben, aber es macht die Diskussion realer, sinnlicher und anschaulicher, wenn die L mit realen Gegenständen arbeiten.
Machen Sie den L deutlich, dass sie jeweils zwei Zahlen diskutieren sollen, denn wichtig ist bei diesem Experiment u.a. der Unterschied zwischen moralischen Werten und realem Handeln. Die Differenz kann man damit erklären, dass (soziale) Gruppen dazu neigen, einen Vorsprung gegenüber anderen Gruppen zu erhalten; trotzdem soll(en) die andere(n) Gruppe(n) weiterexistieren können, als möglicher Verbündeter o.Ä.

A4b–c Die L schreiben ihre Ergebnisse an die Tafel, vergleichen und diskutieren die Unterschiede im PL. Dann lesen sie die Ergebnisse des Max-Planck-Instituts und vergleichen. Diskussion zu den angegebenen Fragen.
Ergebnis Max-Planck-Institut: Das Experiment „Gerechtigkeitsintuition" am Max-Planck-Institut wurde mit Personen unterschiedlichen Alters durchgeführt und hat folgende Ergebnisse gezeigt: Als gerecht wird die Teilung der Münzen in gleich große Teile empfunden. Tatsächlich würden die Gruppen (Erwachsene ab 17 Jahre) aber nur 6–7 Münzen an die andere Gruppe abgeben. Jüngere Testpersonen würden mehr Münzen abgeben – durchschnittlich 8,5 Münzen.

A5a Nun sehen die L die zweite Sequenz und notieren, wie Intuition aus medizinischer Sicht erklärt wird. Zusammentragen im PL.

- Im westlichen Kulturkreis wird Intuition, die innere Stimme, im Bauch (im Magen/Darm) vermutet.
- Der Darm ist mehr als Verdauungsorgan – hat die meisten Nervenzellen außerhalb des Gehirns.
- Aus den 100 Millionen Nervenzellen werden ständig Informationen an das Gehirn geschickt.
- Das limbische System im Gehirn, auf der linken Gehirnseite, nimmt die emotionalen Signale wahr.
- Die meisten Verarbeitungsprozesse im Gehirn nehmen wir nicht wahr.

A5b Gespräch im PL über Redewendungen zur Intuition.

A6a Die L sehen die dritte Sequenz und machen sich zur angegebenen Frage Notizen.

Um intuitives Verhalten zu begünstigen und zu trainieren:
- Distanz von der Alltagshektik, Stille und Entspannung, Rückzug
- Der Verstand soll ruhen, das Gehirn soll mit etwas anderem beschäftigt sein.
- aber auch Kontakt; Mimik, Gestik, Gefühle wahrnehmen
- gezeigte Beispiele (Bilder) im Film: meditierender Mann; Leute im Park, die Fahrrad fahren, sich sonnen, jonglieren etc.

A6b Abschließende Diskussion in GA dazu, ob die L eher Bauch- oder Kopfmenschen sind und ggf. auch dazu, wie sie sich intuitivem Verhalten öffnen (Sequenz aus A6a wird dann noch einmal aufgegriffen).

Die schöne Welt der Künste — 9

Aspekte von Kunst und Kultur finden die L in Kapitel 9. Nach dem Auftakt, bei dem die L ihr Wissen über Kunst in einem Quiz testen, beschäftigen sie sich in Modul 1 mit dem Thema „Kreativität": Was ist Kreativität und wie können wir sie fördern? Bei Modul 2 erfahren die L einiges über Filmproduktionen und ihre Hintergründe, schreiben ein Exposé und können zum Abschluss einen eigenen kleinen Film drehen. Modul 3 beschäftigt sich mit den Schwierigkeiten des Künstlerlebens und Modul 4 bildet den Abschluss mit dem Thema „Lesen", in dem sich die L mit den Vorlieben anderer sowie ihren eigenen Vorlieben auseinandersetzen. Mit dem E-Book lernen sie ein neues Produkt kennen und beschäftigen sich mit der Bereitschaft von Lesern, Bildschirmtexte zu lesen.

Lernziele

Sie lernen	
Ein Fazit aus Texten zum Thema „Kreativität" ziehen	Modul 1
Einen Radiobeitrag über Filmproduktionen zusammenfassen und ein Exposé für einen Film schreiben	Modul 2
Einen Brief schreiben und Ratschläge geben	Modul 3
Einen autobiografischen Text verstehen und über Lesegewohnheiten sprechen	Modul 4
Einen Radiobeitrag über ein neues Produkt verstehen und eine Grafik beschreiben	Modul 4
Grammatik	
Trennbare und untrennbare Verben	Modul 1
Konnektoren (*andernfalls, demnach, folglich, ...*)	Modul 3

Auftakt Die Welt der schönen Künste

A1a Vorgehen, wie beschrieben. Die L sammeln im PL an der Tafel Ideen. Beispiele:

Theater, Film, Malerei, Musik (Komponisten + Künstler), Skulpturen, Dichtung, Literatur, Fotografie, Architektur etc.

Ü1–2 Um den Wortschatz zu wiederholen und zu erweitern, lösen die L in PA Ü1 und Ü2. Anschließend wird wichtiger Wortschatz geklärt.

A1b–c Die L arbeiten in KG und lösen das Quiz. Die Lösungen der Gruppen werden festgehalten und mit der Lösung im LB kontrolliert. Welche Gruppe hat die meisten richtigen Antworten? Die L können hier ihr Hintergrundwissen/Vorwissen einbringen und den anderen L erzählen, was sie zu einzelnen Fragen wissen (z.B. Nr. 8: Daniel Brühl und Moritz Bleibtreu sind Schauspieler; Herbert Grönemeyer ist Musiker und einer seiner Hits war das Lied „Mensch", vgl. Auftakt K8, o.Ä.)

A1d Anschließend vergleichen die L die Bereiche der Kunst aus dem Quiz und die, die sie in A1a genannt haben. Gibt es Unterschiede?

Film; Musik; Theater; Literatur; Fotografie; Malerei; Architektur; Musik

A1e In KG sprechen die L über die angegebene Frage und begründen, warum ein Bereich sie (nicht) interessiert.

A2 In KG finden sich L mit denselben Interessen zusammen, recherchieren zu ihrem Bereich und erstellen Quizfragen, die die anderen L lösen. Wenn die L keine Möglichkeit haben, im Kursraum zu recherchieren, geben Sie die Aufgabe als HA und lassen Sie die selbst erarbeiteten Quizfragen in der nächsten Kursstunde in KG lösen.

Ü3 Als HA geeignet.

Modul 1 Kreativ

A1 Die L überlegen sich in KG, in welchen Situationen Kreativität gefragt ist, z.B. bei der Lösung eines Problems, bei einer Präsentation im Arbeitsleben, ... Anschließend vergleichen sie im PL ihre Ideen. Waren die Ideen der einzelnen KG ähnlich oder gab es große Unterschiede?

Ü1 Als HA geeignet.

A2a Die L lesen die Thesen A–D und sprechen in GA darüber, welchen sie zustimmen und welchen nicht. Im Anschluss daran lesen sie die Texte und überlegen in Gruppen, welche Thesen zu welchem Text passen und warum.

1C; 2D; 3A; 4B

Ⓥ Wirbelgruppenaktivität: Kopieren Sie die einzelnen Texte auf unterschiedlich farbiges Papier. In KG lesen die L zusammen einen Text, klären schwierige Wörter oder Dinge, die sie nicht verstanden haben. Dann setzen sie sich mit je einem L der anderen drei Gruppen zusammen (geben Sie die Anweisung, dass sich jeder drei Personen mit Texten unterschiedlicher Farbe suchen muss). Die L erzählen sich gegenseitig ihre Texte und sprechen über ihre Meinung zum eigenen Text und zu den Texten der anderen. Anschließend gehen die L in ihre Ausgangsgruppen zurück und ordnen die Thesen den Texten zu aufgrund der Erzählungen der anderen L. Vergleich im PL.

A2b Im PL überlegen die L, ob die Thesen in den Texten bestätigt oder widerlegt werden.

A2c In GA formulieren die L je einen Tipp zu den Texten, wie man diese Informationen nutzen könnte. Die Tipps werden auf Plakate geschrieben und im Kursraum aufgehängt. Anschließend lesen die L die Tipps der anderen Gruppen, vergleichen sie und diskutieren über die Texte: Stimmen Sie den Texten zu? Was denken Sie? Ist man wirklich unkreativer, wenn es einem schlecht geht? etc. Lösungsmöglichkeit:

Tipp Text 2: Wenn man sich eine Zeit lang mit einem Problem auseinandergesetzt hat, sollte man erst einmal nicht mehr darüber nachdenken und etwas anderes an einem anderen Ort machen. Das Gehirn wird so abgelenkt und meist kommen dann die Ideen.
Tipp Text 3: Wenn man in schlechter Stimmung oder deprimiert ist, sollte man lieber keine Arbeiten machen, die Kreativität erfordern. Wenn man gute Laune hat, sollte man seine Ideen und den Einfallsreichtum nutzen.
Tipp Text 4: Jeder Experte sollte versuchen, sich aus seinem Spezialbereich zu lösen, um kreative Ideen zu bekommen. Wenn man zu viel weiß, kann das Denken eingeengt werden.

Ü2a–e In GA lesen die L die Übungen und entscheiden sich für mind. zwei, die sie bearbeiten möchten. Geben Sie ihnen genügend Zeit, dann stellen die L im PL ihre Resultate vor.

Ü2f Anschließend berichten die L im PL über weitere Übungen zur Kreativität.

A3a Im PL wiederholen die L trennbare bzw. untrennbare Vorsilben:

untrennbar: *be-, ent-, er-, ge-, hinter-, miss-, ver-, zer-*
trennbar: *ab-, an-, auf-, aus-, bei-, dar-, ein-, fehl-, für-, inne-, los-, nach-, rück-, schwer-, vor-, wieder-, zu-, zurecht-, zusammen-, zwischen-*

Die L suchen im Text nach Verben mit Präfixen und notieren sie in die entsprechende Spalten.

	trennbare Verben	untrennbare Verben
1	durchsetzen, zusammensitzen, aussprechen, schwerfallen, einhalten, zuhören	bewerten, erscheinen, erweisen, beäugen, unterbrechen, verlieren
2	einfallen, nachgehen, ablenken	berichten, versuchen, erzwingen, entscheiden, entstehen, beantworten
3	heranziehen, herausfinden, vorführen	verfassen, gewinnen, widersprechen, befinden, versetzen
4	auskennen, ablaufen	erfinden, entwickeln, verstellen

Ü3 Als HA geeignet.

A3b Die L lesen die Aufgabenstellung und markieren in unterschiedlichen Farben die trennbaren bzw. untrennbaren Verben und analysieren danach die Tabelle: Wann sind die Verben trennbar, wann untrennbar?

	Vorsilbe		Bedeutung: eher	
	betont	unbetont	wörtlich	bildhaft
1. Jeder **durchläuft** unkreative Phasen, das ist völlig normal. Manchmal hilft ein gutes Seminar.		x		x
2. Die Kaffeemaschine war verkalkt und der Kaffee konnte nicht durchlaufen.	x		x	
3. Im Seminarraum war es kalt und alle mussten sich etwas überziehen.	x		x	
4. Leider hielt sich der Seminarleiter nicht an den Zeitplan und **überzog** fast zwei Stunden.		x		x
5. Jemand berichtete, dass einem bekannten Werbefachmann Ideenklau **unterstellt** wurde.		x		x
6. Das Seminar fand im Freien statt, aber bei Regen konnte man sich unterstellen.	x		x	
7. Viele Ideen zur Förderung der Kreativität wurden nur **umschrieben** und nicht im Detail erklärt.		x		x
8. Das Seminar war nicht gut. Der Seminarleiter sollte sein Konzept besser komplett umschreiben.	x		x	

Hinweis: Ist die Vorsilbe unbetont und die Bedeutung des Wortes eher bildhaft, ist das Verb untrennbar. Ist die Vorsilbe betont und die Bedeutung des Wortes eher wörtlich zu verstehen, ist das Verb trennbar.

Ü4 In EA wenden die L das Gelernte direkt an und bilden Sätze. Dann vergleichen sie in PA. Im Anschluss werden Fragen im PL geklärt.

Ü5 Als HA geeignet.

A4 Vier Gruppen: Jede Gruppe sucht für eine Vorsilbe aus A3b mit dem Wörterbuch möglichst viele Verben, notiert sie und bildet mündlich je einen Beispielsatz. Nach fünf Minuten wird rotiert und die nächste Gruppe bildet Beispielsätze zu den notierten Verben.

Modul 2 Film ab!

A1a In GA lesen die L die Aufgabe, sehen sich die Fotos an und sammeln Ideen, die sie auf Plakate notieren. Diese werden im Kursraum aufgehängt, damit auf sie immer wieder verwiesen werden kann.

A1b Die L ordnen in PA die Schritte den Phasen der Filmproduktion zu. Ein Paar kann es direkt an der Tafel/OHP/Whiteboard machen. Evtl. Klärung unbekannter Wörter im PL.

Vorproduktion	Produktion	Nachbearbeitung
• Idee für einen Film • Anschaffung von Kostümen und Requisiten • Aufstellen des Drehplans • evtl. Bau von Kulissen für den Film • Einholen von Drehgenehmigungen und Lizenzen • Engagement eines Drehbuchautors, Regisseurs und Kameramanns durch einen Produzenten • Suche nach passenden Schauspielern und Drehorten • Suche nach Produzenten • Zusammenfassung der Idee in einem Exposé	• aktive Arbeitsphase für Regie, Kamera, Ton, Licht, Maske, Requisite • Schauspieler in Aktion • Überprüfung des Ablaufs am Set • Verpflegung des Drehteams	• Erstellung von Vorspann und Abspann • evtl. Nachsynchronisierung • Hinzufügen von Ton- und Spezialeffekten • Schneiden des Films • Unterlegung mit Musik

Ü1 Zur Wiederholung und Erweiterung des Wortschatzes ordnen die L in PA die Berufsbezeichnungen den Definitionen bzw. Bildern zu und vergleichen mit einem anderen Paar. Anschließend in KG: Die L beschreiben die auf den Fotos dargestellten Berufe mündlich und die anderen aus der Gruppe raten, um welchen Beruf es sich handelt und ob alles Wichtige gesagt wurde.

A1c Anschließend vergleichen die L alle Informationen, die sie nun über eine Filmproduktion haben, mit ihren eigenen Plakaten. Haben sie noch weitere wichtige Dinge genannt? Haben sie etwas vergessen? Würden sie noch etwas ergänzen?

A2a Vorgehen, wie beschrieben.
Ⓑ Teilen Sie die Gruppen ein. Die Aufgaben der Gruppe A sind am einfachsten.

Gruppe A: Mögliche Probleme beim Erstellen eines Filmes	Gruppe B: Beschriebene Techniken und Verfahren	Gruppe C: Personen und ihre Besonderheiten
• Wetter bei Außendrehs • Drehpläne müssen umgestellt werden • Krankheit/Unfälle/Tod • neugierige Touristen • Verhaftung • hoher Druck und Wartezeiten, Langeweile, immenses Arbeitspensum → Konflikte und Streitigkeiten	• bei Tod des Hauptdarstellers: Austausch mit einem Double (per Computertechnik verändert, sodass Zuschauer es nicht merkt) • Spiegeltrick: hierdurch kann man die Illusion erzeugen, dass Schauspieler in kleinen Modellbauten nahezu lebensecht agieren • Matte-Trick: Schauspieler vor schwarzer Wand	• Tom Cruise: bei Dreharbeiten zu „Mission Impossible" in Prag verhaftet • Streit zwischen Billy Wilder und Marilyn Monroe, die bei „Manche mögen's heiß" Alkoholprobleme hatte, was ihr Spiel beeinträchtigt hat • Tod von James Dean und Brandon Lee bei Dreharbeiten • James Cameron: immer größere und unglaublichere Effekte • Egon Schüfftan: Pionier des Effektkinos • John Fulton: Special Effects

Ü2 Die L hören den Text noch einmal, vergleichen mit der Zusammenfassung und markieren und korrigieren die Fehler. Austausch in KG.

A2b Die einzelnen Gruppen vergleichen ihre Informationen und einigen sich auf die, die sie vorstellen möchten. Anschließend stellen die drei Gruppen ihre Notizen vor.

A2c Je drei L aus den drei Gruppen setzen sich zusammen und entscheiden, welche fünf Informationen die wichtigsten sind. Diese notieren die L auf Plakate. Vergleich der Plakate. Haben alle KG ähnliche Lösungen? Wo gibt es Gemeinsamkeiten/Unterschiede?

A3a Im PL sammeln die L Ideen, was einen guten Film ausmacht. Lösungsbeispiele:

Handlung, Schauspieler, Kameraeinstellung, Requisite, Special Effects, neue Ideen, emotionale Bindung

A3b Die L lesen den Text und notieren die Zeilenangabe zu den vier Punkten.

1. Exposition: Z. 1–11; 2. Entwicklung: Z. 11–23; 3. Zuspitzung: Z. 23–36; 4. Auflösung: Z. 37–49

Ü3 Als HA geeignet.

A4 Ⓔ Die L setzen sich in Gruppen zu dritt zusammen und überlegen eine Idee für einen kleinen Film/Videoclip. Danach schreiben sie das Exposé zum Film und drehen den Film. Zur Motivation: Die L drehen den Film bis zu einem vereinbarten Termin. Dann werden die Exposés und die Filme vorgestellt. „Oscarverleihung": Nach der Vorstellung bilden sich KG, die einzelne Kategorien bewerten (z.B. die beste Idee, das beste Exposé, die beste Kamera, den besten Schauspieler). Anschließend wird der Preis durch die Gruppen verliehen. Wichtig ist hier die Begründung. Schön wäre es, wenn die Gruppen dann tatsächlich einen kleinen Preis bekommen.

Modul 3 Ein Leben für die Kunst

A1 Die L diskutieren die Frage im PL.

🔑 Beispiele für Voraussetzungen: herausragendes Talent, Durchhaltevermögen, Disziplin, ...

A2a–b
Ü1 Die L lesen die Texte und beantworten die Fragen. Anschließend Austausch in GA, dann lösen die L Ü1 erst in EA, dann Vergleich in PA. Bei Unstimmigkeiten wird die entsprechende Stelle in den Texten gesucht.

Ⓥ Bilden Sie drei Gruppen. Jede Gruppe liest einen Text, v.a. im Hinblick auf die gestellten Fragen. Anschließend setzen sich je ein L aus den verschiedenen Gruppen zu Dreier-Gruppen zusammen, ergänzen ihre Informationen und machen in EA Ü1. Konnten sie alles beantworten?

🔑

	Text 1	**Text 2: Fred**	**Text 3: Astrid**
2a	• Talent und Handwerk • Schaffen eines Netzwerks (gute Kontakte helfen) • unbändiger künstlerischer Drang/Durchhaltervermögen/Glauben an sich selbst • sich nicht entmutigen lassen und es immer wieder versuchen	• Hoffnung • Aufregung/„Kribbeln" beim Entwickeln neuer Ideen	
2b	• harte Arbeit • unsicherer Weg, Konkurrenz groß, Erwartungen hoch, keine festen Arbeitszeiten, finanzielle Unsicherheit	• bei ihm geht es darum, zu überleben • braucht finanzielle Unterstützung von seinen Eltern • will ohne das „Kribbeln" nicht leben	• harte Arbeit • Angst davor, aufzugeben, weil es keinen finanziellen Erfolg gibt • braucht zweites Standbein, um überleben zu können (Museumspädagogin)

A3 In KG diskutieren die L, ob sie als Künstler leben und arbeiten könnten: Warum (nicht)? Interessante Diskussionspunkte werden im PL vorgestellt.

A4a Die L ordnen die Konnektoren ihrer Bedeutung zu. Bei Problemen lesen die L noch einmal die Texte, markieren die Konnektoren und versuchen so, die Bedeutung herauszufinden.

🔑

Gegensatz	**Folge**	**Zeit**
demgegenüber, dennoch, stattdessen, vielmehr, wohingegen	andernfalls, infolgedessen, somit, sonst	daraufhin, währenddessen

A4b Direkt im Anschluss notieren die L in PA die Bedeutung der angegebenen Konnektoren. Verweisen Sie auch auf die Grammatik-Rückschau am Ende des Kapitels.

🔑 2. Folge; 3. Zeit; 4. Folge

Ü2 Die L lösen Ü2 und vergleichen sie in PA. Wo gibt es Fragen und Probleme? Diese werden im PL erklärt, am besten von anderen L, die diese Probleme nicht haben.

Ü3 Als HA geeignet.

Ü4 Als HA recherchieren die L Informationen zu einem Künstler / einer Künstlerin und beschreiben unter Verwendung von Konnektoren seinen/ihren Werdegang. Geben Sie die Option, dass die L ihren Text auch zusätzlich als Referat im Kurs vorstellen können.

Ü5 Die L lesen die kurzen Dialoge und diskutieren in KG über die Bedeutung der fett gedruckten Redewendungen.

Ⓔ Die L suchen in PA weitere Redewendungen/Sprichwörter/berühmte Sätze zu „Kunst" im Internet. Dann schreiben sie entweder kleine Dialoge, damit die anderen anhand der Dialoge die Bedeutung erklären können oder sie interpretieren die Sprichwörter und Sätze, die sie gefunden haben und diskutieren, was sie zu dem Satz meinen.
Beispiele für Redewendungen: „am Ende seiner Kunst sein"; „eine Kunst für sich sein"
Beispiele für Sätze: „Ein Kompromiss, das ist die Kunst, einen Kuchen so zu teilen, dass jeder meint, er habe das größte Stück bekommen." (Ludwig Erhard); „Zufrieden sein ist große Kunst, zufrieden scheinen bloßer Dunst, zufrieden werden großes Glück, zufrieden bleiben Meisterstück." (Sprichwort)
Weitere Redewendungen: http://www.redensarten-index.de und den Suchbegriff „Kunst" oder http://www.zitate-online.de/stichworte/kunst/

A5
P
TELC

Vorbereitung auf die C1-Prüfung: TELC Deutsch C1, Schriftlicher Ausdruck, Teil 2. Nähere Informationen zu den einzelnen Prüfungsteilen finden Sie im Anhang, LHR, S. 149f.
Im Kurs oder als HA schreiben die L einen Brief, wie in der Aufgabe beschrieben. Auch hier können Sie vorher mit den L die Prüfungstipps aus dem Anhang durchgehen. Anschließend korrigieren sich die L erst gegenseitig, bevor Sie die Briefe unter Beachtung der Prüfungsvorgaben korrigieren.

Modul 4 Leseratten

A1a Die L sammeln im PL weitere Wörter für Leseratte. Sie überlegen, welche Wörter es in ihren Sprachen gibt. Mögliche Lösungen:

🔑 Bücherwurm, Bücherratte, Bücherfreund, Bücherliebhaber, Büchermensch, Büchernarr, Vielleser, Bibliophile/r, Bibliomane

A1b In GA sprechen die L über ihre Vorlieben bzgl. Büchern und Texten und begründen sie.

A2a Die L lesen den Text und beantworten die Fragen in PA. Vergleich im PL.

🔑
1. Z.1–5: Eltern waren Leseratten, kein Fernseher, abends lasen die Eltern → sie auch
2. Z. 5–13: lag lesend auf dem Sofa – tauchte in die Welt der Geschichten ein („erlebte" die Geschichten)
3. Z. 18–20: war enttäuscht, weil die eigene Fantasie immer schöner ist
4. Z. 14–27: erst die Kinderbücher ihres Vaters, dann die Jugendbücher ihrer Mutter
5. Z. 28–32: Vorlesen begeistert sie, weil man der Geschichte zu Leben verhilft, sie teilen kann.
6. Z. 33–46: Lesen hat sie nicht mehr losgelassen/Lesen ist wie Atmen für sie.

Die schöne Welt der Künste

Ü1a Die L lesen den Tipp im PL, anschließend bearbeiten sie Ü1a als HA.

Ü1b Je nach Zeit: Option A: Die L suchen im Internet Informationen zu einem Buch von Stefan Zweig und/oder lesen es. Zu einem angegebenen Termin stellen sie dieses Buch im Kurs vor. Option B: Die L stellen ein Buch ihrer Wahl, das sie gelesen haben, im Kurs vor (siehe KV15, S. 135).

A2b Die L diskutieren in KG die angegebenen Fragen und begründen ihre Meinung. Im PL wird festgehalten, welche Meinung im Kurs vorherrscht.

A3a–b Die L beantworten die Fragen in EA, dann vergleichen sie ihre Antworten mit den anderen L und erstellen eine Kursstatistik, die an der Tafel / auf Folie / auf einem Plakat festgehalten wird, da sie für die A3d noch gebraucht wird.

Ⓥ Diese Aufgabe eignet sich auch gut als Kursinterview: Die L berichten drei anderen L von ihren Lesegewohnheiten. Anschließend stellt jeder eine Person im PL vor, während der Präsentation halten zwei L die Informationen an der Tafel / am OHP fest. So erhält man bei der Präsentation direkt die Kursstatistik, mit der man dann in A3d weiterarbeiten kann.

A3c Vorbereitung zum Vergleich von Statistiken. Die L sortieren die Redemittel in die Tabelle. Vergleich im PL: Kopieren Sie die Tabelle auf Folie und lassen Sie die L die Redemittel dort sortieren.

Ähnlichkeiten	Unterschiede	Überraschendes
Ähnliche Ergebnisse werden auch in … deutlich. In diesem Punkt sind sich beide … ähnlich. Das gleiche Ergebnis ist auch in … zu erkennen. Genauso verhält es sich auch bei … Eine vergleichbare Situation erkennt man … Auf beide … trifft zu, dass … Hinsichtlich des/der … ähneln sich … und … (sehr). … ist vergleichbar (mit) … Vergleicht man … und … erkennt man große Übereinstimmungen.	Anders als in der Umfrage, … Die Ergebnisse unterscheiden sich deutlich / sind sehr verschieden. Im Unterschied zu … Im Gegensatz zu … Ganz anders stellt sich … dar. … und … unterscheiden sich klar/deutlich voneinander.	Erstaunlich finde ich, dass … Das Eigenartigste/Merkwürdigste/Seltsamste ist … Ich habe nicht gewusst, dass … Völlig neu war/ist für mich, dass … Ich hätte nicht gedacht/erwartet, dass … Überraschend ist die Tatsache, dass …

A3d Mit den gesammelten Redemitteln vergleichen die L nun in KG ihre eigene Kursstatistik mit den Ergebnissen einer Umfrage in Deutschland.

A4a Die L hören den Radiobeitrag und machen sich Notizen zu den angegebenen Punkten, die sie danach in KG vergleichen und ergänzen.

1. E-Book (elektronisches Buch)
2. 300 Euro

3. so groß wie ein Taschenbuch, 300 Gramm, in der Hand hat man den Bildschirm, gestochen klares Schriftbild, das nicht blendet (durch E-Ink)
4. kann 160 Bücher darauf speichern, die man im Internet kauft; geht sparsam mit Energie um (kann 6.800 Seiten mit Akku lesen); braucht beim „Umblättern" etwas Zeit – mithilfe einer Taste lässt man nächste Seite anzeigen
5. Klaus Siblewski: Lektor beim Luchterhand-Verlag/Fabian von Keudell: Redakteur bei der Computerfachzeitschrift Chip
6. Siblewski: E-Book leichter als Manuskripte, daher leichter zu transportieren
   von Keudell: liest sich wie ein richtiges Buch, weil Tinte nicht blendet, umblättern dauert zu lange
   beide: es wird im Wissenschaftsbereich, unter Studenten und Dozenten ein wichtiges Handwerkszeug; bei „normalen" Lesern eher noch nicht, ist noch zu teuer und man muss gut darauf aufpassen; außerdem will man etwas „zum Anfassen" haben

A4b — Anschließend fassen die L in PA den Radiobeitrag zusammen. Austausch der Zusammenfassungen in GA. Dann Diskussion, ob sie ein solches Gerät kaufen würden (oder nicht) und warum (nicht).

Ü2 P TELC — Vorbereitung auf die C1-Prüfung: TELC Deutsch C1, Leseverstehen, Teil 2. Nähere Informationen zu den einzelnen Prüfungsteilen finden Sie im Anhang, LHR, S. 146.
Als HA geeignet. Erklären Sie den L die Vorgehensweise: Sie lesen zuerst die zehn Aussagen, die sie dann den Textabschnitten A–F zuordnen sollen. Alle Aussagen müssen zugeordnet werden, d.h., mehrere Aussagen können zu einem Textteil passen. Kontrolle im PL. Klärung von Schwierigkeiten.

A5 P GI — Vorbereitung auf die C1-Prüfung: Goethe- Zertifikat, Schriftlicher Ausdruck, Teil 1: Nähere Informationen zu den einzelnen Prüfungsteilen finden Sie im Anhang, LHR, S. 141.
Die L lesen die Aufgabe und schreiben zu den angegebenen Punkten einen Text. Wenn möglich, geben Sie ihnen so viel Zeit wie in der Prüfung, sammeln sie die Texte anschließend ein und bewerten Sie sie nach den Prüfungskriterien.
Ansonsten lassen Sie die L diese Aufgabe als HA machen.

Film „Das hier ist wichtig"

A1a–c — Die L sehen den Film und beantworten die Fragen. Dann diskutieren sie in GA.

A1a: Die Zuordnung zu den Kategorien ist nicht eindeutig; am ehesten passen Experiment und Drama. Man kann vermuten, dass sich Leute für den Film interessieren, die Kunstfilme mögen, offen für und neugierig auf Neues sind und keine klischeehaften Antworten erwarten, sondern Zusammenhänge entdecken wollen.
A1c: Die Aussage des Films ist dem Zuschauer und seiner Wahrnehmung überlassen.

Informationen zu „Der Termin"
Der Film erinnert in seiner Grundstimmung an die Dramen des irischen Schriftstellers Samuel Beckett (1906–1989; 1969 Nobelpreis für Literatur; sein bekanntestes Werk „Warten auf Godot"), in denen es in der Regel keine erkennbare Handlung gibt und die eine Atmosphäre von Sinnentleerung, Überdruss und Aussichtslosigkeit vermitteln. Auch in „Der Termin" scheinen die Figuren auf etwas zu warten, wohl auf den Bus, der sie zu einem Bewerbungsgespräch bringen soll. Während Wolfgang recht motiviert erscheint, reagiert Jochen auf alle Versuche Wolfgangs, ihn zur Aktivität anzuregen, ablehnend. Am Ende stellt sich heraus, dass die Männer die Bushaltestelle selbst

aufgebaut haben, es also keine Chance gab, dass der Bus sie von hier aus mitnimmt. Sie packen ihre Sachen zusammen und verschwinden im Nirgendwo.

A2a In PA notieren die L die Antworten auf die Fragen. Als Vergleich können Sie noch einmal einen Sachfilm aus einem anderen Kapitel zeigen.

a K; b S; c S; d K; e K

A2b Im PL werden weitere typische Merkmale festgehalten.

Generell kann man sagen, dass bei künstlerischen Filmen die einzelnen Bereiche (Kamera, Ton, Musik, Licht, Kostüme, Requisiten, Kulisse/Umgebung usw.) bewusster und gezielter (für die künstlerische Aussage) eingesetzt werden. Daher ist der zeitliche Aufwand für die Vorbereitung, am Drehort selbst sowie in der Nachbearbeitung in der Regel deutlich höher als bei Reportagen zu aktuellen Themen. Dokumentarfilme versuchen authentisch zu sein, haben also das Ziel, eine Realität wiederzugeben, es macht den Anschein, als sei das Filmteam gar nicht dabei. Dokumentar- und Sachfilmen gehen oft lange journalistisch-wissenschaftliche Recherchearbeiten voraus.

A3 Die L teilen sich in zwei Gruppen und wählen eine der beiden Aufgaben. Sie sehen die erste Sequenz noch einmal.
Gruppe A liest ihre inneren Monologe anschließend mit entsprechender Intonation vor.
Gruppe B spielt den inneren Dialog zeitgleich zu der ersten Sequenz des Films.

Für das Schreiben des inneren Monologs/Dialogs sollte vielleicht nur ein Moment / eine Szene aus dem Film gewählt werden, nicht der gesamte Film. Interessant könnte eine Szene sein, in der ein Umbruch passiert, sich das Handeln der Figuren (oder nur einer) verändert.

Beispiel für einen „inneren Monolog“, den Sie vorlesen können, wenn die L Schwierigkeiten mit der Aufgabe haben: Wolfgang, der Mann im Anzug, könnte Folgendes denken: „Warten, warten ... das ist so langweilig. Ich habe keine Lust zu warten und das Gespräch bei der Wachschutzfirma wird bestimmt auch nichts bringen: Es gibt so viele Bewerber. Außerdem ist die Arbeit anstrengend und wird schlecht bezahlt. ... Na ja, nun sind wir einmal hier und wir haben einen Termin. Vielleicht klappt es ja doch. Ich hätte dann mal was zu tun, es wäre nicht so langweilig. ... Jochen hat ja noch weniger Lust. Er hat nicht das geringste Interesse an dem Job und Ahnung davon hat er auch nicht. Er ist so arrogant. Dabei versuche ich, ihm zu helfen. Woran denkt er nur immer? Er ist nicht ernsthaft bei der Sache. Ich verstehe ihn nicht. ... Wann kommt der Bus endlich? Vielleicht kann ich ihn ein bisschen in Aktion bringen? ...“

A4 Die Aufgaben aus A4 erfordern viel Fantasie und Kreativität. Es werden unterschiedliche Bereiche abgedeckt: A grafisch-gestalterisch; B musikalisch-rhythmisch; C kreatives Schreiben / darstellerisch; D sachorientiertes Schreiben
Lassen Sie die L selbst entscheiden, welche Aufgabe sie übernehmen und in welchen Formen (allein oder Gruppe) sie arbeiten wollen. Die L können hier ihre individuellen Stärken zeigen; unter Umständen sind die Ergebnisse überraschend und zeigen unerwartete Seiten der Persönlichkeit der L.

(E) Ggf. können Sie auch weitere Aufgaben anbieten, z.B. eine Szene oder den ganzen Film nachspielen; ein Hörspiel aus dem Film machen; einen Comic zum Film zeichnen; eigene Vorschläge der L. Präsentation der Ergebnisse im PL.

Im Abschlusskapitel 10 von „Aspekte 3" geht es um Erinnerungen. Auf den Auftaktseiten lesen die L Tagebucheinträge und ordnen sie einem Datum zu. Modul 1 beginnt mit dem Thema des Erinnerns und Vergessens. Die L beschäftigen sich mit Fragen folgender Art: An was erinnern wir uns und an was nicht und wie funktioniert unser Gedächtnis? Modul 2 handelt von falschen Erinnerungen und neuen Erkenntnissen dazu. Modul 3 beschäftigt sich mit dem Störungsbild der Prosopagnosie, d.h. mit dem Phänomen, dass Menschen Gesichter nur mit Mühe wiedererkennen können. Den Abschluss bildet Modul 4 mit einem Ausschnitt aus „Mein Jahrhundert" von Günter Grass und dem Thema „Deutschland in den 1950er-Jahren".

Lernziele

Sie lernen	
Texte über die Funktion des Gedächtnisses verstehen und Überschriften formulieren	Modul 1
Eine Radiosendung zum Thema „Falsche Erinnerungen" verstehen und einen Blogeintrag schreiben	Modul 2
Ein Gespräch verstehen und Fragen zu einem Text über Gesichtsblindheit stellen und beantworten	Modul 3
Einen literarischen Text über Erinnerungen an das Jahr 1952 lesen und Informationen zum sozialen Hintergrund verstehen	Modul 4
Darüber schreiben, woran Sie sich in fünf Jahren erinnern werden und über ein Lied sprechen	Modul 4
Grammatik	
Partizipialgruppen	Modul 1
Vermutungen ausdrücken: Futur I und II	Modul 3

Auftakt Erinnerungen

Ü1a–b Entweder als Einstieg in das Kapitel „Erinnern" oder passend vor Modul 1, in dem es um „Erinnern und Vergessen" geht und dieser Wortschatz nützlich sein kann: In KG sortieren die L die Wörter und Wendungen zu.

(E) Um den Wortschatz während des ganzen Kapitels vor Augen zu haben, notieren die L die Wörter auf Plakate, die an die Wand gehängt werden.

A1a–b Die L lesen die Tagebucheinträge, benennen die Ereignisse und sortieren die Daten zu.

Handy: 30.06.1992; Fernseher: 25.12.1952; Auto: 05.08.1888; Euro: 01.01.2002

A2 In PA schreiben die L einen Tagebucheintrag zu einem besonderen Erlebnis. Anschließend wird der Kurs in zwei Gruppen geteilt, jeder Partner geht in je eine KG. Dort werden die verschiedenen Erlebnisse erzählt. Abschluss: Welches Erlebnis hat Sie am meisten überrascht? etc.

Ü2 Die L ordnen in PA die Wendungen und ihre Bedeutung zu. Anschließend im PL besprechen: Aus welchen Gründen haben sie es so zugeordnet? Gibt es weitere Fragen? Kennen sie weitere Wendungen?

Ü3 Als HA geeignet.

Ü4 Als HA geeignet.

Erinnerungen

Ⓥ In PA suchen sich die L sich eine Illustration aus und beginnen zu dieser eine Geschichte zu schreiben. Nach fünf Minuten wird die Geschichte nach rechts weitergegeben und das nächste Paar schreibt weiter. Insgesamt dreimal wechseln. Am Ende werden die Geschichten gelesen. Wie hat sich die eigene Geschichte verändert?

Modul 1 Erinnern und Vergessen

A1 Als Einstieg in das Modul berichten sich die L in KG gegenseitig von Erinnerungen aus der Kindheit. Für das PL ziehen die einzelnen KG ein kurzes Resümee aus dem Stimmungsbild der Gruppe.
Ergänzend bietet sich hier die Ü1 von den Auftaktseiten an.

A2a Die L lesen den Text und geben den drei Teilen Überschriften.

1: Wie funktioniert unser Gedächtnis? / Das Rätsel des Gedächtnisses
2: Die Hauptsysteme unseres Gedächtnisses / Was speichern wir wo?
3: Computer oder Puzzlespiel? / Theorien des Vergessens

A2b–d
Ü2a–c In KG oder PA gehen die L nun der Reihe nach die Textteile durch, indem sie sie noch einmal lesen und die Fragen mündlich beantworten. Sie sollen – wenn überhaupt – sich nur kurze Notizen machen. Anschließend Vergleich im PL.
Zu den einzelnen Textteilen bietet es sich an, parallel die Übungen im AB zu machen, da die L sich so mit dem neuen Wortschatz befassen, d.h., die L lösen A2b und Ü2a, A2c und Ü2b und A2d und Ü2c.

A2b: Beim Lernen von etwas Neuem werden die Verbindungen zwischen bestimmten Neuronen verstärkt und je öfter sich das Ereignis wiederholt, desto leichter erinnern wir es.
A2c: sensorisches Gedächtnis (eintreffende Reize, Kurzzeitgedächtnis), Langzeitgedächtnis (episodisches Gedächtnis = Speicherung der Lebensgeschichte, semantisches Gedächtnis für Faktenwissen zuständig) und prozedurales Gedächtnis (Bewegungsabläufe)
A2d: erste Theorie: gespeicherte Erinnerungen im Gedächtnis verblassen mit der Zeit und verschwinden → Konsequenz: wir müssten umso mehr vergessen, je mehr Zeit vergeht
Zweite Theorie (schlüssiger): Vergessen von bestimmten Dingen, weil andere Erinnerungen wichtiger/neuer sind → ältere Informationen lassen sich schwerer finden. Diese Theorie ist plausibler, weil das Leben schnelllebig ist und wir jeden Tag viele Eindrücke haben.

Ü1 Ⓑ Bei schwächeren Gruppen kann Ü1 als Hilfe zur Bearbeitung von A2b–d herangezogen werden. Bei stärkeren Gruppen: Als HA bearbeiten.

A3a–b Die L unterstreichen in den drei Sätzen den Hauptsatz, anschließend markieren sie die Partizipien.

1. <u>Unser Hirn besteht</u>, grob geschätzt, <u>aus etwa 100 Millionen Nervenzellen</u>.
2. Genau betrachtet, <u>kann das Langzeitgedächtnis noch weiter unterteilt werden</u>.
3. <u>Es besteht</u>, streng genommen, <u>aus drei Hauptsystemen</u>.

Weitere Beispiele: bildlich ausgedrückt (Text 1, Z. 15), verglichen mit einem Computer (Text 3, Z. 3)

A3c–d Die L formen in EA die Partizipialgruppe in Konditionalsätze um. Vergleich in PA und Ergänzung der Regel. Verweisen Sie die L auch auf die Grammatik-Rückschau.

A3c: Wenn man es genau betrachtet, … – Wenn man es streng nimmt, …
A3d: Partizipialgruppen sind oft **verkürzte** Konditionalsätze. Das **endungslose** Partizip steht gewöhnlich am **Ende** …

Ü3a–b In PA im Kurs bearbeiten. Vergleich im PL.

Ü4–5 Als HA geeignet.

A4 Die L recherchieren zum Thema „Gedächtnistraining" als HA. Dazu können sie im Internet recherchieren oder sie haben Gedächtnisaufgaben auf dem Nintendo/iPod, ebenso können sie Bücher verwenden, die solche Aufgaben anbieten.
In der nächsten Unterrichtsstunde setzen sie sich mit den Informationen in KG zusammen und überlegen sich verschiedene Aufgaben für den Kurs, die dann vorgestellt und ggf. gemacht werden.

Modul 2 Falsche Erinnerungen

A1 Die Zitate werden gelesen und in KG diskutiert. Gibt es unterschiedliche Interpretationen?

A2 Vorbereitung auf die C1-Prüfung: Goethe-Zertifikat, Hörverstehen, Teil 2: Nähere Informationen zu den einzelnen Prüfungsteilen finden Sie im Anhang, LHR, S. 140.
GI Die L hören den Hörtext, wie im Buch angegeben: erst einmal ganz, dann ein zweites Mal in Abschnitten und markieren die richtige Lösung.

1a; 2a; 3c; 4a; 5c; 6c; 7c; 8a; 9b; 10a

Ü1 Zum Training des HV hören die L den Text noch einmal in Abschnitten mit der Ü1 und machen sich Notizen zu den angegebenen Punkten.

A3 Anschließend werden wichtige Informationen im PL gesammelt.

A4a Die L lesen den Blogeintrag und fassen das Problem in PA kurz zusammen. Die Zusammenfassungen werden zusammengetragen und verglichen.
Lösungsvorschlag:

Christine und ihre Schwester erinnern sich beide an Jochen. Allerdings meinen sie, ihn aus ganz unterschiedlichen Bereichen zu kennen, die sich gegenseitig ausschließen.

A4b Die L klären die angegebenen Redemittel. Dann schreiben sie in PA einen Blogeintrag zu Christines Problem und beziehen den Radiobeitrag mit ein.
Die Einträge werden auf die Tische gelegt. Die L gehen herum, lesen die Texte und kommentieren sie schriftlich, als handle es sich um einen Blog. Es darf dabei nicht gesprochen werden.
Ⓔ Wenn Ihre L Spaß an einem Blog haben, erstellen Sie einen wirklichen Blog, z.B. unter www.wordpress.com.
Beraten Sie mit Ihrer Gruppe, welche Themen sie in dem Blog kommentieren wollen und überlegen Sie Richtlinien: Wie viel soll geschrieben werden? Bis wann? Wie soll korrigiert werden? etc.

Modul 3 Kennen wir uns …?

A1 Die L steigen direkt mit dem HV in das Modul ein. Sie notieren das Problem und die mögliche Erklärung.

Ute hat einen Kollegen getroffen, der sie nicht erkannt hat. Mögliche Erklärungen: Stress, Müdigkeit, Verwirrung, Kollege wollte einen Witz machen, …

Ü1 Das HV wird noch einmal gehört. Danach schreiben die L in PA einen Dialog zwischen Ute und ihrem Kollegen. Die Dialoge werden vorgestellt/vorgespielt.

A2a Die L hören einzelne Sätze aus dem Gespräch und markieren die sprachlichen Mittel, die Vermutung ausdrücken.

Futur; Modalverben *können* und *müssen* im Indikativ und Konjunktiv; Modalverb *dürfen* im Konjunktiv; Modalwörter wie *vielleicht*, *wahrscheinlich*, *vermutlich*, ...

A2b Die L hören noch einmal einzelne Sätze und füllen die Tabelle aus.

(V) Die L füllen die Tabelle vor dem Hören aus und überprüfen ihre Lösung mit der CD.

Infinitiv	**Futur I**	**Futur II**
sehen	*er wird sehen*	*er wird gesehen haben*
	werden + Infinitiv	*werden* + Partizip II + *haben/sein*

A2c In EA bearbeiten die L A2c – sie notieren den Zeitbezug jeweils hinter den Satz und ergänzen die Regel. Kontrolle im PL.

1. Heute ging es ihm nicht gut, er wird morgen wohl krank sein. **Zukunft**
2. Denk dir nichts, er wird dich einfach nicht gesehen haben. **Vergangenheit**

Futur I: Vermutung bezieht sich auf die **Gegenwart** oder **Zukunft**.
Futur II: Vermutung bezieht sich auf die **Vergangenheit**.

Ü2 Als HA geeignet.

Ü3 In PA notieren die L Vermutungen zu den Fragen. So wenden sie das Gelernte direkt an.

A3a–c Die L stellen in KG Vermutungen an, was die Erklärung für das Problem in A1 sein könnte. Austausch der Vermutungen im PL. Dann lesen sie den Text und formulieren in EA oder PA sieben Fragen zum Text. Zum Abschluss formulieren sie sich gegenseitig die Fragen und beantworten die des Partners / der Partnerin.

Beispiele für Fragen: Was ist Prosopagnosie? Wie ist das Beispiel von Bill Choisser? Was macht Martina Grüter? Was ist der Unterschied zwischen Kindern und Erwachsenen? etc.

(V) Gestalten Sie die Frage-Aufgabe als Spiel: Die Fragen werden auf Kärtchen geschrieben, dann setzen sich die L sich in GA zusammen. Ein L zieht eine Karte und beantwortet sie. Kann er sie beantworten, darf er die Karte behalten, wenn nicht, muss er die Karte abgeben. Gewinner ist, wer am Schluss die meisten Karten hat.

Modul 4 Weißt du noch … ?

A1a Die L lesen den ersten Textabschnitt und stellen in KG Vermutungen an, was mit „Zauberspiegel" gemeint sein könnte und warum sie das vermuten.

A1b Sie überprüfen ihre Vermutungen, indem sie den zweiten Abschnitt lesen. Im PL wird gefragt, ob sie richtig vermutet hatten oder nicht.

A1c Die L lesen den Text ohne Wörterbuch und erschließen die Bedeutung der angegebenen Wörter. Dann vergleichen sie in PA und klären Unklarheiten im PL.

2. viel und über Unwichtiges reden/sprechen; 3. zwei Personen zusammenbringen, damit sie ein Paar werden; 4. ohne Respekt und ein bisschen frech; 5. Idee, die noch nicht realisiert ist und wahrscheinlich auch nicht zu realisieren ist, ein Traum bleibt (vgl. auch Z. 57: „hochfliegende Pläne“); 6. freches Mädchen; 7. eine Melodie/Lied, die man sich leicht merkt und die man immer wieder „im Ohr hat“; 8. sie sieht fast genauso aus wie eine andere Person; 9. fernsehen; 10. an etwas lange nicht mehr denken

A2a Die L lesen den Text noch einmal und machen sich zu den angegebenen Punkten Notizen, die sie dann in PA vergleichen.

Fernsehprogramm	Gundel	Ich-Erzähler
• Geschichte des Liedes „Stille Nacht, heilige Nacht“ (Weihnachtsgeschichte) • Tanzspiel • Wilhelm Busch, „Max und Moritz“ • Ansprache des Intendanten • Ansagerin Irene Koss • Tagesneuigkeiten • Papstbotschaft • Fußballspiel • Tagesschau • Sendung über die Herstellung von Weihnachtsstollen (mit Beiträgen von Peter Frankenfeld) • Ilse Werner (Sängerin) • Cornelia Froboess (Sängerin/Kinderstar) • Fernsehkoch Clemens Wilmenrod • „Familie Schölermann“	• sie mag das Fernsehen • von der Weihnachtsgeschichte gerührt • schnippische Antwort auf seine Annäherungsversuche, kommt aber trotzdem wieder • gelangweilt vom Fußballspiel • Flüchtlingsmädchen aus Schlesien • Verkäuferin bei Salamander • aktiv, voller Tatendrang: bringt Leben in die Gaststätte des Vaters • überzeugend • weiß, was sie will • drei Kinder (gerade schwanger mit dem dritten) • übernimmt die Ideen aus dem Fernsehen, um die Gaststätte attraktiver zu machen (Rezepte von Clemens Wilmenrod), macht aus Gaststätte Pension („Familie Schölermann“)	• fand die Ansagerin im Fernsehen gut und stellt Gundels Ähnlichkeit mit ihr fest • beobachtet Gundel intensiv • macht den ersten Schritt und lädt sie zum Kaffee ein • hat hochfliegende Pläne (Theaterdirektor oder Schauspieler) • arbeitslos, arbeitet bei dem Vater in der Gaststätte • ist zwar auch vom Fernsehen fasziniert, kommentiert jedoch nachträglich die „Qualität“ (z.B. Z. 32) • stellt Gundel dem Vater vor • Verlobung, Hochzeit, jetzt durchschnittliche deutsche Familie: drei Kinder (Gundel schwanger mit dem dritten) • hochfliegende Pläne hat er eingemottet, bewundert Gundels Tatkraft, er selbst scheint eher passiv

Ⓥ Teilen Sie den Kurs in drei KG, die sich jeweils zu einem Punkt Notizen machen und danach tauschen sie sich untereinander aus.

A2b Im PL sprechen die L über die Informationen, die sie ihren Notizen und dem Text über das Leben in Deutschland in den 1950er-Jahren entnehmen können. Sie halten sie an der Tafel fest.

- Es gibt die ersten Fernseher, die die Leute sehr faszinieren: Da sich noch wenige Menschen eigene Fernseher leisten konnten, kommen die Menschen zuerst vor die Schaufenster der Radiogeschäfte, um zu schauen, später schauen sie in Gaststätten, wie z.B. im „Heidekrug".
- Es gab Arbeitslosigkeit (Ich-Erzähler), aber mit Eigeninitiative und praktischen Ideen konnte man viel erreichen, z.B. Gundels Initiativen im „Heidekrug" lassen sich relativ problemlos umsetzen und sind von durchschlagendem Erfolg.
- Es gab in Deutschland viele Flüchtling aus dem Osten, wie z.B. Gundel, die sich in das Land integriert wollten und die sich, wie es im Text dargestellt wird, durch viel Initiative und Ideen einbrachten.
- Geschäftstüchtige Wirtshausbesitzer machen Riesenumsatz, indem sie sich einen Fernseher für die Gaststube anschaffen.
- Fußball war auch damals schon sehr wichtig.
- Als Durchschnittsfamilien wurden leicht übergewichtige Paare mit zwei bis drei Kindern angesehen.
- Die Menschen richten sich in ihrem Leben ein. Der Ich-Erzähler, der einstmals hochfliegende Pläne hatte, scheint ganz zufrieden in seiner durchschnittlichen Familienidylle.

Mögliche weiterführende Fragen: Was war neu für Sie? Was wussten Sie schon? Was hat Sie überrascht?

A2c Die L beschreiben die beiden Fotos und setzen sie in Beziehung mit den 1950er-Jahren. Was sagen diese Fotos über diese Zeit aus?
Foto links: übervoller Tante-Emma-Laden weist darauf hin, dass die Menschen im Zuge des Wirtschaftswunders wieder Geld hatten; Foto rechts: für die 1950er-Jahre typische Wohnzimmereinrichtung

Informationen zum Wirtschaftwunder
Das Wirtschaftswunder der 1950er- und 1960er-Jahre in der Bundesrepublik Deutschland hatte v.a. zwei Gründe: einen Nachholbedarf im Land selbst sowie die Integration in das sich ausdehnende westliche Weltwirtschaftssystem. Dazu kam eine stark wachsende, arbeitsbereite und aufstiegswillige Bevölkerung (bis 1950: zusätzliche acht Millionen Menschen aus den ehemaligen deutschen Ostgebieten, bis 1961: weitere drei Millionen aus der DDR). Schon 1950 hatte das Realeinkommen einer durchschnittlichen Arbeiterfamilie das Vorkriegsniveau überschritten.

Informationen zur Ästhetik der 1950er-Jahre
In dieser Zeit waren Nierentische, d.h. asymmetrisch geformte Tische mit schräg gestellten, dünnen Tischbeinen, Oberfläche mit Resopal beschichtet oder mit Mosaiken besetzt, sehr beliebt, z.T. auch dreieckig geformte Tische (wie auf Foto). Die Nierenform war ein in vielen Bereichen vorherrschendes Designmerkmal der 1950er-Jahre, daher wird die Zeit auch oft als „Nierentischzeitalter" bezeichnet. Als Erklärung für die Vorliebe für diese Form sieht man eine Abkehr von der Starre des Nationalsozialismus (zunächst in der Architektur: kleine Pavillons, Treppen, Deckenverkleidungen usw. wichen von Symmetrie ab und nahmen Freiformen ein; später Auswirkung auf sämtliche Konsumgüter).
Weitere typische Möbel der 1950er-Jahre: Tütenlampe, Tulpenlampe, Cocktailsessel.

Dann ergänzen die L ihr Wissen durch die Informationen aus dem gelesenen Text und besprechen im PL, wie das Leben wohl damals war und ob es ihnen gefallen hätte, damals zu leben oder nicht. Warum ja? Warum nicht?
Als weiterführende Frage lassen Sie die L Deutschland der 1950er-Jahre mit den Gegebenheiten in ihrem Heimatland vergleichen und den anderen L berichten. Was war gleich/anders? Was wissen Sie noch über die 1950er-Jahre?

(E) Um diese Aufgabe ausführlicher zu gestalten, bietet sich ein Rechercheprojekt an: Die L suchen in KG zu im Internet Informationen zu den 1950er-Jahren.
Hilfreiche Internetseiten:

- de.wikipedia.org/wiki/1950er: Dort finden die L wichtige Stichpunkte für diese Zeit.
- www.oldie-52.de/; www.50er-jahre-museum.de/; www.daserste.de/50erjahre: Diese Seiten geben weitere Einblicke.

Anschließend werden alle Informationen zusammengetragen und in GA eine Wandzeitung gestaltet. Diese wird den anderen Gruppen präsentiert und erläutert.
Wenn keine Zeit für eine Recherche ist, kann auch die Ü1 vorgezogen werden, da man aus diesem Text weitere Informationen über die Zeit ziehen kann.

Ü1 (P TELC) Vorbereitung auf die C1-Prüfung: TELC Deutsch C1, Leseverstehen, Teil 4a. Nähere Informationen zu den einzelnen Prüfungsteilen finden Sie im Anhang, LHR, S. 147.

Lerntipp **Zusammenfassungen beurteilen**
Die L lesen den Tipp im PL und fassen ihn noch einmal mit eigenen Worten zusammen. Dieser Tipp ist sehr wichtig, da die L lernen müssen, die Hauptinformationen zu filtern, um so entscheiden zu können, welche die beste Zusammenfassung ist.

In EA lesen die L den Text. Während des Lesens unterstreichen sie die Hauptinformationen. Dann lesen sie die Zusammenfassungen und markieren in diesen Texten ebenfalls die Hauptinformationen, so können sie herausfinden, welche Zusammenfassung die meisten Hauptinformationen enthält. Anschließend suchen sie auch die zweit- und drittbeste Zusammenfassung heraus, da es in der Prüfung auch für diese noch Punkte gibt.
Ü1 eignet sich bei Zeitmangel auch als HA, sollte aber unbedingt im Kurs besprochen werden.

A3 In EA wählen die L ein Kärtchen oder eine eigene Idee und schreiben einen Text. Die Texte werden ohne Namen ausgehängt und gelesen. Dann wird in KG über die gelesenen Texte gesprochen: Was war interessant? Was ist nicht klar? Gibt es ähnliche Themen, die alle/viele L genannt haben? Gibt es große Unterschiede?

A4a Die L hören das Lied und überlegen im PL, von wann dieses Lied sein könnte.

Das Lied stammt aus dem Album „Es ist Juli“ von 2004.

Informationen zu „Juli"
Die Band „Juli" gehört zu den viel gespielten Bands im Radio. Es gibt sie seit 2001 und sie besteht aus fünf Personen: Eva Briegel (1978), Jonas Pfetzing (1981), Simon Triebel (1982), Andreas Herde (1982) und Marcel Römer (1982).
„Juli" begann unter anderem Namen als englischsprachige Schülerband bis sie sich dann ab 2001 „Juli" nannte und anfing, deutsch zu singen.

Ihren ersten Auftritt unter neuem Namen hatte „Juli" 2002. Der Auftritt wurde ein Erfolg und zog 2004 einen Plattenvertrag nach sich. Danach ging es bergauf, ihre Singles hielten sich lange in den Charts, die Band bekam verschiedene Preise und der Song „Sterne" war 2005 der Titelsong der Tour der France.
Für ihre Arbeit an den Alben zieht sich die Band normalerweise zurück, sie gibt keine Konzerte etc., um sich ganz auf das Album konzentrieren zu können. Sie möchte ein eher erwachsenes Publikum als ein jugendliches Publikum ansprechen und gestaltet so auch ihre Texte. Normalerweise werden die Texte von der Sängerin Eva Briegel und den Gitarristen Jonas Pfetzing und Simon Triebel einzeln geschrieben und dann der Band vorgestellt.
2006 erschien das Album „Ein neuer Tag" und hatte großen Erfolg – die Band erhielt 2006 den Bambi in der Kategorie „Musik national" und die „Eins live Krone". Es folgten Konzerte und Touren, bis sie sich 2008 wieder fast vollständig zurückzogen und unter anderem an einem neuen Album, aber auch an Einzelprojekten arbeiten.
Linktipp: http://juli.pop24.de/

A4b Die L hören das Lied noch einmal und sollen sich nun darauf einlassen. Anschließend erzählen sie in KG, wie ihnen das Lied gefällt und warum.

Ü2 Beim dritten Hören ergänzen die L den Text. Kontrolle erst in PA und dann im PL.

A4c In PA beschreiben die L so einen Tag. Auch als HA geeignet.

A5 Zum nächsten Unterrichtstag bringen die L ein Lied mit, das sie mit bestimmten Erinnerungen verbinden. Zu zweit oder zu dritt erzählen sie sich gegenseitig, was sie mit dem Lied verbinden und hören es sich an. Dann gehen die L weiter – bis sie mit allen anderen L gesprochen haben.

Film Es war einmal

A1a Die L lesen die Titel der Märchen und erzählen im PL kurz, worum es geht. Es geht hier nicht um eine Nacherzählung der Märchen, sondern darum, den Handlungskern herauszuarbeiten.

Vorschlag: „Aschenputtel": Aschenputtel muss die harten Arbeiten im Haus erledigen, doch es gelingt ihr, heimlich zu einem Ball am Königshof zu gehen. Der Königssohn verliebt sich in sie und findet sie über einen Tanzschuh, den sie verloren hat, wieder.

Um die anderen Märchen kennenzulernen, hier zwei nützliche Seiten:
http://www.deutschonline.de/Deutsch/Grimm/Inhalt4.htm
http://de.wikipedia.org/wiki/Grimms_M%C3%A4rchen

A1b Ⓥ In KG notieren die L die angegebenen Punkte, an denen man Märchen erkennt.
Die L teilen sich in vier Gruppen und notieren zu einem Märchen die Erkennungsmerkmale, d.h. Gegenstände, Tiere usw. Im PL werden die Ergebnisse vorgestellt und von den anderen ergänzt.
Lösungsvorschlag:

Charakteristische Gegenstände Tiere oder Personen in den Märchen:
- „Aschenputtel": Schüssel mit Erbsen und Linsen, Haselnüsse, Tanzschuh(e), Tauben (beim Anprobieren des Tanzschuhs)

- „Dornröschen“: die 13. Fee, die nicht eingeladen wurde, Turm, Spinnrad, Rosenhecke
- „Der Froschkönig“: goldene Kugel, Brunnen, in den die Kugel gefallen ist, der Frosch = verzauberter Prinz
- „Der gestiefelte Kater“: ein sprechender und aufrecht gehender Kater; Stiefel
- „Frau Holle“: Apfelbaum, Backofen, Tor, aus dem es Gold oder Pech regnet
- „Hans im Glück“: Dinge, die Hans tauscht: einen Klumpen Gold → ein Pferd → eine Kuh → ein Schwein → eine Gans → einen Schleifstein (oder auch Wetzstein), der Brunnen, in den der Stein zum Schluss fällt
- „Hänsel und Gretel“: Pfefferkuchenhaus, Knochen (den Hänsel durch das Gitter steckt), Backofen (der Hexe)
- „Rumpelstilzchen“: Stroh, das die Müllerstochter zu Gold spinnen soll; ein Halsband, ein Ring und das erste Kind der jungen Königin, das das Mädchen dem Männchen (Rumpelstilzchen) zur Belohnung gibt bzw. geben soll; der Bote, der überall im Land nach ungewöhnlichen Namen suchen soll
- „Schneewittchen“: Apfel (in einer Hälfte vergiftet), Kamm, Gürtel, Spiegel (der bösen Königin), Sarg aus Glas (für Schneewittchen)
- „Das tapfere Schneiderlein“: Fingerhut, Pflaumenmus, ein Stück Käse, ein Gürtel mit den Worten „Sieben auf einen Streich“

A1c Die L sehen den Film und nennen die Schwerpunkte/Themen, um die es geht.

- Das Grimm-Museum in Kassel wird vorgestellt.
- Man erfährt etwas über das Leben und Werk der Brüder Grimm.
- Man erfährt, dass die Grimm-Märchen weltweit populär sind, besonders bei Kindern.

A2a–b Vorgehen, wie beschrieben: Die L sammeln im PL.
Die erste Sequenz des Films wird noch einmal gesehen und die L notieren sich Stichpunkte. Anschließend vergleichen sie die Informationen in PA und mit den schon gesammelten Punkten. Was ist neu hinzugekommen? Gespräch im PL.

Zum Leben der Gebrüder Grimm:
- Jacob Grimm, geboren 1785 in Hanau; Wilhelm Grimm, geboren 1786
- nach dem Tod des Vaters Umzug zur Tante nach Kassel, dort Gymnasium, Studium
- nach dem Studium Beginn der Sammlung von Märchen

Zu dem Märchensammlungen
- wichtige Quelle: Märchenerzählerinnen, aber auch andere Quellen: „Panchatandra“ (Indien), „1001 Nacht“ (orientalisch), viele europäische, v.a. romanische Überlieferungen
- Märchen als Ausdruck der Poesie, der Seele des Volkes
- Bearbeitung im Stil der Romantik
- Erstausgabe der Märchen (mit handschriftlichen Vermerken) gehört seit 2005 zum Welt-Dokumentenerbe der UNESCO

Weitere Arbeiten
- erforschten die germanische Sprache und die mittelalterliche deutsche Literatur
- zählten zu den führenden europäischen Sprachwissenschaftlern ihrer Zeit
- begründeten die Germanistik
- verfassten ein deutsches Wörterbuch und eine Grammatik

A3 Die L sehen den Film noch einmal ganz und achten auf die angegebenen Punkte. Vergleich im PL.

Exponate im Museum:
- Bilder der Brüder Grimm und deren Aufenthaltsorte
- verschiedene nichteuropäische und romanische Märchenbücher
- rundes Relief der Brüder Grimm
- Erstausgabe der „Kinder- und Hausmärchen“
- Schreibtisch
- Grimms Wörterbuch
- Grimms Grammatik
- Märchenbücher in verschiedenen Sprachen
- Plakate von Theaterinszenierungen

für Kinder:
- Raum mit Märchenrequisiten (Aschenputtel-Schuh, roter Sessel, Frosch)
- Märchenbilder-Puzzle als Würfel

A4 Die L wählen in EA oder in KG eine Aufgabe. Geben Sie ihnen für die Vorbereitung genug Zeit, damit sie z.B. bei A4A das Erzählen laut üben können, bevor sie es im Kurs präsentieren. Anschließende Präsentation im Kurs.

Ⓔ In den Arbeitsblättern „Spielend Deutsch lernen" des Langenscheidt Verlags gibt es Märchenkarten, die sich gut zum Erzählen von Märchen und zum Üben von Satzverknüpfungen eignen: Die L bilden KG, ein L zieht ein Kärtchen und beginnt das Märchen zu erzählen, dann zieht der nächste L ein Kärtchen und verbindet den Inhalt dieses Kärtchens mit dem vorher Erzählten und setzt das Märchen fort. Lassen Sie die L ca. vier bis fünf Kärtchen ziehen.

Kopiervorlage 1 Auftakt 1

zur Auftaktseite – Kennenlernspiel

Sind Sie …?
1. **Kaffee- oder Teemensch?**
2. **Morgen- oder Abendmensch?**
3. **Land- oder Stadtmensch?**
4. **Fleisch- oder Gemüsemensch?**
5. **Bade- oder Duschmensch?**
6. **Strand- oder Bergmensch?**
7. **Hund- oder Katzenmensch?**
8. **Kopf- oder Gefühlsmensch?**
9. **Innen- oder Außenmensch?**
10. **Lese- oder Fernsehmensch?**
11. ______________________
12. ______________________

Kopiervorlage 2 Modul 3 1

zu Aufgabe 1 – Symbole bei Beschreibungen von technischen Geräten

Ordnen Sie die Symbole den Funktionen zu.

1. ___		a	Medienaktivität leuchtet, wenn die Festplatte oder das optische Laufwerk arbeitet.
2. ___		b	**Einstellungen** In diesem Menü können Sie verschiedene Einstellungen des Telefons anpassen. Um bestimmte Menüeinstellungen auf ihre Standardwerte zurückzusetzen, wählen Sie *Werkseinstell. wiederherst.*
3. ___		c	Das Telefon registriert die Anzahl von Anrufen in Abwesenheit, empfangenen und gewählten Anrufen, die ungefähre Länge Ihrer Anrufe und die Anzahl der gesendeten und empfangenen Mitteilungen. Voraussetzung dafür ist, dass diese Funktionen vom Mobiltelefonnetz unterstützt werden und dass das Telefon eingeschaltet ist und sich innerhalb des Versorgungsbereichs des Mobilfunknetzes befindet.
4. ___		d	**S-Video** (Ausführungsoption) Zum Anschließen eines Fernsehers oder Anzeigegeräts mit S-Video-Eingabe.
5. ___	 ________	e	**Erinnerungen** Um kurze Textnotizen in Verbindung mit einem Erinnerungssignal zu speichern, wählen Sie Menü > *Erinnerungen* > *Neue Erinnerung.* Wenn der festgelegte Zeitpunkt der Erinnerung erreicht wird, wählen Sie „Abbr.", um das Erinnerungssignal zu stoppen, oder „Später", um es nach zehn Minuten erneut ertönen zu lassen.

zu Aufgabe 5 – Stellengesuche

Lesen Sie die Beschreibungen und notieren Sie die typischen Attribute. Schreiben Sie dann ein eigenes Stellengesuch.

Stellengesuch 1

Kurzbe-schreibung	In mir gewinnen Sie eine dynamische, kommunikations- und durchsetzungsstarke Human Resources Managerin (= Managerin im Personalwesen) mit jahrelangem Erfahrungshintergrund, die Spaß an selbstständiger und eigenverantwortlicher Arbeit hat. Gute Englischkenntnisse runden mein Profil ab.
Bewerbungs-schreiben	Ich bin auf der Suche nach einer anspruchsvollen Tätigkeit als HR Managerin, in der ich meine umfassenden Rekrutierungserfahrungen gewinnbringend einsetzen kann. Weiterhin bin ich fit in Arbeitsrecht, der Erstellung von Anstellungsverträgen, im Coaching von Führungskräften und in der Entwicklung von Entlohnungssystemen.

Stellengesuch 2

Kurzbe-schreibung	Sie suchen einen hochmotivierten und kooperationsfreudigen Mitarbeiter? Verantwortungsbewusstsein, Teamfähigkeit und Zuverlässigkeit sind für mich nicht nur Schlagworte, sondern täglich zu praktizierende Begriffe. Ich suche eine Arbeit im Büro. Bitte keine Außendienst-Tätigkeit auf Provisionsbasis.
Bewerbungs-schreiben	Der ständige Kontakt mit Kunden sowie organisatorische Aufgaben im Bürobereich waren die wesentlichen Bestandteile meiner Arbeit in unterschiedlichen Bereichen des öffentlichen Dienstes. Durch einen früheren Nebenjob als Pizzafahrer habe ich zudem insbesondere gelernt, auch mit schwierigen Kunden umzugehen. Kenntnisse auf verschiedenen Rechtsgebieten sowie im täglichen Einsatz gängiger Standardsoftware am PC habe ich durch meine Ausbildung an der Bayerischen Beamtenfachhochschule in Hof und meine Arbeit erworben. Darüber hinaus sind Verantwortungsbewusstsein, Zuverlässigkeit und Motivation für mich nicht nur Schlagworte, sondern gewachsene Werte. In diesem Jahr habe ich erfolgreich eine Fortbildung als EDV-Bürofachkraft bei der Deutschen Angestellten-Akademie in Bamberg abgeschlossen. Durch Fortbildungen und Praktika bin ich stets bemüht, mir neue Kenntnisse anzueignen.

Stellengesuch 3

Kurzbe-schreibung	Elektroinstallateur der Haustechnik in ungekündigter Stelle sucht auf diesem Wege eine neue Herausforderung.
Bewerbungs-schreiben	Meine bisherige berufliche Praxis als Bergmechaniker, Schlosser und Schweißer sowie als Elektromonteur in der Werbetechnik vertiefte ich zuletzt im Rahmen einer Fortbildung zum Elektroinstallateur. Neben meinen fachlichen Qualifikationen (Neubau-Installation, Altbau-Sanierung, Zählerschrank-Unterverteilung und Verdrahtung von Schaltschränken) überzeuge ich durch Einsatzbereitschaft, Flexibilität und Teamgeist. In berufsfremde Tätigkeiten arbeite ich mich schnell und effektiv ein. Ferner zeichnet mich ein gutes technisches Verständnis sowie eine akkurate und verantwortungsbewusste Arbeitsweise aus. Hat meine Bewerbung Ihr Interesse geweckt? Dann stehe ich Ihnen gerne jederzeit zu einem Vorstellungsgespräch zur Verfügung.

zu Aufgabe 1 – Kursinterview

Fragen Sie drei Personen und notieren Sie die Antworten in Stichpunkten.

Name	Ist Ihr Handy immer eingeschaltet?	Wie oft rufen Sie Ihre Mails ab?	Wie viele SMS schreiben sie täglich?	Wie viel Zeit verbringen Sie in Chats, Blogs und Communitys?

Kopiervorlage 5 Modul 2 3

zu Aufgabe 3b – Schlagfertigkeitstraining

Bitte hinten anstellen, auch danke!	Auf dem Bahnsteig ist noch jede Menge Platz für Ihren Koffer.
Oh, Entschuldigung, den hatte ich nicht gesehen. Ja, ein Koffer ist wichtiger als ein Mensch. Das ist richtig …	Ach, du kleiner Charmeur. Habt ihr das gehört? Er flirtet mit mir.
Na, dann reich mir auch gleich mal die Sahne.	Sie Arme, nur ein Teil. Brauchen Sie Geld? Sie sind ja schon ganz dünn. Hier … ein Euro!
Nur ein Teil? Dann macht es Ihnen sicher nichts aus, zu warten.	Nun sei mal nicht so geizig, ich hatte doch erst vier.
Ja, man muss eben etwas für seine Figur tun.	Wie dumm von mir. Dann suche ich mir jetzt ein Plätzchen im Gepäcknetz.
Ja natürlich, möchte er vielleicht auch noch einen Kaffee oder eine Decke? Vielleicht etwas Musik?	Super, endlich fällt das mal jemandem auf.
Hallo du Kleiner, hast du keinen Platz? Das tut mir aber leid. Ach so … auch keine Reservierung, ja, das ist Pech.	Achtung, Achtung, diese Kundin hat nur ein Teil. Bitte machen Sie Platz. Achtung, Achtung …

Kopiervorlage 6 Auftakt 4

zu Aufgabe 1 – Lösung zum Spiel „Wirtschaftsgipfel"

1. Was ist eine Inflation? – **B: Eine Zeitspanne, in der das Geld an Wert verliert.**
2. Was versteht man in der Wirtschaftssprache unter „Aufschwung"? – **B: Eine Phase, in der sich die wirtschaftliche Lage verbessert (weniger Arbeitslose, mehr Umsätze, …).**
3. Was sind „Aktien"? – **B: Dokumente, die bestätigen, dass man Anteile an einer Firma besitzt.**
5. Was ist die „Konjunktur"? – **A: Eine wirtschaftliche Entwicklungstendenz.**
6. Was ist eine „wirtschaftliche Flaute"? – **C: Eine Phase, in der die Konjunktur stillsteht.**
8. Was versteht man unter „Nachfrage"? – **A: Der Bedarf einer Ware auf dem Markt.**
9. Welche Aussage zu „Gewinn" und „Umsatz" ist richtig? – **C: Der Gewinn ist immer geringer als der Umsatz.**
11. Was ist eine „Fusion"? – **A: Der Zusammenschluss von Firmen.**
12. Was ist eine harte Währung? – **A: Geld eines Landes, das sich durch geringen Wertverlust auszeichnet.**
14. Was sind „Produktionskosten"? – **C: Alle Kosten, die für die Produktion eines Produkts anfallen (Materialkosten, Personalkosten, Betriebskosten usw.)**
15. Was ist eine „Branche"? – **B: Ein wirtschaftlicher Bereich, in dem die Anbieter ähnliche Ziele verfolgen.**

zu Aufgabe 1 – Deutschlandkarte

Lernen an Stationen – Laufzettel, Evaluationsbogen

Bearbeiten Sie in Lehrbuch und Arbeitsbuch die einzelnen Stationen, wie sie in der linken Spalte der Tabelle angegeben sind. Bewerten Sie anschließend, wie Sie die Aufgabe gelöst haben. Wie hat Ihnen die Aufgabe gefallen?

	Bin ich mit der Bearbeitung der Aufgabe zufrieden? Warum ja? Warum nicht?			Hat mir die Aufgabe gefallen? Warum ja? Warum nicht?		
	☺	😐	☹	☺	😐	☹
Station 1: Firmengründung **LB, A1a–c** (Lesen und Sprechen)						
Station 2: Geschäftsidee **LB, A2a–c** (Lesen und Sprechen)						
Station 3: Geschäftsidee **LB, A2d + AB, Ü2a–b** (Sprechen und Schreiben)						
Station 4: Finanzierung **LB, A3** (Hören)						
Station 5: Bankgespräch **LB, A4a–c** (Hören und Sprechen)						
Station 6: Brief **LB, A5** (Lesen und Schreiben)						
Station 7: eigene Firmengründung **LB, A6** (Sprechen)						
Station 8: Gründerfieber **AB, Ü1, Ü3 + Ü4** (Wortschatz)						
zusätzliche Station: Werbemaßnahmen **DVD, LB, A1 + A2**						

Reflexion: Was war schwierig und warum? Was müssen Sie weiter üben?

zu Aufgabe 2d – Beurteilungsbogen der Geschäftsideen

Sie hören die Ideen der anderen Gruppen. Notieren Sie die Informationen sowie Fragen, Anmerkungen und Vorschläge.

Firmengründer	berufliche Erfahrung	persönliche Eignung/Motivation
Angebot	Alleinstellungsmerkmal	Angebotspalette/Preise
Marktsituation	Konkurrenz	mögliche Kunden
Vermarktung	Werbemaßnahmen	Partner
Ort/Lokalität	Wo?	Passend gewählt? Warum (nicht)?
Anzeige	ja – warum?	nein – warum?
ansprechend?		
übersichtlich?		
informativ?		
macht neugierig?		

Verbesserungsvorschläge:

____

____

____

____

zu Aufgabe 4c – Beratungsgespräch

Inhalte eines Beratungsgesprächs: Machen Sie sich Gedanken zu den folgenden Punkten:

Die eigene Person: Warum will ich mich selbstständig machen? Welche fachlichen Qualifikationen habe ich?

____

____

____

Vorhaben: In welcher Branche will ich ein Geschäft gründen? Was ist das Besondere an meiner Idee? Wie finde ich meine Auftraggeber?

____

____

____

Vermarktung: Wer sind meine möglichen Kunden? Welchen Vorteil haben die Kunden, wenn sie bei mir kaufen? Wie sieht es mit der Konkurrenz aus? Zu welchem Preis biete ich meine Idee an? Mit welchen Partnern werde ich zusammenarbeiten? Welche Werbemaßnahmen plane ich?

____

____

____

Finanzplanung: Wie viel Geld benötige ich im ersten Jahr? Was habe ich an Eigenkapital? Mit welchen Gewinnen rechne ich? Bin ich allein oder habe ich einen/mehrere Partner?

____

____

____

Kreditwürdigkeit: Wie hoch ist mein Kreditbedarf? Welche Sicherheiten biete ich?

____

____

____

<u>Denken Sie auch an folgende Gesprächstechniken:</u>
- Zeigen Sie Begeisterung.
- Beschreiben Sie Ihr Vorhaben so, dass es auch ein Laie versteht.
- Bringen Sie Ihre Idee, Ihr Vermarktungs- und Vertriebskonzept klar und anschaulich auf den Punkt.
- Überlegen Sie auch, welche Bedenken Ihr Gesprächspartner haben könnte.
- Zeigen Sie sich freundlich, selbstbewusst und informiert, aber nicht überheblich oder besserwisserisch.
- Hören Sie aktiv zu.
- Fassen Sie die Inhalte noch einmal zusammen.
- Fragen Sie konkret nach dem Termin einer Entscheidung.

zu Aufgabe 3b – Studiengänge in der Spielebranche

Lesen Sie sich Ihre Information in der Gruppe durch und klären Sie Unbekanntes.

Information zu den Studiengängen (Anforderungen der Tätigkeiten der Studiengänge):

3-D-Programmierung
- Kenntnisse in den Bereichen der klassischen Informatik, der Visualisierung sowie der Entwicklung von Spielkonsolen
- auch verantwortlich für das reibungslose Zusammenspiel der grafischen Komponenten der verschiedenen Plattformen (PC, Konsole, Mobile)

Game-Art
- Kenntnisse in den Bereichen der klassischen „Bildenden Künste" (Zeichnen, Modellieren), sowie der Computervisualisierung (3D Modellieren, Texturieren, Animation)
- enge Zusammenarbeit mit den Game-Designern; Umsetzung der Game-Projekte von der Idee über die Entwurfszeichnungen bis hin zum fertigen Modell
- Gestaltung von Objekten, Landschaften, Texturen (Oberflächen) und Grafiken für das Interface der Spiele

Game-Design
- Kenntnisse in den Bereichen Spieltheorie (Game-Theorie), Game Business, Business Law (Recht), Marketing, Projektplanung und Gestaltung sowie Grundlagen des Designs
- unterstützt die Planung und Gesamtgestaltung von Computer- und Videospielprojekten: Konzeption, Testing und Balancing

Producing
- nimmt bei der Entstehung eines Spiels eine absolute Schlüsselrolle ein
- Projektmanagement, Anleitung und Motivierung von Gruppen und Teams
- Krisenmanagement, Qualitätskontrolle
- muss betriebswirtschaftliche Kenntnisse sowie Wissen im Bereich nationales und internationales Recht haben

zu Aufgabe 1d – Karteikarten

Hören Sie den Text noch einmal und ergänzen Sie die wichtigsten Inhaltspunkte.

Mythos: durch moderne Medizin –> so alt wie nie

richtig: heute: ______________________________

____

Erhöhung Lebenserwartung zw. 1950 u. 1990: __________; Rückgang Sterblichkeit wg. Medizin: __________ %

andere Faktoren: ______________________________

____

Kühlschränke wichtig: ______________________________

____

Mythos: Ärzte + Wichtigkeit der Psyche

Situation: ______________________________

Patienten mit somatoformen Störungen: bei Hausärzten __________ %, bei Fachärtzen: __________ %

Erklärung somatoform: ______________________________

psychosmat. Abklärung + Behandlung nach __________ Jahren

brit. Studie zeigt: ______________________________

dennoch: ______________________________

✂ ··· ✂

Lösung

Mythos: durch moderne Medizin –> so alt wie nie

richtig: heute: Studien, die Zshg. bestreiten, Menschen werden älter durch bessere Lebensumstände

Erhöhung Lebenserwartung zw. 1950 u. 1990: 3 Jahre; Rückgang Sterblichkeit wg. Medizin: 15–20 %

andere Faktoren: bessere Hygiene, Kanalisation, Ernährung, Selbstheilungskräfte, Kühlschränke

Kühlschränke wichtig: weniger Erkrankung durch verdorbene Lebensmittel

Mythos: Ärzte + Wichtigkeit der Psyche

Situation: der ganzheitliche Ansatz wird eher selten ausgeübt

Patienten mit somatoformen Störungen: bei Hausärzten 40 %, bei Fachärtzen: 50 %

Erklärung somatoform: Körper hat Beschwerden -> keine Ursache zu erkennen

psychosmat. Abklärung + Behandlung nach 5–6 Jahren

brit. Studie zeigt: Patienten geben Hinweise auf persönliche Nöte; vermuten, dass Leiden psychisch bedingt ist

dennoch: ≥ 3/4 Ärtze ging nicht darauf ein -> klassische Behandlung

zu Aufgabe 3b – Musterhandout

Mona Müller 13.08.20...

Mythen der Medizin

Thema: Ist der medizinische Fortschritt ein Segen?

			Notizen
Mythos 1:	Mit neuen Diagnosemethoden lassen sich Krankheiten präziser bestimmen als je zuvor.	→ für vieles reicht Krankenbefragung und Untersuchung	____________
Mythos 2:	Die flächendeckende Versorgung mit Hightech-Medizin ist ein Segen für die Menschen.	→ weniger ist mehr	____________
Mythos 3:	Dank moderner Medizin werden wir so alt wie keine Generation vor uns.	→ wird von anderen Faktoren beeinflusst	____________
Mythos 4:	Ärzte wissen heute, wie wichtig die Psyche des Patienten ist.	→ ganzheitlicher Ansatz immer noch nicht die Normalität	____________

→ Ergebnis: kritische Hinterfragung von Allgemeinweisheiten, insbesondere der Medizin

Quellen: Artikel aus dem Magazin der SZ (7. März 2008, S. 20–24) von Werner Bartens: „Machen Sie sich frei"

zu Aufgabe 4d – Redemittel für den Moderator / die Moderatorin

Sie sind der Moderator / die Moderatorin. Hier finden Sie einige Redemittel, die Ihnen helfen können, um die Diskussion zu lenken:

Strukturieren	Unterbrechen
Zurück zur Ausgangsfrage: .... Welchen Vorschlag hätten Sie ... Wo liegen die Ursachen?	Darf ich hier kurz einhaken? Darf ich mal eine Zwischenfrage stellen? Darf ich Sie hier unterbrechen und noch auf einen anderen Punkt aufmerksam machen?
Nachfragen	**Themen lenken**
Was meinen Sie zu ...? Was halten Sie von ...? Was verstehen Sie unter ...? Glauben Sie auch, dass ...? Stimmt es, dass ...? Wissen Sie, ob ...?	Ich möchte noch das Thema ... ansprechen. Dazu möchte ich das Thema ... einbringen. Schauen wir uns doch auch einmal den Aspekte ... an. Spielt hier auch das Thema ... eine Rolle?
Zusammenfassen	
Das heißt, Sie meinen, dass ... Für Sie bedeutet ..., dass Verstehe ich Sie richtig, ...	Zusammenfassend kann man sagen, ... Das bedeutet, dass ...

Übung 1b:

Schreiben Sie eine kurze Buchrezension und stellen Sie sie im Kurs vor:

Rezension verfasst von: ____________________

Autor/Autorin des Buches: ____________________

Buchtitel: ____________________

Verlag: ____________________

Kategorie: ____________________

Inhalt: ____________________

Das ist meine Meinung: ____________________

Ein kurzes Zitat aus dem Buch: ____________________

Die C1-Prüfung auf einen Blick

Wie Sie bei Ihrer Arbeit mit „Aspekte" feststellen werden, finden sich im LB und AB Aufgaben und Übungen, die sich stark an die Prüfungsformate des Goethe-Zertifikats C1 als auch an die TELC Deutsch C1-Prüfung anlehnen. Das heißt, Darstellung und Umfang können – oft aus Platz- und Layout-Gründen – etwas von der Darstellung und dem Umfang der authentischen Prüfung abweichen Die Aufgabenstellungen sind jedoch den Aufgabenstellungen der Prüfungsformate nachempfunden, sodass die L bei der Arbeit mit Aspekte ein ständiges Prüfungstraining erhalten. Thematisch sind diese Aufgaben und Übungen in die Kapitel- und Modulthemen integriert. Um den L noch eine größere Authentizität bei der Vorbereitung zu bieten, finden Sie auf der dem AB beigelegten CD-ROM zwei vollständige Übungstests mit Antwort- und Ergebnisbögen. Hier können die L, zusätzlich zu den integrierten Testangeboten in LB und AB, für beide Prüfungen zwei Testsequenzen durchlaufen oder auch einzelne Testteile gezielt herausgreifen, um sich so noch besser auf die Realsituation vorzubereiten.

C1-Prüfung des Goethe-Instituts

- Teilnehmen können L ab 16 Jahren, Prüfungszentren sind die Goethe-Institute im In- und Ausland sowie lizenzierte Prüfungszentren, d.h. Institutionen, denen das Goethe-Institut eine Prüfungslizenz für C1-Prüfungen erteilt hat.
- Das Prüfungszentrum bestimmt Anmeldetermin, Ort und Zeit der Prüfung und legt die vor Ort geltende Prüfungsgebühr fest, diese ist bei der Anmeldung zu zahlen.
- In jedem Prüfungsteil können die L maximal 25 Punkte erreichen, d.h., in der gesamten Prüfung können 100 Punkte erreicht werden. Die Prüfung ist bestanden, wenn die L mindestens 60 Punkte erzielt haben (60%), wovon sie mindestens 45 Punkte in der schriftlichen und 15 Punkte in der mündlichen Prüfung erreicht haben müssen. Andernfalls gilt die gesamte Prüfung als nicht bestanden.
- Nach dem Bestehen der gesamten Prüfung erhalten die L ein Zeugnis, das vom Prüfungszentrum ausgestellt wird. Punkteverteilung:

100 – 90	sehr gut
89,5 – 80	gut
79,5 – 70	befriedigend
69,5 – 60	ausreichend
unter 60	nicht bestanden

- Die Prüfung kann beliebig oft, allerdings nur als Ganzes, wiederholt werden. Die Kosten übernehmen die L.
- Die L können ihre schriftliche Prüfung auf Antrag einsehen.
- Die schriftliche Prüfung (190 Minuten) findet in der Regel vor der mündlichen (15 bzw. 10 Minuten) statt. Falls schriftliche und mündliche Prüfung nicht an einem Tag stattfinden, dürfen nur höchstens 14 Tage zwischen ihnen liegen.

	Nr.	Prüfungsziel	Textsorte	Aufgabentyp	Pkt.	Aspekte-Kapitel
Leseverstehen	1	Entnahme von Hauptaussagen und Einzelheiten	Reportage, Sachbuch u.a.	Lückentext (Summary Cloze)	10	AB, Kapitel 2, Ü2
	2	Erkennen von Meinungen oder Standpunkten	Stellungnahme, Kommentar u.a.	Zuordnung	10	AB, Kapitel 5, Ü2
	3	Syntaktisch und semantisch korrekte Textergänzung	Bericht u.a.	Lückentext (mit viergliedrigen Multilpe-Choice-Items)	5	AB, Kapitel 1, Ü3

	Nr.	Prüfungsziel	Textsorte	Aufgabentyp	Pkt.	Aspekte-Kapitel
Hörverstehen	1	Selektive Informationsentnahme	Gespräch	Notizen machen	10	LB, Kapitel 2, A3
	2	Entnahme von Hauptaussagen und Einzelheiten	Radiosendung, Reportagen (z.T. monologisch)	Multiple-Choice (dreigliedrig)	15	LB, Kapitel 3, A2 LB, Kapitel 10, A2
Schriftlicher Ausdruck	1	Produktion: Informationen referieren, etwas berichten/vergleichen, Meinungen äußern	schriftliche Äußerung zu einem Thema	freies Schreiben nach Vorgabe von fünf Leitpunkten	20	LB, Kapitel 9, A5 AB, Kapitel 3, Ü3
	2	Interaktion: registeradäquate Ausdrucksweise	formelle E-Mail oder formeller Brief	Text mit zehn Lücken	5	LB, Kapitel 4, A5 AB, Kapitel 7, Ü3
Mündlicher Ausdruck	1	Produktion: monologisches Sprechen zu einem Thema	Vortrag	Text und fünf Leitpunkte	12,5	LB, Kapitel 1, A6
	2	Interaktion: Diskussion der Vor- und Nachteile eines Vorschlags und Aushandeln einer Entscheidung	Gespräch	Situation, Auswahlmöglichkeiten und drei Inhaltspunkte	12,5	LB, Kapitel 2, A6b

Prüfungsaufbau

Schriftliche Prüfung

Dauer insgesamt ca. 190 Minuten = 3 Stunden und 10 Minuten
Die Höchstpunktzahl, die in der schriftlichen Prüfung erreicht werden kann, sind 75 Punkte. Die L müssen hier mindestens 45 Punkte erreichen, um zu bestehen. Die L dürfen nicht mit Bleistift schreiben.

1. Leseverstehen

Dauer insgesamt 70 Minuten = 1 Stunde und 10 Minuten — Höchstpunktzahl: 25
Gliederung: drei Teile zu verschiedenen Textsorten und Lesestrategien

TIPP
- Die L können hier mit jeder beliebigen Aufgabe beginnen und markieren die Lösungen auf dem separaten Antwortbogen.
- Erinnern Sie die L daran, dass sie alle drei Teile in 70 Minuten schaffen sollten, einschließlich dem Übertragen der Antworten auf den Antwortbogen.

- Außerdem ist es wichtig, noch einmal zu erwähnen, dass es nur darum geht, was in den Texten steht, und nicht um die eigene Meinung oder das eigene Wissen.
- Die L sollten, auch wenn sie sich unsicher sind, eine Antwort ankreuzen oder etwas in die Lücken schreiben, da keine Punkte für falsche Antworten abgezogen werden.

Aufgabe 1: Entnahme von Hauptaussagen und Einzelheiten
Dauer der Aufgabe: 25 Minuten Höchstpunktzahl: 10
Die L erhalten eine Reportage oder einen Sachbuchtext und einen Lückentext. Sie müssen zuerst die Reportage / den Sachbuchtext lesen und dann im Lückentext zehn Informationen ergänzen. Der Lückentext ist eine kurze und umformulierte Zusammenfassung und bei den Lücken geht es um inhaltliche Angaben, d.h., es kann jede Wortart eingefügt werden (Substantiv, Verb, Adjektiv etc.). Gewertet werden auch Synonyme und andere Wörter, die in die Lücken passen, aber nur grammatisch richtige Antworten. Die L können die Antwort zuerst neben dem Lückentext notieren, aber am Ende müssen sie die Antwort, die ihnen als richtig erscheint, auf den Antwortbogen übertragen. Es gibt immer nur eine richtige Lösung.

TIPP
- Die L müssen den Text genau lesen, um die richtigen Wörter finden zu können, die in die Zusammenfassung eingesetzt werden müssen.
- Raten Sie den L, erst den Text gründlich zu lesen und sich dann mit der Zusammenfassung zu beschäftigen.
- In dieser Aufgabe geht es nicht nur darum, dass die L die richtigen Textstellen finden, sondern auch, dass sie Synonyme verwenden oder Nominalisierungen vornehmen.
- Die Lücken müssen nicht unbedingt mit Wörtern aus dem Text gefüllt werden. Wenn die L passende andere Wörter kennen, können auch diese ergänzt werden. Allerdings ist dies oft schwieriger und braucht mehr Zeit.
- Die L müssen sich unbedingt die Textkongruenz ansehen: In welchem Kasus wird das Wort im Lückentext gebraucht? Gibt es Präpositionen, weshalb nur bestimmte Verben passen? etc.
- Die L notieren zuerst alle Wörter in die Lücken, die ihnen sofort einfallen. Die anderen Lücken ergänzen sie im Anschluss.

Aufgabe 2: Erkennen von Meinungen oder Standpunkten
Dauer der Aufgabe: 30 Minuten Höchstpunktzahl: 10
In dieser Aufgabe erhalten die L vier Texte, bei denen es sich normalerweise um Stellungnahmen oder Kommentare zu einem bestimmten Thema handelt. Dazu bekommen sie fünf Themenschwerpunkte. Nachdem die L die Texte gelesen haben, markieren sie auf dem Antwortbogen, in welchen Texten es Aussagen zu den Themenschwerpunkten gibt. Nicht in jedem Text gibt es zu jedem Themenschwerpunkt Aussagen. Bei jedem Themenschwerpunkt sind ein, zwei oder drei Stichpunkte möglich. Insgesamt dürfen nicht mehr als zehn ausgefüllt sein. Die restlichen Zeilen des vorgegebenen Rasters bleiben leer.

TIPP
- Die L lesen die Einleitung zu den Texten und die Themenschwerpunkte im Raster.
- Die L legen sich die Inhaltspunkte, nach denen sie suchen müssen, neben den Text und unterstreichen in den Texten die Stichworte, die sie zum jeweiligen Inhaltspunkt finden.
- Sie lesen zuerst Text A. Dann sehen sie sich die Inhaltspunkte im Raster an und tragen alles, was sie aus Text A finden, dort ein. Wenn sie Text A vollständig bearbeitet haben, gehen sie zu Text B (C, D) über.

- Auf den Antwortbogen schreiben die L nur Stichpunkte oder eine sinnvolle Verkürzung der Textpassage.
- Am Schluss kontrollieren die L, ob alle Stichpunkte in der richtigen Zeile stehen, denn es werden nur Antworten berücksichtigt, die richtig zugeordnet sind. Dabei können die L ganze oder halbe Punkte bekommen (richtiger Stichpunkt, richtig zugeordnet: 1 Punkt; halbrichtiger Stichpunkt, richtig zugeordnet: 0,5 Punkte).
- Insgesamt sollten die L prüfen, ob sie genau zehn Stichpunkte eingetragen haben.

Aufgabe 3: Syntaktisch und semantisch korrekte Textergänzung

Dauer der Aufgabe: 15 Minuten Höchstpunktzahl: 5 (pro Lücke, 0,5 Punkte)

Die L bekommen einen mittellangen Text, bei dem sie zehn Wörter ergänzen müssen. Dazu können sie aus vier Optionen (a, b, c, d) auswählen. In dieser Aufgabe geht es um Wortschatz. Die L markieren zuerst die Lösung neben dem Text und übertragen dann die ihrer Meinung nach richtige Lösung auf den Antwortbogen.

TIPP

- Es gibt pro Lücke immer nur eine Möglichkeit.
- Die L lesen den Text einmal ganz, damit sie wissen, worum es geht.
- Dann lesen sie den Text noch einmal, achten auf Bezugswörter und notieren die Antworten auf dem Antwortbogen.
- Da sie für diese Aufgabe nur 15 Minuten Zeit haben, raten Sie ihnen, sich nicht zu lange mit Zweifelsfällen aufzuhalten, sondern zuerst die Antworten zu notieren, die sie sicher wissen.
- In manchen Fällen kann die Kongruenz der Items Hinweise auf die Lösung geben.
- Die L sollten, auch wenn sie sich unsicher sind, auf jeden Fall eine Antwort ankreuzen, da keine Punkte für falsche Antworten abgezogen werden.

2. Hörverstehen

Dauer des Hörverstehen: ca. 40 Minuten Höchstpunktzahl: 25

Gliederung: zwei Teile

TIPP

- Weisen Sie die L noch einmal darauf hin, dass sie die Fragen NUR nach den gehörten Texten und nicht nach ihrem eigenen Wissen lösen sollen.
- Die L notieren ihre Lösungen zuerst auf das Aufgabenblatt, das sie erhalten. Am Ende haben sie fünf Minuten Zeit, um diese Antworten sauber und gut lesbar auf den Antwortbogen zu übertragen.
- Die L sollten, auch wenn sie sich unsicher sind, eine Antwort ankreuzen oder etwas in die Lücken schreiben, da keine Punkte für falsche Antworten abgezogen werden.

Aufgabe 1: Selektive Informationsentnahme

Dauer der Aufgabe: ca. 12 Minuten Höchstpunktzahl: 10

Die L hören ein Gespräch von ca. 12 Minuten Länge, in dem eine Person Informationen erfragt, einmal. Hierzu vervollständigen sie angefangene Sätze oder antworten auf Fragen. Die Sätze/Antworten können aus einem oder aus mehreren Wörtern bestehen. Bevor die L den Text hören, haben sie 90 Sekunden Zeit, um sich die Aufgabenstellung und das Übersichtsblatt anzuschauen.

TIPP

- Die L konzentrieren sich in den 90 Sekunden vor dem Hören v.a. auf die Aufgaben, damit sie während des Hörens gezielt auf die angesprochenen Punkte achten und evtl. schon eine Vorstellung haben, worum es geht.
- Die Sätze auf dem Aufgabenblatt kommen in der gleichen Reihenfolge vor wie im Hörtext, sodass sich die L während des Hörens an den Sätzen orientieren können.
- Während des Hörens sollten die L nur Notizen machen. Im Anschluss haben sie Zeit, ihre Notizen sauber und gut lesbar auf die Kandidatenblätter zu übertragen.
- Sollten die L etwas nicht verstehen, raten Sie ihnen, während des Hörens die Lücke zu lassen, um die Konzentration für die folgenden Lücken nicht zu verlieren (was sie Punkte kosten könnte).

Aufgabe 2: Entnahme von Hauptaussagen und Einzelheiten

Dauer der Aufgabe: 25 Minuten Höchstpunktzahl: 15 (1,5 Punkte pro richtige Antwort)

Die L hören eine Radiosendung von ca. 12–15 Minuten Länge. Den Text hören sie einmal ganz und einmal in Abschnitten. Der Text ist normalerweise ein Dialog, ein Gespräch oder eine Diskussion zwischen verschiedenen Personen mit einem Interviewer, er kann allerdings auch monologisch sein. Die L bekommen dazu zehn Multiple-Choice-Aufgaben, das bedeutet, sie müssen aus den Antworten a, b und c die richtige Lösung auswählen. Es gibt immer nur eine richtige Lösung. Bevor die L den Text hören, haben sie 90 Sekunden Zeit, die Aufgaben zu lesen. Die Einzelaufgaben erscheinen im Text chronologisch. In der Prüfung haben die L nach dem Hören fünf Minuten Zeit, um ihre Antworten sauber und gut lesbar auf den Antwortbogen zu schreiben.

TIPP

- Die L lesen vor dem Hören die Aufgaben. Besonders konzentrieren sollten sie v.a. auf die Aufgaben.
- Beim Hören müssen die L detailliert die Inhalte verstehen, um zu erkennen, ob der Lösungsvorschlag tatsächlich vollständig mit dem Gesagten übereinstimmt.
- Beim ersten Hören können die L Notizen auf den Kandidatenblättern machen.
- Beim zweiten Hören markieren sie die Lösungen auf den Kandidatenblättern.
- Auch hier erscheinen die Einzelaufgaben in chronologischer Reihenfolge.

3. Schriftlicher Ausdruck

Dauer des Schriftlichen Ausdrucks insgesamt: 80 Minuten = 1 Stunde und 20 Minuten

Gliederung: zwei Teile Höchstpunktzahl: 25

In diesem Prüfungsteil sollen die L zeigen, dass sie zwei Texte unterschiedlicher Art anfertigen können. Sie können sich die Zeit für die beiden Teile innerhalb der 80 Minuten selbst einteilen. Die unten genannten Zeitangaben sind die Empfehlungen des Goethe-Instituts.

TIPP

Am besten ist es, beide Teile des schriftlichen Ausdrucks vorher unabhängig voneinander zu üben, damit die L ungefähr einschätzen können, wie lange sie individuell für den jeweiligen Teil brauchen (z.B. mit den Prüfungsaufgaben im LB und AB sowie den Mustertests auf der CD-ROM des AB).

Aufgabe 1: Produktion: Informationen referieren, etwas berichten/vergleichen, Meinungen äußern
Dauer der Aufgabe: 65 Minuten Höchstpunktzahl: 20
Die L sollen sich schriftlich zu einem Thema äußern, dazu können sie zwischen zwei Möglichkeiten wählen. Sie bekommen zwei Themen zur Auswahl und haben zwei Minuten Zeit, die Themenvorschläge zu lesen und sich für ein Thema zu entscheiden. Wenn sie sich entschieden haben, bekommen sie vom Prüfer eine ausführliche Themenbeschreibung mit einer Grafik und fünf inhaltlichen Leitpunkten, auf die sie in ihrem Aufsatz eingehen müssen. Die L sollen ungefähr 200 Wörter schreiben, ihr Text sollte also weder zu lang noch zu kurz sein. Wird ein Kriterium der vier Kriterien (inhaltliche Vollständigkeit, Textaufbau und Kohärenz, Ausdrucksfähigkeit und Korrektheit) mit 0 bewertet, ist die Punktzahl für die gesamte Aufgabe 0. Damit gilt der gesamte Teil „Schriftlicher Ausdruck" als nicht bestanden (Bewertungstabelle des Goethe-Instituts vgl. „Übungstest Goethe-Zertifikat C1" auf der CD-ROM im AB, S. 38).

TIPP

- Die L lesen die Themenbeschreibung, sehen sich die Grafik an und markieren die Hauptaussagen.
- Die L müssen ALLE Punkte der Themenbeschreibung bearbeiten.
- Der Text sollte nicht zu kurz sein, weil das zu Punktabzug führen kann. Ist er zu lang, bleibt das bei der Bewertung unberücksichtigt.
- Wichtig ist, dass sich der Text flüssig liest, d.h., die L sollten sich eine gute Verknüpfung ihrer Punkte überlegen und auf Konnektoren und Kohärenz achten. Die einzelnen Abschnitte müssen flüssig ineinander übergehen, eine bloße Aneinanderreihung von Sätzen sollte verhindert werden.
- Die L sollen sich differenziert und nuanciert ausdrücken können, das gilt auch für den Wortschatz und passende Redemittel.
- Raten Sie den L, weitere Satzverknüpfungen als *und* zu verwenden. Insbesondere sind kausale, temporale, modale, ... Verknüpfungen wichtig.

Aufgabe 2: Interaktion: registeradäquate Ausdrucksweise
Dauer der Aufgabe: 15 Minuten Höchstpunktzahl: 5
Die L erhalten eine informelle E-Mail oder einen informellen Brief, den sie lesen müssen, da sie hier Informationen für ihre Aufgabe finden. Dann bekommen sie eine halbformelle E-Mail oder einen halbformellen Brief, in dem sie zehn Lücken ergänzen müssen. Als Hilfe können die L die erste Mail oder den ersten Brief benutzen, da in diesen die Informationen, die eingesetzt werden müssen, enthalten sind.

TIPP

- Die L lesen beide Briefe gründlich.
- Sie achten darauf, dass das Register wechselt. Beim Ausfüllen der Lücken geht es um formellere Wörter und Wendungen.
- Beim Ausfüllen der Lücken und den Umformungen ist es hilfreich, wenn die L auf Wortarten achten, auf Kohärenz von Genus und Substantiv und auf Verbzeiten.
- Helfen kann ihnen, wenn sie an Synonyme denken, die sie auch verwenden können.
- Die L beginnen mit den Lücken, bei denen ihnen direkt eine Lösung einfällt. Im nächsten Schritt konzentrieren sie sich auf die restlichen Lücken.

4. Mündlicher Ausdruck

Dauer der mündlichen Prüfung: ca. 15 Minuten bei Paarprüfung und 10 Minuten bei Einzelprüfung
Höchstpunktzahl: 25

Gliederung: zwei Teile
Die mündliche Prüfung besteht aus zwei Teilen und die L haben bei der Paarprüfung eine Vorbereitungszeit von 15 Minuten, bei Einzelprüfungen von zehn Minuten, in der sie sich Notizen machen können, die sie auch mit in die Prüfung nehmen können. Die Benutzung von Hilfsmitteln ist nicht erlaubt. In der mündlichen Prüfung weisen die L nach, dass sie sich spontan und fließend ausdrücken können und dass Sie fähig sind, Stellungnahmen abzugeben, Gedanken und Meinungen präzise zu formulieren und eigene Beiträge ausführlich darzustellen. Die Mindestpunktzahl, die die L erreichen müssen, um diesen Teil zu bestehen, sind 15 (Bewertungstabelle des Goethe-Instituts, vgl. „Übungstest Goethe-Zertifikat C1" auf der CD-ROM im AB, S. 39).

Aufgabe 1: Produktion: monologisches Sprechen zu einem Thema
Dauer der Aufgabe: 3–4 Minuten je Prüfling — Höchstpunktzahl: 12,5
In dem ersten Teil des mündlichen Ausdrucks müssen die L einen kleinen Vortrag (ca. 3–4 Minuten) zu einem Thema und den fünf angegebenen Inhaltspunkten halten. Sie sollen sich zusammenhängend zu diesem Thema äußern, die Argumente dafür und dagegen aufführen und ihre persönliche Meinung zum Ausdruck bringen. Dieser Teil ist monologisch, d.h., in der Paarprüfung hört der Prüfling, der gerade nicht spricht, zu.

TIPP

- Bei den Inhaltspunkten gibt es immer einen Unterpunkt, der auf das Heimatland der L eingeht, ebenso werden Argumente verlangt, die für/gegen das in der Frage formulierte Problem sprechen, und die persönliche Meinung des L wird erwartet.
- Im Vordergrund stehen Inhalt und Ausführlichkeit der Präsentation des Themas.
- Wichtig ist auch hier v.a. Verständlichkeit, ein flüssiges, natürliches Tempo und die sprachliche Verknüpfung der einzelnen Aspekte miteinander.
- Oft kann es passieren, dass ein Thema die L überhaupt nicht interessiert. Machen Sie ihnen deutlich, dass sie auf jeden Fall Beispiele nennen müssen – aus eigener Erfahrung / aus der Fantasie.
- Machen Sie den L bewusst, dass die Darstellung der eigenen Meinung in diesem Teil sehr wichtig ist.
- Raten Sie den L, abwechslungsreichen Wortschatz zu benutzen.
- Am Ende des Vortrags bietet es sich an, dass die L eine kleine Zusammenfassung des Gesagten geben. Weisen Sie die L auf den Redemittel-Anhang im LB hin.
- Zur Übung können die L diese Vortragsart mit Uhr zu Hause proben, um so ein besseres Zeitgefühl zu bekommen.

Aufgabe 2: Interaktion: Diskussion der Vor- und Nachteile eines Vorschlags und Aushandeln einer Entscheidung
Dauer der Aufgabe: 7–8 Minuten — Höchstpunktzahl: 12,5
Dieser Teil der Prüfung ist dialogisch: Entweder spricht der L mit einem anderen L oder mit dem Prüfer / der Prüferin. Die L bekommen ein Aufgabenblatt mit ihrer Situation und den Unterpunkten. Sie sollen sich zusammen mit dem Gesprächspartner / der Gesprächspartnerin über eine bestimmte Situation Gedanken machen. Zu dieser Situation gibt es eine Aufgabe und maximal sechs Inhaltspunkte. Während der Vorbereitungszeit haben die L Zeit, sich über die Situation und die Inhaltspunkte Gedanken zu machen.

TIPP

- Bewertet wird hier die Fähigkeit, sich in ein Gespräch einzubringen. Raten Sie den L, nicht nur auf das Gesagte des Gegenübers zu antworten, sondern selbst aktiv zu werden, sich kooperativ einzubringen und eigene Beiträge auf die des Partners zu beziehen.
- Geben Sie den L den Tipp, sich noch einmal die passenden Redemittel (z.B. „Vorschlag machen/widersprechen", „argumentieren" etc.) zu wiederholen (vgl. Redemittelanhang des LB).
- Ebenso ist es wichtig, dass die L abwechslungsreich sprechen, ihre Sätze nicht immer mit denselben Wörtern beginnen und im Satzbau variieren.
- Sagen Sie den L, dass sie am Ende zu einer Entscheidung kommen müssen. Auch wenn die Entscheidung einen L evtl. nicht überzeugt, weisen Sie sie darauf hin, dass es besser ist, zu einer halbherzigen Entscheidung zu kommen als zu gar keiner.

Weitere Informationen und Modelltests zur finden Sie hier:
http://www.goethe.de und dann unter „Prüfungen"
http://www.goethe.de/lrn/prj/pba/bes/gc1/deindex.htm
http://www.goethe.de/lrn/prj/pba/bes/gc1/mat/deindex.htm

Die C1-Prüfung auf einen Blick

TELC Deutsch C1-Prüfung

- Die TELC-Sprachprüfung auf der Stufe C1 eignet sich für alle Lernenden, die ihre fremdsprachliche Kompetenz dokumentiert sehen möchten oder ihre Sprachkompetenz auf diesem Niveau nachweisen müssen (TELC ist anerkannt bei diversen staatlichen Stellen, Hochschulen und Universitäten).
- Die TELC Sprachprüfungen werden an allen von der TELC GmbH lizenzierten Bildungseinrichtungen angeboten. Dort erfolgt auch die Anmeldung. Ein Prüfungszentrum in Ihrer Nähe finden Sie unter Eingabe Ihrer Postleitzahl auf der Internetseite www.telc.net unter „Prüfungskandidaten"/"Prüfungsinstitute", ebenso eine Liste der Lizenznehmer in den einzelnen Ländern.
- In der gesamten Prüfung können 330 Punkte erreicht werden. Die Prüfung ist bestanden, wenn die L sowohl in der schriftlichen als auch in der mündlichen Prüfung jeweils 60% der möglichen Höchstpunktzahl erreichen. Dies entspricht 198 Punkte insgesamt, davon 154,8 Punkten in der Schriftlichen Prüfung und 43,2 Punkten in der Mündlichen Prüfung.
- Haben die L in beiden Prüfungsteilen die erforderliche Mindestpunktzahl erreicht, kann das das Gesamtergebnis berechnet werden, indem die L die beiden Teilergebnisse addieren:
  297-330 Punkte sehr gut
  264–296,5 Punkte gut
  231–263,5 Punkte befriedigend
  198–230,5 Punkte ausreichend
  0-197,5 Punkte nicht bestanden
- Wenn die L in der Prüfung einen der beiden Prüfungsteile (die schriftliche oder die mündliche Prüfung) entweder nicht bestanden oder nicht abgelegt haben, können sie den betreffenden Teil innerhalb des Kalenderjahres, in dem die Prüfung stattgefunden hat, oder im darauf folgenden Kalenderjahr wiederholen bzw. ablegen. Grundsätzlich kann die Gesamtprüfung beliebig oft wiederholt werden. Wird ein bereits bestandener Prüfungsteil wiederholt, gilt ausschließlich und unwiderruflich das Ergebnis der Wiederholungsprüfung.
- Der Prüfer teilt den L den Antwortbogen S30 aus, auf dem die L ihre Antworten mit weichem Bleistift eintragen. Nur die Antworten, die hier stehen, werden zur Kenntnis genommen. Die L tragen nun ihre erforderlichen Daten auf dem Bogen ein. Im Anschluss daran händigt der Prüfer die Aufgabenhefte S10 aus. Hilfsmittel sind nicht erlaubt. Unklarheiten können jetzt geklärt werden.

	Nr.	Prüfungsziel	Aufgabentyp	Pkt.	Aspekte Kapitel
Leseverstehen	1.1	Textrekonstruktion	6 Zuordnungsaufgaben	24	**LB** Kapitel 5, A2 **AB** Kapitel 6, Ü3
	1.2	Selektives Verstehen	10 Zuordnungsaufgaben	20	**LB** Kapitel 6, A2 **AB** Kapitel 9, Ü2
	1.3	Detailverstehen	8 Aufgaben richtig/ falsch/nicht im Text	16	**LB** Kapitel 3, A2a
	1.4a	Globalverstehen	Zusammenfassung wählen	12	**AB** Kapitel 10, Ü1
	1.4b	Wortschatz	Synonyme erkennen	20	**AB** Kapitel 4, Ü1
	1.5	Korrekturlesen	Fehler erkennen	22	**AB** Kapitel 1, Ü3 **AB** Kapitel 8, Ü2a
Hörverstehen	2.1a	Globalverstehen	8 Zuordnungsaufgaben	8	**LB** Kapitel 1, A2
	2.2b	Globalverstehen	8 Zuordnungsaufgaben	24	**LB** Kapitel 5, A2
	2.2	Detailverstehen	10 Lücken füllen	20	**LB** Kapitel 5, A2
	2.3	Informationstransfer	Mitschrift	20	**LB** Kapitel 4, A3 **LB** Kapitel 8, A2

	Nr.	Prüfungsziel	Aufgabentyp	Pkt.	Aspekte Kapitel
Schriftlicher Ausdruck	3.1	Pflichtaufgabe	Artikel, Bericht, Brief, Stellungnahme etc.	40	**LB** Kapitel 5, A5
	3.2	Wahlaufgabe		32	**LB** Kapitel 4, A3c **LB** Kapitel 7, A5 **LB** Kapitel 9, A5
Mündliche Prüfung	Teil 1	Gespräch/Interview	Paarprüfung	15	–
	Teil 2	Präsentation		21	**LB** Kapitel 8, A6
	Teil 3	Diskussion		21	**LB** Kapitel 3, A4
	Teil 4	Zusammenfassung		15	

Prüfungsaufbau

Schriftliche Prüfung

Dauer insgesamt ca. 215 Minuten = 3 Stunden und 35 Minuten mit einer Pause nach dem Leseverstehen.
Die Höchstpunktzahl in der schriftlichen Prüfung sind 258 Punkte. Die L müssen in diesem Teil mindestens 154,8 Punkte erreichen, um zu bestehen.

TIPP
- Weisen Sie die L darauf hin, dass sie Zeit einplanen, die Lösungen mit Bleistift auf das Antwortblatt zu übertragen (mind. 10 Minuten pro Teil).
- Sagen Sie ihnen, dass es pro Aufgabe immer nur eine richtige Lösung gibt.
- Die L sollten ab und zu die Zeit kontrollieren.
- Die L sollten, auch wenn sie sich unsicher sind, eine Antwort ankreuzen oder etwas in die Lücken schreiben, da keine Punkte für falsche Antworten abgezogen werden.

1. Leseverstehen

Dauer: ca. 100 Min. – 1 Stunde 40 Minuten — Höchstpunktzahl: 114
Gliederung: fünf Teile zu verschiedenen Textsorten und Lesestrategien

Für diesen Prüfungsteil haben die L 100 Minuten Zeit. Danach ist eine Pause. Die L können sich die Zeit für die einzelnen Teile innerhalb der 100 Minuten selbst einteilen. Die unten genannten Zeitangaben sind Empfehlungen von TELC. Es ist wichtig, dass die L hier die angegebenen Lesestrategien anwenden, da sonst die Zeit nicht ausreicht.

TIPP Üben Sie mit den L zumindest einmal vor der Prüfung den gesamten Leseverstehen-Teil und geben Sie ihnen insg. 100 Minuten Zeit. So bekommen sie ein Zeitgefühl und können ausprobieren, ob es besser für sie ist, mit für sie einfacheren Aufgaben zu beginnen oder lieber mit den Aufgaben, die mehr Punkte bringen.

Die C1-Prüfung auf einen Blick

Teil 1.1 Textrekonstruktion
Dauer der Aufgabe: ca. 15 Minuten Höchstpunktzahl: 24 (4 Punkte pro Satz)

Die L bekommen in diesem Teil acht Sätze, die sie in einen Text inhaltlich und grammatisch zuordnen müssen. In jede Lücke passt nur ein Satz. Der Text hat eine Länge von 400–500 Wörtern.

TIPP
- Die L sollten auf das Inhaltliche genauso achten wie auf die Grammatik und dort v.a. auf Verknüpfungsmittel und Pronomen.
- Bezüglich des Lesestils kommt es nicht darauf an, alles detailliert zu lesen oder jedes Wort zu verstehen, die L müssen die Struktur des Textes verstehen und sich dann auf die Textstellen mit den Lücken konzentrieren.

Teil 1.2: Selektives Verstehen
Dauer der Aufgabe: ca. 15 Minuten Höchstpunktzahl: 20 (2 Punkte pro Aussage)
Bei diesem Teil bekommen die L zehn Aussagen, die sich auf einen Text (ca. 700–850 Wörter) beziehen, der in vier bis sechs Teile unterteilt ist. Die L lesen den Text, und notieren auf dem Antwortbogen, welche Aussage sie in welchem Textabschnitt gefunden haben. In einem Textabschnitt können mehrere Aussagen vorkommen. Aber eine Aussage kann nicht mehreren Texten zugeordnet werden.

TIPP
- Die L lesen zuerst alle Aussagen und danach den Text.
- Jede Aussage kann nur einmal zugeordnet werden.
- Die L sollten v.a. auf Formulierungen wie „Der Autor kritisiert ..." oder „Der Autor zeigt Verständnis dafür ..." achten, da sie neben dem Inhalt der Texte auch die Meinung der Autoren erkennen müssen.
- Um diese Aufgabe zu üben, hilft es, wenn die L in den Textteilen die Aussagen markieren, die ihnen geholfen haben, sich für eine Zuordnung zu entscheiden.
- Raten Sie den L, in den Texten auf die Schlüsselwörter zu achten. Wenn die L die gesuchten Informationen gefunden haben, sollten sie diese Stellen noch einmal genau und exakt überprüfen, ob sie wirklich zu einer Situation passt.

Teil 1.3 Detailverstehen
Dauer der Aufgabe: ca. 20 Minuten Höchstpunktzahl: 16 (2 Punkte pro Aussage)
Die L bekommen acht Aussagen und müssen entscheiden, ob diese dem Text entsprechen (richtig), dem Text nicht entsprechen (falsch) oder gar nicht im Text stehen. Der Text hat eine Länge von ca. 550–700 Wörtern.

TIPP
- Die Aussagen sind in chronologischer Reihenfolge angeordnet, so wie die lösungsrelevanten Stellen im Text vorkommen. Das kann den L als Hilfe dienen, so können sie bei den Aussagen, bei denen sie zweifeln, ungefähr sehen, wo sie im Text stehen müssen.
- Raten Sie den L, den Text genau und gründlich zu lesen, da es um das detaillierte Verstehen geht.
- Am besten lesen die L zuerst die erste Aussage und gehen dann in den Text, bis sie diese beantwortet haben. Dann nehmen sie sich die zweite Aussage vor etc. – auf diese Weise können sie Zeit sparen und müssen den Text nicht zweimal lesen.
- Lassen Sie die L zur Übung die für die Lösung relevanten Textstellen markieren, damit Sie bei Schwierigkeiten nachvollziehen können, wo das Problem lag. Das kann den L auch bei der Prüfung an sich helfen.

- Erinnern Sie die L noch einmal daran, dass es hier nicht um ihr eigenes Wissen zu einem Thema oder um ihre Meinung geht, sondern ausschließlich darum, wie die Aussagen im Text vorkommen/nicht vorkommen.
- Besonders schwierig ist der Unterschied zwischen „falsch" und „nicht im Text". Die L markieren „nicht im Text", wenn die Aussage keiner Textsstelle entspricht.

Teil 1.4a: Globalverstehen – Zusammenfassung wählen
Dauer der Aufgabe: ca. 20 Minuten
Höchstpunktzahl: 12 (für die Wahl der zweitbesten Zusammenfassung: 8 Punkte; der drittbesten: 4 Punkte)

Die L lesen einen langen Text (ca. 1000–1150 Wörter) und entscheiden am Ende, welche der vier vorgeschlagenen Zusammenfassungen den Text am besten wiedergibt.

TIPP
- Um die beste Zusammenfassung herauszufinden, müssen die L darauf achten, ob alle Hauptpunkte des Textes auch in der Zusammenfassung vorkommen.
- Es ist schwierig, weil alle vier Zusammenfassungen Inhalte des Textes enthalten, deshalb ist es wichtig, darauf zu achten, dass alle wesentlichen Informationen wiedergegeben wurden (das ist die beste).
- Bei der zweitbesten sind auch noch viele wichtige Punkte enthalten, bei der drittbesten einige und bei der schlechtesten sehr wenige. Je weniger wesentliche Inhaltspunkte, desto mehr nebensächliche Informationen lassen sich finden.
- Zum Üben dieser Aufgabe lassen Sie die L die Inhaltspunkte mit einer Farbe markieren und die nebensächlichen Informationen mit einer anderen.

Teil 1.4b: Wortschatz
Dauer der Aufgabe: ca. 10 Minuten Höchstpunktzahl: 20 (1 Punkt pro Wort)
Aufgabe 1.4b bezieht sich auf den Text aus der Aufgabe 1.4a. Die L sollen zu zwanzig verschiedenen Synonymen bzw. Umschreibungen die passenden Wörter im Text finden. Als Hilfe sind die Definitionen nach Textteilen mit Absätzen angeordnet.

TIPP
- Wenn die L möchten, können sie diesen Teil auch vor A1.4a machen. Vielleicht hilft es ihnen, die beste Zusammenfassung zu finden, wenn sie sich schon mit dem Vokabular vertraut gemacht haben.
- Die Lösung besteht immer nur aus einem Wort. Die L können wählen, ob sie auf den Antwortbogen die Form schreiben, die im Text steht oder die Grundform.
- Die L müssen sehr genau lesen.

Teil 1.5: Korrekturlesen
Dauer der Aufgabe: ca. 10 Minuten
Höchstpunktzahl: 22 (ein Punkt pro verbessertem Fehler)
Die L bekommen einen Text von 22 Zeilen Länge, der Fehler enthält, die sie markieren und auf dem Antwortbogen korrigieren sollen. Manche Zeilen enthalten keinen Fehler, dort machen die L ein Häkchen auf den Antwortbogen.

TIPP

- Die Fehler können aus den Bereichen der Orthografie, Interpunktion, Wortwahl oder Grammatik kommen.
- In jeder Zeile ist – wenn – nur ein Fehler.
- Die L müssen den Text detailliert lesen, da man Orthografie- oder Interpunktionsfehler leicht überliest.

2. Hörverstehen

Dauer des Hörverstehens: ca. 55 Minuten — Höchstpunktzahl: 72 Punkte
Gliederung: drei Teile

Teil 2.1a und 2.1b: Globalverstehen
Dauer der Aufgabe: ca. 5 Minuten — Höchstpunktzahl: 2.1a: 8 Punkte / 2.1b: 24 Punkte
Die L hören die Aussagen von acht Sprechern und Sprecherinnen (jeweils 35–40 Sekunden). Beim ersten Hören sollen die L die Meinung der Personen im Allgemeinen identifizieren. Dazu bekommen sie drei Möglichkeiten (a, b und c) und sie müssen beim Hören die acht Personen zu a, b oder c zuordnen. Vor dem Hören haben die L eine halbe Minute Zeit, um die Aufgaben zu lesen. Anschließend hören sie den Text noch einmal, müssen aber nun entscheiden, welche von zehn Aussagen zu welcher Person passt. Zwei der Aussagen bleiben übrig. Vorher haben sie eine Minute Zeit, sich die Aussagen durchzulesen.

TIPP

- Bei beiden Malen Hören geht es um Globalverstehen, also darum, die Meinungen im Großen und Ganzen verstanden zu haben. Raten Sie den L, sich nicht an einzelnen Wörtern, die sie nicht verstanden haben, festzuhalten.
- Die L sollten auch hier unbedingt etwas ankreuzen, auch wenn sie unsicher sind, und sich dann direkt auf die nächste Aufgabe konzentrieren, um keine Zeit mit Zweifeln zu verlieren.
- Weisen Sie die L darauf hin, dass die Aussage nicht im genauen Wortlaut wiedergegeben wird, die in der Aufgabe steht. Im Hörtext werden die Aufgaben anders formuliert.

Teil 2.2: Detailverstehen
Dauer der Aufgabe: ca. 4–5 Minuten — Höchstpunktzahl: 20 (2 Punkte pro Lücke)
Im zweiten Teil hören die L normalerweise einen Text in Form einer Radiosendung, bei dem zwei oder mehr Gesprächspartner miteinander sprechen, einmal. Dazu bekommen sie zehn Sätze mit fehlenden Informationen, die sie während des Hörens ausfüllen müssen. Vor dem Hören haben sie eine Minute Zeit, um die Sätze zu lesen.

TIPP

- Die L müssen sehr genau zuhören, welche Wörter in die Lücken passen.
- Pro Lücke fehlen bis zu vier Wörter oder auch Zahlen.
- Im Hörtext werden die Sätze der L in anderen Worten gesagt. Es ist wichtig, hier auf einzelne Wörter oder Wortgruppen zu achten. Raten Sie den L, dass sie in der Vorbereitungszeit Schlüsselwörter markieren, auf die sie achten wollen.
- Orthografiefehler werden nicht negativ bewertet, solange das Wort erkennbar ist.
- Der Schwerpunkt der Aufgabe liegt auf der inhaltlichen Entsprechung, d.h., die L können auch eigene Wörter benutzen, wenn diese in den Kontext passen.
- Um diesen Teil zu üben, lassen Sie die L in Gruppen Alternativlösungen suchen. Besprechen Sie diese gemeinsam im PL.

Teil 2.3: Informationentransfer
Dauer der Aufgabe: ca. 10 Minuten
Höchstpunktzahl: 20 (1 Punkt pro richtig mitgeschriebenem Stichwort)
Bei Teil 3 hören die L einen Vortrag einmal. Dazu sollen sie sich so Notizen machen, dass eine nicht anwesende Person diese Notizen und damit den Vortrag verstehen kann. In der Aufgabe ist die Struktur des Vortrags vorgegeben, aber es kann auch sein, dass die L einen Oberpunkt ergänzen müssen. Sie haben eine Minute Zeit, um die vorgegebenen Stichpunkte zu lesen.

TIPP
- Diese Aufgabe ist offener als die anderen, da die L hier Stichpunkte oder auch kurze Sätze schreiben müssen.
- Die L sehen an der vorgegebenen Struktur, wie viele Punkte sie pro Oberpunkt erhalten können.
- Die L müssen hier sowohl die Gesamtstruktur des Textes verstehen als auch die Informationen heraushören, die für die Stichpunkte wichtig sind.
- Die L sollten genau darauf achten, was als Oberpunkt angegeben ist, um damit ihre Notizen abzugleichen.
- Wahrscheinlich enthält der Text mehr Informationen zu den einzelnen Oberthemen. Raten Sie den L, sich dann auf die sichersten zu beschränken.
- Fehler in Orthografie und Morphologie werden nicht negativ bewertet, solange der Sinn verständlich ist.

3. Schriftlicher Ausdruck

Dauer der Aufgabe: 60 Minuten Höchstpunktzahl: 72 Punkte
In diesem Prüfungsteil haben die L 60 Minuten Zeit, um zwei Texte von mind. 200 bzw. 150 Wörtern zu schreiben. Die L bearbeiten die Pflichtaufgabe und eines der beiden Wahlthemen. Die L sollen zeigen, dass sie diese Texte auf hohem sprachlichen Niveau verfassen können, d.h., es geht mehr um die komplexen Satzstrukturen und einen breiten Wortschatz als um Ideenreichtum im inhaltlichen Bereich (Bewertungskriterien von TELC vgl. „Übungstest TELC Deutsch C1" auf der CD-ROM im AB, S. 60f.).

Teil 3.1: Pflichtaufgabe:
Hier steht das Thema fest, über das die L schreiben müssen.

Teil 3.2 Wahlaufgabe:
Bei diesem Teil können L aus vier Möglichkeiten wählen. Die vier Auswahloptionen unterscheiden sich in Thema und in Textsorte.

TIPP
- Um keine kostbare Zeit zu verlieren, raten Sie den L, nicht zu lange zu überlegen, welches Thema sie bei der Wahlaufgabe bearbeiten wollen.
- Weisen Sie die L darauf hin, dass sie darauf achten müssen, um welche Textsorte es sich handelt, und dass Sie den Erfordernissen der Textsorte gerecht werden. Dementsprechend müssen sie ihren eigenen Text strukturieren, im Register anpassen und passende sprachliche Mittel verwenden.
- Die Texte der L sollten auch einige komplexe Strukturen enthalten.
- Außerdem müssen die Texte sinnvoll aufgebaut sein. Für den Leser wichtige und interessante Punkte müssen deutlich sein.
- Die L sollen zeigen, dass sie einen Text in Absätzen gliedern können und dass sie die deutsche Rechtschreibung und Zeichensetzung beherrschen.

- Machen Sie den L klar, dass sie den Text nicht vorschreiben, weil ihnen die Zeit zum Übertragen fehlen könnte.
- Raten Sie ihnen und üben sie es im Kurs, dass die L Stichpunkte zu Inhalt und Gliederung notieren, um dann gleich den endgültigen Text zu schreiben.
- Der Text muss nicht „schön" sein, die L können durchstreichen und Korrekturen vornehmen, allerdings müssen diese deutlich sein und auch die Handschrift sollte gut zu lesen sein.

Mündliche Prüfung

Dauer der Prüfung: ca. 16 Minuten — Höchstpunktzahl: 72
Gliederung: vier Teile
Die Mindestpunktzahl, die die L erreichen müssen, um diesen Teil zu bestehen, ist 43,2.
Die mündliche Prüfung ist eine Paarprüfung. Bei einer ungraden Anzahl an Kandidaten kann sie mit drei Prüflingen durchgeführt werden, dann dauert sie entsprechend länger.
Teile der Prüfung sollen den Charakter einer Konversation zwischen den Prüflingen haben. Die Prüfer fungieren in erster Linie als Moderatoren des Gesprächs. Es geht darum, dass die L sich dem Partner zuwenden, auf seine Beiträge eingehen, aber nicht versuchen, ihn an die Wand zu spielen. Beide Partner sollen zu Wort kommen, damit ein interessantes und abwechslungsreiches Gespräch entstehen kann.
Die L sollen ihre sprachliche Kompetenz unter Beweis stellen: dass sie über einen breiten Wortschatz verfügen und in der Lage sind, komplizierte Strukturen flüssig zu benutzen. Sie haben keine Vorbereitungszeit (Bewertungskriterien von TELC für den schriftlichen Ausdruck vgl. „Übungstest TELC Deutsch C1" auf der CD-ROM im AB, S. 62f.).

TIPP

- Üben Sie mit den L auch kompliziertere Strukturen, da sie manchmal dazu tendieren, auch auf dem C1-Niveau einfache Strukturen zu wählen.
- Raten Sie ihnen, an Nebensätze, Nominalisierungen etc. zu denken und diese flüssig einzubauen.
- Die L sollen mit einem Partner sprechen, dazu gehören auch aktives Zuhören, Blickkontakt und direktes Reagieren auf die Äußerungen des anderen.

Teil 1 Gespräch/Interview:
Dauer der Aufgabe: ca. 3–4 Minuten — Höchstpunktzahl: 15
Hier ist auch das Kennenlernen mit eingeschlossen: Wenn sich die beiden Prüflinge kennen, stellen sie sich gegenseitig vor, wenn nicht, stellt sich jeder selbst vor.
Im Anschluss bekommt jeder L eine Themenkarte. Die Kandidaten stellen sich gegenseitig Fragen zu dem Thema. Die vorgegebenen Fragen auf der Karte können helfen, aber sie müssen nicht gestellt werden. Nach einiger Zeit stellt der Prüfer noch einige Fragen.

Teil 2: Präsentation
Dauer der Aufgabe: insgesamt 4–6 Minuten, ca. 2½ Minuten pro L — Höchstpunktzahl: 21
Im zweiten Teil sollen die L kurz etwas vortragen, dazu bekommen sie vom Prüfer wieder eine Themenkarte mit zwei Vorschlägen. Die L haben kurz Zeit, sich für ein Thema zu entscheiden, und sollen dann ca. 1½ Minuten zu diesem Thema sprechen. Nach der Präsentation antwortet der L auf die Fragen möglichst kurz und präzise, die ihm vom Gesprächspartner gestellt werden. Der andere L bekommt auch eine Themenkarte zu einem anderen Thema, analoges Vorgehen wie bei Partner 1. Während der Präsentationen überlegt sich der Zuhörende Fragen.

TIPP

- Die L sollten sich nicht zu lange bei der Auswahl eines Themas aufhalten.
- Raten Sie den L, ein Thema zu wählen, bei dem sie über einen guten Wortschatz verfügen.
- Da die L ihrem Gesprächspartner Fragen stellen sollten, raten Sie ihnen, aufmerksam und konzentriert zuzuhören.
- Die L müssen auf Präzision und gute Struktur achten.
- Zur Übung der Präsentation können die L diesen Vortrag mit verschiedenen Themen zu Hause mit der Uhr proben. So können sie einschätzen, wie lange sie brauchen. Gleichzeitig trainieren sie flüssiges Sprechen, das in der Prüfung auch bewertet wird.
- Raten Sie den L, sich noch einmal die verschiedenen Redemittel im LB anzusehen, damit sie sich abwechslungsreich ausdrücken können.

Teil 3: Diskussion
Dauer der Aufgabe: ca. 4–5 Minuten (2½ Minuten pro L) Höchstpunktzahl: 21
Die L bekommen ein Blatt mit einer Frage/Aussage vorgelegt, über die sie direkt diskutieren sollen. Dabei sollen sie ihre Meinung vertreten und begründen und auf die Äußerungen des anderen L eingehen, damit ein Austausch von Argumenten stattfinden kann. Nach einiger Zeit nimmt der Prüfer an der Diskussion teil.

TIPP

- Die L müssen auch hier auf eine gute Struktur ihrer Argumentation achten sowie darauf, dass sie einen breiten Wortschatz benutzen.
- Ziel dieser Aufgabe ist es nicht, den anderen L zu überzeugen, sondern mit ihm im Gespräch zu bleiben, eine Diskussion mit Argumenten zu führen, die eigene Meinung deutlich zu machen und auf die Ansichten des anderen einzugehen.
- Raten Sie den L, vor der Prüfung noch einmal alle Redemittel zur Diskussion zu wiederholen. Als Hilfe kann dem L der Redemittel-Anhang im LB dienen.

Teil 4: Zusammenfassung
Dauer der Aufgabe: insgesamt ca. 1–1½ Minuten (ca. ½ Minute pro L)
Höchstpunktzahl: 15
Zu irgendeinem Zeitpunkt bittet der Prüfer, dass ein L das, was in den letzten 2–3 Minuten gesagt wurde, zusammenfasst.

TIPP

- Die Zusammenfassung kann zu einem beliebigen Zeitpunkt stattfinden, deshalb müssen die L die ganze Zeit konzentriert sein und darauf vorbereitet sein, das Gesagte zu wiederholen.
- Um dies mit den L zu üben, führen sie Zusammenfassungen in Ihrem Unterricht ein und lassen Sie ab und zu einen L die letzten drei Unterrichtsminuten zusammenzufassen.
- Eine Zusammenfassung bedeutet nicht, dass die L alles nacherzählen sollen, es geht darum, dass sie kurz und knapp resümieren.
- Dazu sollten sie zuerst das Thema der letzten Minuten nennen, dann den Verlauf klar strukturiert darstellen und alles mit einem abschließenden Satz beenden, der das Ergebnis oder das Hauptthema noch einmal klar benennt.
- Weisen Sie die L darauf hin, dass es nicht noch einmal darum geht, ihren eigenen Standpunkt zu verdeutlichen, sondern nur darum, das schon Gesagte noch einmal zusammenzufassen.

Die C1-Prüfung auf einen Blick

Weitere Informationen und Modelltests finden Sie hier:
http://www.telc.net/
http://www.telc.net/Detailansicht.463.0.html?&no_cache=1&tx_ttnews[tt_news]=123&tx_ttnews[backPid]=129&cHash=11902d629c
Eine Broschüre mit Tipps für die L, kann man sich hier herunterladen:
http://www.telc.net/uploads/media/telc_Deutsch_C1_Tipps-fuer-Teilnehmer.pdf

Quellenverzeichnis:

Bilder:
S. 8: Dieter Mayr
S. 9: Frank Eide
S. 42: Polyglott Verlag GmbH
S. 123/KV1: shutterstock.com
S. 123/KV2: 1+ 5 iStockphoto; 3 + 4 shutterstock.com; 2 wikimedia/Joku Janne
S. 127: Polyglott Verlag GmbH